范耕研著

蕭硯齋叢書之十五

蕭硯齋日記

文史哲出版社印行

范耕研日記

韓樹人敬書

著者范耕研遺影

生於1894年農曆10月8日江蘇之淮陰
逝於1960年7月27日 上海市
享壽六十七歲

著者德配萬太夫人遺像
生於1899年農曆2月21日江蘇之淮陰
逝於1946年農曆2月6日淮陰水渡口老宅
享年四十八歲

藴硯齋日記 目次

輯印說明

日寇侵華，抗戰軍興，學校停課，先父開始日記，至戰後大陸易幟而止。內含歷史、地理、天文、佛經、中國算學、風俗民情、文物掌故、讀書箚記及評論等。如對文字「颱」、「忖」及「趵」等之解說、分析、考證，乃其多年鑽研學問之結晶。又有駁難章太炎、郁達夫、馮友蘭、傅斯年及偶評《辭海》之誤等文。十餘年前，郁念純師兄堅認「……先師日記，文辭極美，敘事翔實。其中論學之處，具有卓見，絲毫不遜於古人。應有印行之必要，不能任其湮沒。……」及先父日記民國三十三年三月四日「……人之述作，豈可不刊布與人以共見，不然，有不令人疑其爲空張虛目邪？」乃決輯印焉。

惜震等力之不及，無能分門別類以成專著，只有按序輯抄，初擬以

「讀書隨筆」命名。後感於所記戰時外界環境，瞬息萬變及家人生離死別等，與歷史有關，似應隨載，而四處避難之困頓窘態，及日寇之凶殘，與難民生活之苦況，亦應納入。乃按日期先後節錄，遂以「日記」爲名。其始也，多爲讀書心得及吟詠之詩詞，繼則隨環境之變化而異。尤以戰後爲生活所迫，無心情深讀，而不見書評及詩聯等之再現，終至轉爲物價騰湧，全國動盪，人心不安等，類於柴米油鹽之述矣。此十餘年中，不時搬遷，各以避居地爲名，乃選用其一之《蘦硯齋日記》總其名，是爲本叢書之十五。

先父每主張「後人輯刻前人文字，應有兩本。一求其備，不妨瑕瑜互見；一求其精，必當多所割愛。」今於其前後陸續耗時十年，寓居上海，大陸變色前夕，甫行定稿之《文字略》及其他自認滿意之作，隨時「錄登別册」者，均於文化大革命時被紅衛兵劫掠，所剩若再多所刪節，且亦無能辨識孰爲精、孰爲備之情況下，唯有秉筆實錄，略違先父遺願矣。其中詩詞文聯等，原已載於本叢書之五《藹硯齋詩文殘稿》中頗多譌誤，此次得以重刊訂正，無誤者則不再重覆。而詩中《鹽城雜詠》六十首，因補錄《鹽城縣志》之資料說明，不得不予贅印，以收相互參閱比對之效。

原稿除《湖居日記》經整理謄清，係以毛邊紙裝訂者外，均利用學校剩餘講義之反面裝訂成册。戰時，物資缺乏，凡事節省，僅記注日期而無年、月，於每年元旦及月初時始見。現則於日期前加注月份，並將年份注於書眉之某某日記下，較易翻閱。

有關《韓非子》部分，先父有感於前人已言，遂不復整理，二弟滋認爲不宜刊刻，其札記部份遂略。

三十年二月至三十一年二月，從鹽城時楊莊逃回家鄉，又轉至上海。及三十二年五月至三十二年九月從淮安蛇峰返浦之各一年及四越月間日記遺失，無可追憶。

戰前殘存之少許詩、聯，及於日前意外蒙居乃正先生慨贈之扇面鐘鼎文，均列於附錄。又，張白翎先生爲前輯《范耕研手蹟拾遺》所題之聯，由於疏忽漏刊，今亦補附焉。

其同義字，則悉按原稿。如：詞、辭；侯、矦；穉、稚；踪、蹤；歷、曆；徑、逕；懶、嬾；距、歫、拒；硋、礙；附、坿；箸、著；耶、邪；模、糢；考、攷；跡、蹟、迹；沈、沉；糧、粮；煙、烟；涂、途、塗；注、註；閒、間；堤、隄；修、脩；掃、埽；擬、儗；无、無等。

先父、母遺影及高明教授之總序，仍按原型刊印。

民國九十四年（二零零五）秋　淮陰范　震記於美俄州哥城芸寓

高序

柳師劬堂嘗盛稱淮陰三范，以績學聞於南雍。伯尉曾，字耕研，號冠東，治周、秦諸子；仲紹曾，攻物理、化學；叔希曾，字耒研。初爲歸、方古文，繼爲目錄、版本之學，皆有聲於時。先兄孟起與三范同時就讀於南京高等師範，與耕研之私交尤篤，常爲余言之。民國十四年，余入南雍，每訪龍蟠里國學圖書館，猶及見耒研，繼讀其《書目答問補正》，更深儀其人。顧余卒業於南雍時，耒研業棄世。遭時喪亂，先兄故於行都之歌樂山，與范氏之音訊遂絕。一月前，鹽城司教授琦兄來訪，述及其鄉賢范君耕研之長公子名震者在臺，今春曾返鄉探親，攜出其父叔遺稿之倖存者如《墨辯疏證》、《呂氏春秋補注》、《莊子詁義》、《書目答問補正》，及其父之詩詞殘存於日記中者將輯集之，並刊爲《范氏遺書》，而屬其問序於余。余知耕研所著尚有《文字略》十卷、《淮陰藝文考略》八卷、《韓非子札記》二卷、《張右史詩評》二卷、《宋史陸秀夫傳注》一卷，均於所謂「文化大革命」時燬佚於紅衛兵之手。其子恐其父叔之心血所注，若再亡佚。將何以對先人於泉下，乃有遺書之刊印。其孝思之誠篤，在今日不可多見，實足以風世而正俗矣，因樂而爲之序。

中華民國七十八年三月高郵高　明謹撰於木柵之雙桂園

湖居日記卷一

藹硯齋主人記

民國二十六年（一九三七）十一月十六日　陰。

消息不佳，學生意志渙散，上課頗不寧靜。下午訪周丈，商去留問題。晚煦公來，遂決歸計。

十一月十九日　陰。

覓車、船不得，終日惶惶。與須兄奔走道路，迄無所得，愁悶而已。山妻在家收拾雜物，忙迫萬狀。晚周瑗來約同行，劍飛女公子也。

十一月二十日　陰。

雇得一船又為軍人占去，時人、物已群擁至岸，小雨霂霢，飛機又盤旋頭上，不得已運物入客棧，湫隘已甚，惶迫萬狀。雨愈急，階除盈寸，幸有校工八、九人同行，分往覓船，至晚得運油小舟一隻，垢膩盈艙，薦以稻藁，不暇拭滌也。十餘人局促其間，尚自以爲得所，思之浩然。晚未開。

十一月二十一日　晴有風。

一早自揚州開船，行十里至灣頭泊，淒凜如冬，愈增愁嘆。

十一月二十二日　晴有風。

半夜開船，晚過湖至邵伯，又行數十里，泊一小村落，荒涼之至。一夜未敢合眼，有人於岸上長呼誰某，其聲淒厲，聞之毛戴。

十一月二十三日　晴有風，甚涼。

晚泊寶應南五里小村落間，連日皆未泊大村鎮，緣船戶畏差遠避也。局促艙中困苦已極，周瑗行篋攜有葉子，遂教兒輩作種種戲，聊以破悶，須公亦入局，殊可笑人也。

十一月二十四日　晴。

午後到淮城，舟子藉口避軍差，不肯再進，雇車返家，須公別去。在路聞人言，清江城內曾被投彈，人心震動。到家，家人已擬他遷矣。

十一月二十六日　晴。

倣擾如昨，決遷鹽城建陽。

十一月二十七日　晴。

家人分三批乘車赴淮東門會齊，雇船，晚登舟開數里泊。

十一月二十八日

半夜即啓椗，舟行澗河中，一早到車橋，遇劍飛、香武。旋又開，下午過蕩，烟波浩渺，蘆葦蕭瑟，有戒心。晚到建陽，投陸鐵臣兄，承其招待，可感也。

十一月二十九日　晴。

賃定周府草房五間權作小住計，蕪穢待掃。晚宿鎮東槍樓，是日，晤孫君人駿、張君茂華，皆六師校友，今一爲區長、一爲小學校長也。

十一月三十日　晴。

佈置賃廡，四出借物。仍宿碉樓，樓凡四層，址僅方丈，上則益殺，窗尤小，俯視全鎮在目，河流四達，稻塍櫛比，水鄉風物，與吾家異矣。

十二月三十一日　晴。

年終感賦二律

揚州十載夢何酣，匝地胡塵睡不安。東望捷音愁欲斷，北歸帆影幸能還。

秋風零雁身猶寄，冬日慈烏髮已斑。歲盡漫驚無好計，避兵好作侍遊看。

矮篷短楫破湖烟，回首辭家意惘然。百里棲遲遊子恨，三更投止主人賢。

水鄉幾戶成村落，柳岸穿橋盡陌阡。此是武陵能避世，亂離聊且過新年。

二十七年（一九三八）　正月元日

寓建陽匝月，悶損，無書可讀，偶從冷灘得《韓非子》，讀至《外儲》，過半部矣。寫得校記若干條，亦避難中成績也。（滋按：先父於《讀韓非子注》內每有「再考之」字樣，未再深入。後又於民國三十年正月十八日日記有「看《韓非子集解》，前在建陽所作札記，多為前人已言。」語。故日記中至月之八日有關《韓非子》札記部分只列所讀篇名，有關內容均略。）

一月二日　晴。

回憶由揚返淮陰，舟行數日，心懷極惡，此殆非余一人之私憂，戰地人民蓋莫不然，思之閔嘆，猶有餘悸。

感賦五古一首

范子抱殘缺，困窮自守愚。揚州舊遊地，一住十年餘。傭書以事畜，提挈妻與孥。微願不及此，長保貧賤軀。何為逢厄運，兵燹遍九區。名都委瓦礫，萬民見鞭驅。區區蓬戶子，亦不安其居。過恃戰士勇，隔江當無虞。

先期走避者，私言笑其誣。堅防忽自破，捷訊盡成虛。胡氛日益惡，四顧心煩紆。欲留愁刀兵，欲行無舟車。坐對妻與子，恨嘆復踟躕。此關家國事，利害非僅余。積仇數十載，奮起亦已徐。焦土本國策，忍痛決此圖。沿海數千里，捐棄付泥涂。何不生隴蜀，安臥容蘧蘧。何不生滇桂，飽食歌于于。何爲長此土，坐困若釜魚。無已還故鄉，倉黃離寓廬。愛書累萬卷，擲去輕錙銖。矮篷雜傭保，跪曲類犬豬。漂蓬三四日，抵家倦難蘇。相看母與弟，執手爲長吁。此豈足云苦，君知江南無。江南佳麗地，一戰成邱墟。金陵百萬戶，奔迸無一餘。豈不懷安宅，陷敵愁囚居。當其流轉日，痛苦向誰呼。十日不一飽，棄嬰滿道途。骨肉不得顧，心酸淚眼枯。況復一震威，轉瞬身首殊。揚楚三百里，輕舟不迴迂。歸家得歡聚，平安妻子俱。此殆天所與，思之何恨乎。故鄉非樂國，南北當通衢。警音日萬變，避地敢緩濡。臥席不及暖，澗濱買艎艅。鄰邑有古鎮，立市傍南湖。

放翁素心人，招我結鄰閭。此中生活簡，魚米足所需。亂離銷壯志，猶堪友樵漁。地僻人蹤斷，耳目如泥塗。日日盼好音，消息還乘除。悠忽過一月，憂心令人癯。坐曝芳檐下，窮愁還校書。韓非法術士，遺說非盜竽。亡徵足以警，抒憤自知孤。讀罷三嘆息，前事今切膚。

一月三日　晴冷。

始御羊裘。讀《韓非子・難一、難二》。

一月四日　晴冷。

看《韓非・難三》。

一月五日　晴。較前稍和暖。

看《難四》、《難勢》、《問辯》、《問田》、《定法》、《說難》諸篇。

一月六日　晴冷。

看《韓非・八經》篇。

一月八日　晴冷，稍回暖。

看《五蠹》等，遂至終篇。自到建陽購得《韓非》，至此讀一過，得札記若干條，當更細讀增益之也。

懷人

生涯兩字誤冬烘，十八年來出處同。論到精神能伏虎，學成法術等屠龍。去來揚楚頭漸白，閱歷風霜頰尚紅。誰曉胡烽驚蝶夢，分飛何處覓潛踪。

此憶須公也，先成四句，窗昏筆凍，忽忽閣置，茲增成之，非復當時所感矣。

一月十三日　陰曇未雨，較昨為冷。

張力臣

金石遺文照眼空，捫碑江島狎蛟龍。北胡南越當年志，楚尾吳頭汗漫踪。

分寫五書豪興在，獨遊千里畫圖紅。可憐投老賓朋盡，多少珍聞一瞑中。

一月十五日　晴和。

看《韓非子・十過》。《韓非子・十過》曰：昔秦攻宜陽，韓氏急。公仲朋將西和秦，楚王聞之懼，發信臣重幣奉韓曰：「不穀之國雖小卒已悉起，將入境矣。」韓君大悅，止公仲。公仲曰：「不可，夫以實告我者秦也，以名救我者楚也，聽楚之虛言，而輕誣強秦之實禍，危國之本也。」韓君弗聽。宜陽益急，韓君令使者趣卒於楚，冠蓋相望，而卒無至者。宜陽果拔，爲諸侯笑。故曰：內不量力，外恃諸侯者，則國削之患也。

一月十六日　晴。有雲，較昨為冷。

感憤

人事天道有嬴絀，四十無聞嗟老拙。蓬門坐擁百城書，不掛龜魚心亦足。

何爲東海揚鯨波，令我生民罹荼毒。百年政俗久夸毘，力挽狂瀾勞先覺。可憐鷸蚌爭不休，世運當前愁益迫。十年持國者何人，辛苦撐歫思奮翮。積弱何堪一蹴強，翻使仇讎驚刮目。連城數十如墻傾，飛將凌空終墮谷。不見將軍號破奴，徒擁貔貅足踖踧。吁嗟乎！沿海南北數千里，淪陷紛紛能預卜。避亂村居希好音，逢人搖首不忍說。吁嗟乎！側身天地紆四望，憂從中來不可輟。

一月十七日　雨。簷溜淅瀝，途潦淋漓。蟄居斗室，困苦異常。雨終日不止，入夜風雨尤烈。

南口

幽燕屏障號居庸，主客相懸異守攻。胡騎翻教滿京國，諸公何以靖邊烽。南塘差幸能平寇，魏絳無知竟和戎。直使國人皆切齒，嚴關從此失丸封。

一月十八日　陰曇，下午開霽。寒飔拂面，較前數日為冷。

作飛機七古一首

古來智巧人，木鳶飛上天。又聞奇肱氏，飛車來翩躚。昔聞其語今見之，千里萬里無險夷。深深川，高高山，迴翔往返一瞬間。龍門失其險，蜀道失其難。長房縮地不足道，子瞻乘風不勝寒。人間何幸有此艇，排雲奮發如鷹隼。從此不愁遠別離，彩鳳雙飛夢還醒。何爲有器不善用，坐令大地皆震動。來如鴉陣晚朝風，彈雨連珠驚火迸。不知多少枉死人，累累沙場屍慘横。當年發明者，地下應痛哭。本以利人群，何爲翻荼毒。更有黷武國，恃此逞其兇。所向無堅壘，四出肆兼攻。吁嗟文弱族，何以保其躬。齊民聞警各亂走，百萬名都皆不守。血肉成灰地成坎，惡魔肆虐驚人膽。千載文明一掃空，不是惡魔有誰敢。道家絕聖智，後世議其激。試觀今日事，儔不爲雨泣。須知天道有消息，萬尺高飛彈能及。兩道紅烟隨火飛，長空隕彗眼生纈。此中飛將海東來，越海飛來化成碧。閨中應有卜歸人，春夢模糊淚珠血。

一月二十一日　晴冷。

積雪未化，道途結冰。木橋斗凸，滑不留足。山妻市脯，過之，竟僵仆。

一月二十四日　陰曇冷。

支竈。建陽人租屋不租竈，多日來皆以鍋鎗暫代，烟焰塞屋，風雪之下尤不可忍，不得已，招匠新支，工料凡費四、五元云。

一月二十七日　晴。**日如昨麗，愈冷**。

寫春聯。即用聯意成詩一律

家在枚皋舊宅邊，堂前蘐茂玉芝妍。移家湖澤琴書在，度歲風霜羽檄偏。心境不隨豐嗇改，肝腸肯與勝衰遷。前綏虎士方擐甲，應有佳音報遠天。

一月二十八日　晴。較前為和。

即事

湖濱人罕到，離亂託窮簷。黠鼠唬昏暮，驚鴻過遠天。清流寒濯足，皺石怪摩肩。四顧蒼涼甚，行歌卒歲年。

二月二日　陰曇冷。

晚雨偶賦

青氈故物領風騷，廿載依然伍若曹。胸嘗苦酸辛無饜，齒歷艱困已漸髦。壯懷偶向霜毫訴，孤慣難隨雪腳銷。況復流離寄空谷，窮簷今又雨蕭蕭。

二月四日　陰曇微雪。

讀《韓非‧喻老》。王壽聞徐馮語，焚書而舞，老子絕聖智。其言不免過激，而法家益揚其波，遂肇焚坑之禍。甚矣！學術害人，立說者可不慎乎！

賦短歌以誌感

時者無常事，知者不藏書。韓非善喻老，愚智混不殊。如何道德士，三傳爲盜竽。薪火付祖龍，詩書兆焚如。吁嗟乎！立論愼無高遺悔，高論如知淵中魚。立說愼無詭快意，詭說流毒更有餘。坐令千秋萬歲後，假名文字獄殺儒。指摘一二嫌疑語，執裾牽去恣行誅。斯眞識字憂患始，聞非子語淚連珠。愛書嗜學等性命，書多學富何爲乎。亂世文采翻爲累，萬卷一擲輕錙銖。不如飽食酣睡起徐徐。還斂聖智歸於愚，身如鹿豕何所虞。吁嗟乎！知者不藏書。

二月五日　晴。

前詩未能盡意，更賦絶句

近代人文久銷歇，寶書況復越重洋。金樓當日焚緗秩，誠恐詩書作盜糧。

（梁元帝聚書數十萬卷，而不救江陵之敗，憤而盡焚。棄之，亦恐爲北族所取，則並其聖智之法見盜耳。）

二月七日　陰曇冷。化雪淋漓，下午降霰。

《韓非・說林》「晉人伐邢，齊桓公將救之。鮑叔曰：『太蚤。邢不亡，晉不敝。晉不敝，齊不重。且夫持危之功，不如存亡之德大。君不如晚救之以敝晉，齊實利。待邢亡而復存之，其名重美。』桓公乃弗救。」

巨敵當前國幾亡，存邢功績本堂堂。千秋竟謂齊桓正，如此機心實可傷。

《說林》「齊攻宋，宋使臧孫子求救於荊，荊大悅，許救之，甚歡。臧孫子憂曰：『救小宋而惡大齊，此人之所憂，而荊王悅，必以堅我也。我堅而齊敝，荊之所利也。』齊人拔五城於宋，而荊救不至。」

慨然許救令人疑，快語臧孫是我師。抗敵心堅寒敵膽，後人莫笑宋人癡。

二月十一日　晴。

奉母歸里省視，早開船，行頗慢。到淮城閘口雇車返浦，抵家已天黑矣。

過車橋弔閻百詩

潺潺澗水碧如油，澗上雙橋對檟楸。三百年來宗匠遠，卻從何處覓潛邱（閻氏家墓皆在車橋。余以爲車橋得名，當由有車氏所居。而說者謂，鎮有五橋駢列若車字。恐出傅會也。）。

過柘塘

澗水灣灣繞柘塘，蒹葭蕭瑟似秋光。舟行遠見村童鬧，簫鼓誰家新嫁娘（柘塘爲丁儉卿故里。澗河由淮安東門閘口，分運河之水，東注馬家蕩，凡四、五十里。車橋、流均溝皆沿河莊鎮，賴其灌漑，稻田彌望焉。）。

二月二十四日　晴。

在浦凡十四日，晤親友甚多，各舉奔走流離狀，相語感慨咨嗟。而消息紛沓，時喜時懼。一夕，奐如來告，徐州危急狀，促吾輩速去，遂

約公畏同行，至閘口而公畏船早已開矣。舟行一日夜，下午到建

寅月歸鄉事若何，西瞻淮潁陣雲多（時國軍與敵人相拒於徐州南，潁、鳳、亳一帶。）。新居暫蟄同蓬梗，故宅猶存憶薜蘿。鼓櫂寒流風送客，驅車平岸月舒波。叩門鄰里牆頭滿，各訴流離淚雨沱。

遍地胡氛勞我師，尚非白日放歌時。區區枚里差安穩（省府暫寄浦中，市容頓繁。），莽莽神州正阽危。親友相逢各悲喜，故阡拜埽已淹遲。春寒風雪連宵作，臥未能安又載馳。

消息傳來不忍論，幾家離散幾家存。白茆黃玨逃人聚（揚州淪陷，居人多逃於北湖，日人未至，得以苟安。），謝埭秦郵戰馬屯（日軍至邵伯止，我軍屯高郵相持。）。聞說徐孺寶枯蠹（庶侯丈避居公道橋，來信謂「穉露所撰《右史年譜》及《亟齋集》均攜出，寸步不離。」兵燹流離之際，盛意可感也。），可憐陳仲剩孤鴛（在浦晤吳滄粟，謂「傑夫夫婦避往仙女廟，正與寇遇，倉促間，婦竟死。」）。何時亂靖賓朋聚，向綠楊城認淚痕。

長淮生命繫彭城，違難猶聞弦誦聲。留得故氈心坦白，幸承舊雨眼生青（教廳辦兩聯合中學，一在甸湖，一在鹽城。余被命至鹽城教書，慕東、公畏則往甸湖。）。客星結伴烟波遠（謂公畏時亦在浦，相約同行。），馬蕩行船風浪平。奉母趨來過十日，笑看婦穉渡頭迎。

二月二十五日 晴。

數年來作詩百數十首，原稿塗抹過半，多可削除，因訂新册重抄（滋按：此重抄本佚。），以爲異日觀覽之資耳。

二月二十八日 晴。

抄詩完。聯中亦將開學，整裝待發。

三月八日 晴。有風。

乘幫船到鹽城，晤祁校長，宿初中部。

三月九日　風雪。

早到高中部，在東門外里許，本平民工廠舊址也。下午訪陳賓南。

三月十一日　晴。

乘幫船回建陽，將挈震兒轉學聯中。到鎮，天已昏黑，不辨涂徑。

三月十三日　晴。

偕震兒赴城，乘車到高中部。煦侯亦到，相晤喜甚。

三月十五日　晴。

下午同須公、無競、震兒觀北閘，即循大路西行十餘里，過景魯中學訪陳嘯青，遇孫君漢三，六師舊同人也，皤然老矣，話舊增慨。登樓四顧，風帆渺然，景色頗佳。校中有樓祠，謝元福清末造閘人也。旋入北門到初中部，借得《鹽城縣志》、《韓非子集解》、《入境廬詩艸》、《孤兒流蕩記》。

三月十八日　晴和。

下午看《鹽城縣志》。

建陽在縣治西北九十里，相傳即宋之長建鄉長建里，陸忠烈公故居也。見寶祐四年《登科錄》，惟錄中僅載里名，未注方位。今指爲建陽者，徒以一字之同，固無他證，前人疑以傳疑，本未敢遽然確指。今鎮中有景忠橋，又有碑謂陸公讀書處。史稱公三歲去里，則讀書處之說愈益誣罔矣。援引先烈以寄仰慕，爲鄉里之光，人情所同，更何用考據哉！

鎮西有馬家蕩、流均溝，與山陽分界，建港溝分蕩水自新陽村東流至鎮，別自神台分西塘河水西流，亦會於鎮，土人謂之東建港溝。走馬溝者，由太虛溝分流，北至鎮，入建港溝。三水既合，西北流爲戛粱河，一作戛糧河，而俗則呼爲鴨欄河，不知有戛粱也。經瓦子莊、卞家舍又北流

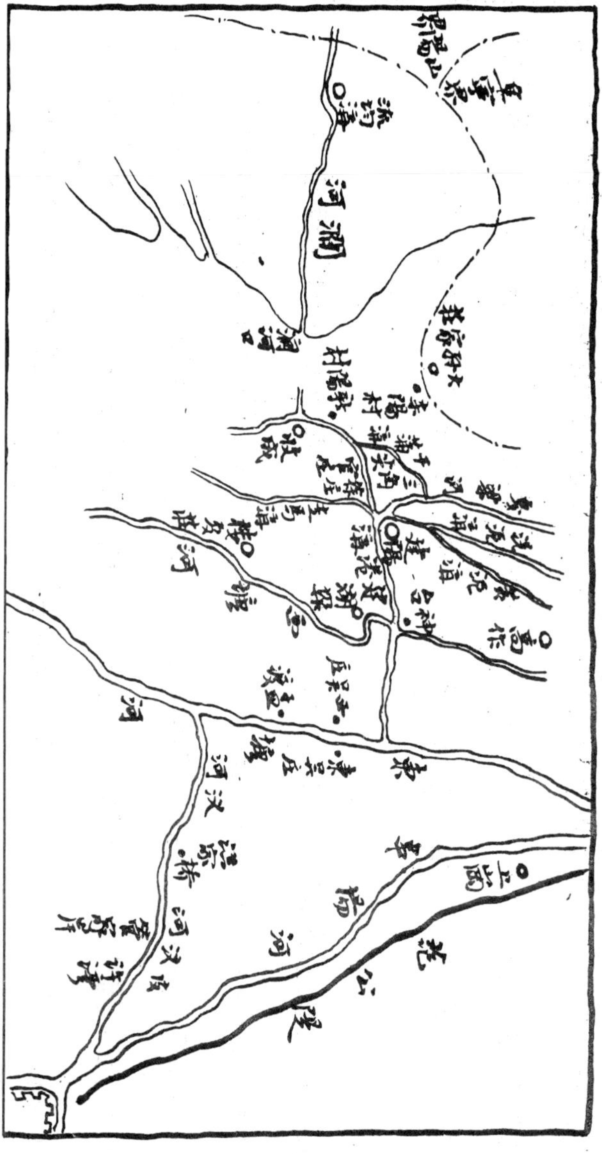

至朦朧，南入大潮河。

吾鄉至建陽有數道：陸道自水渡口乘車東行，經老壩、嶔工、馬廠至交陵、益林，更東而至建陽。或不至交陵而至青溝，過七里蕩，而至建

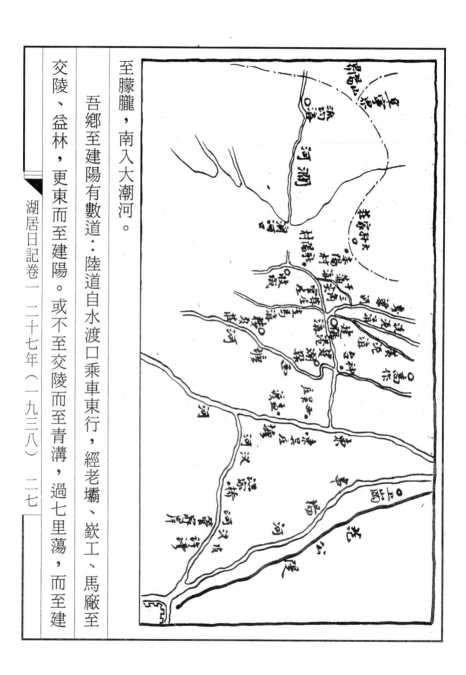

陽。此二道非去歲所來之路，去歲由淮城東門閘口買船，行澗河中，經石塘、車橋、涇口、流均溝，過馬家蕩，入建港溝，望收成、新陽經官莊、徐莊而至建陽。此道最近，一船可通，往返數次皆由之。

由建陽赴城有幫船，朝發夕至。由建港溝東行，過神台，至古基寺，入東塘河南行，經東、西吳村、孟渡，更南行，轉而東入汊河，過洪家橋，更東入皮汊河，東南行，入蟒蛇河，至城西門。余之入城，即由此道。

馬家蕩在鎮西南，西納淮安涇、溪、澗、市諸河之流，南匯高、寶、興、泰諸州縣北來之水。更北流，由潮河入海。蓋即古射陽湖殘存之一隅也。

射陽湖古甚廣闊，其後漸淤塞，而四境多截湖為堰，稍稍墾治，而故蹟愈湮，久之，遂以入海。尾閭之潮河被以湖名，而原湖之僅存者轉以蕩稱，萑苻叢生，居人零落，遂為盜藪，行者有戒心。自軍興後，運道被阻，省府北遷，與下河之交通，惟恃涸河以行舟楫。軍旅既繁，宵小匿跡，不然，吾儕僑寄，亦何敢輕過也。

余來建陽，每與鎮人談其地交通狀況，雖言者娓娓，終不能了然，又苦無志書參考。聞建設局舊繪印詳圖，致書賓南請為代索，久之未得。今來城教書，校中有陳惕庵所修《新志》，亟假閱之，擇其與建陽有關諸條，綜記其大略如此。

三月二十日　陰。

消息日惡，學校似難撐持，決遣震兒先歸。

三月二十二日　晴。

大早即起，決作歸計。攜行李到西門上船，船客擁擠，無伸足處，晚到建陽。在鹽城兩週，匆匆來去，回思竟如一夢，曷深浩嘆。

四月二日　曇。**下午毛雨，旋止**。

作幽居懷人詩

武霞峰師

長淮古道幾紛更，利害誰將故事衡。白首青山勤著述，千秋身後是修名。

董伯度

豐偉體態似文潛，辨物談詩新舊兼。一別十年逢小鳳，遺編流布賴孤鶼。

四月三日　晴。

又得懷人詩

王伯沆師

說經娓娓雜莊諧，辨律彊村是等儕。餘技能傳徐鍇法，墨光筆彩出寒齋。

四月五日　晴。清明祭祖。

得懷人詩

洪鈺侯師

何堪末世說周官，憔悴民生正苦寒。弟子幾人傳古學，一編殘蝨忍汍瀾。

鮑勤士

暮年江上陣雲屯，耶律猶知齒德尊。慚媿放翁徒老健，一錢不値惜梅村。

（滋按：先父於民國二十八年十二月十二日日記「晚，傑夫來查學，晤談甚暢。知勤老已由里脫身到滬，在堦平處，爲之慶幸。前曾賦詩慨惜，當更作詩正之。」云。）

徐庶侯丈

論文知我是疏狂，示我縑緗萬卷藏。天與庚辰能治水，集刊甲乙闡幽光。

四月七日 晴。

嚴公畏從漣來，漣中亦解散，慕已返浦。

四月十一日 晴。

下午慕從浦來，攜有教廳提倡補習館章程。公畏與慕擬返浦創設，並約董鑑泉同往。建陽設分館，以陸劍秋主持。

四月十二日　晴。

與劍秋籌商補習館事，余教國文，劍秋教數學，別約江君植之教英文，館址擇定鎮北關帝廟。然大局如此，何人補習？姑且辦之云爾。

四月十四日　晴。

偕婦及胤兒買艇返浦，爲祜提親事也。

四月二十日　夜雨甚大。

以補習館事不能久留，託山妻在家辦受聘事。買舟東下，晚雨，泊車橋。天明乃開船，水小舟行不暢，晚泊澗河口，遇馮君籙（竹侯之兄）在鄰舟，即拉往酒樓小飲，銘夫攜其女同坐甚歡。時薄暮，徑濕，村帘低亞也。

四月二十二日　陰。

接須公來信承和拙作，錄於后

江城碎膽理難堅，況說戈船勢沸天。如夢眞成桑下宿，連床曾話月中氈。

太平有象偏經眼（鹽人門側皆題「太平」字），螺蛤堆盤倘亦緣。安得欃槍收拾盡，一篙同泛建溪烟。

別來魂夢未全安，古調非君不自彈。滿路捷音愁反覆，一門言笑總單寒。

惱人騶卒花爲戚，歸楚王郎（謂繩之）舌有瀾。解我情懷天上月，照將書幌更無闌。

按：東漢之末，于吉在江東創太平道、造太平經、立精舍、燒香、讀道書。張角亦號太平道，徒衆遍青、徐、幽、冀、荆、揚、兗、豫八州，皆著黃巾。厥後黃巾以反誅，于吉亦爲孫氏所殺，其教不復顯傳。今鹽人每歲穀熟，即有男女類巫覡者，逐戶歛貲米，隨飛白大書「太平」二字於人家大門左右，謂可辟惡。實則漢末起兵時之徽幟耳！流俗相沿，殊可笑哂。前在揚州，見人家門內輒有尺五小廟，殆是明初五通神之遺制。而揚人乃稱為家堂神，其可笑與此同。須公以「太平」入詩，輒為之證，異日晤須公當告之也。

四月二十四日　晴曇。

慕挈婦、子返里辦自習團，祜隨去補習。

四月二十七日　晴。

鹽城被圍，守軍曹團長欲縱火，居民環乞，不獲。西門大街亙數里，市廛櫛比，盡付焚如。消息傳來，將信將疑，愁悶之至。

四月二十九日　晴。

或傳鹽城已陷，消息極惡。專人返浦帶信去，述緊張情況，屬慕緩來。

四月三十日　舊曆四月朔。晴。

或傳鹽城既陷，敵以兩路進犯：一循范公隄北上窺阜寧、一由水路經建陽窺淮安。連日東北有炮聲隆隆，鎮人惶駭，遷避者甚衆，群買小舟，挈其所有，罄室而行，雖門窗亦卸去。山妻在浦未來，慕等又去，寓中惟老母攜諸孫同居，以祺爲長，又病軀不耐操勞，余內外兼顧，一籌莫展。房東周翁，人口頗衆，將往北鄉，依其僕人董某家，余與翁商，將隨之往，翁及嫗慨然承諾，即於下午雇小舟去。余與翁子留鎮守屋，一家離散，吉凶未卜，奈何奈何！

五月一日 晴。

早倩人爲導，往鄉視母。時局居一室，相對無言，愁嘆而已。

五月二日 晴。

公畏既在浦，其家人惶惶無所適，是日亦遷至鄉村，與余家同住。室本小，人增多，愈形局促。下午，余又下鄉，此家陳姓，乃董僕之戚。僅一孤舍，不成村落，後傍小溝，面對荒野，疏林茅屋，景色蕭然。在鎮北五、六里，去高作僅十餘里耳。四周多淤田，不便馳騁，實避亂之佳地。入夜，砲聲甚響，聞敵攻溝墩也。

五月三日 晴。

早，上街探聽消息，知敵人北上，未西來，鎮中人心稍安。晚，已入睡，忽有人扣窗，來告敵蹤已迫鎮。聞之大驚，不及辨眞僞，披衣而起，隨房東周二郎昏暗中躑躅北遁，顚仆者再。到一村，周翁所避地也。疲甚，權坐一宵，辨色而起，即往省母。晨露未晞，衣履盡濕，而鄉野間清新之氣，亦向所未曾領略也。

五月四日 晴。

在舍稍息，仍上街。昨夜虛警，今日消息稍好。下午，公畏由浦來，即陪之往舍。談清江消息，心稍慰。

五月五日 晴。

下午，由鄉回鎮。連日甚熱，往來鄉鎮間，通體汗下如瀋。

五月十一日 晴。

董淦泉由浦來，並持慕信，談清江頗危急，人心洶懼，補習團亦散去。惟山妻及慕均未來，爲之疑懼。

五月十四日 晴。**夜雨頗大**。

消息紛來亂似痳，萬千憂喜總空花。聞謠月夜倉皇散，望捷雲天縹渺遮。敝篋棄餘猶護惜，妻孥遠隔念舟車。僑居奉母雖驚恐，惟願平安兩處家。

五月十五日 **早陰雨，旋日出頗熱**。

下午山妻攜子女從浦來，由段力田護送。

五月二十一日 晴。**夜雨甚大**。

下午慕攜妻孥從浦來。先是山妻來，後徐州旋陷，清江人心皇皇，而建陽亦非樂土，擬避南湖從黃少玖居，已運行李數車去，後段力田返浦，知建陽實況較南湖爲優，遂仍決東來。雖國難未已，羈棲不返，而家人復聚，稍可自慰也。慕談浦中已遭日彈焚炸，危在旦夕。

五月三十日　晴。

以朦朧之警，家人均隨周府下南鄉，余及慕留鎮守屋。此次所避者爲荀家舍張翁家，房東周二郎之岳也。循走馬溝南行，過蘇梅莊少東折至舍，距建陽二十餘里，去蔣營至近。居民多張姓。

六月三日　曇。

早，隨周府二郎乘船赴荀家舍省母，見妻孥，歡喜相問。晤張翁，接洽租房作小住計。張翁導往祠堂審視，有屋五間，惜破敝，不蔽風雨，又孤遠，遂婉辭，託其另覓。下午，乘原船返鎮。

六月四日　晴涼。下午漸熱，驟雨甚大。

謠傳敵至，鎮人奔避，雨中顛仆狼狽，旋知其誤，然已飽受驚恐矣。

余時坐門首，對河觀雨，心境悠然，免於庸人之擾焉。

六月六日 雨。悶極。

下午慕自荀舍返鎮，租定張翁房，別搭廚房一間，張祠說作罷

世人誰不坐愁城，日日驚傳羽鏑聲。半載漂蓬無定宅，流人到處感深情。

有身始信能爲累，不死還須望太平。搔首問天天不語，滿天風雨幾時晴。

六月二十日 陰，旋開朗。

周府居其親翁家，時有鼠雀之爭，深爲不安，亦決回鎮。遂約其二郎

同往荀舍接家人，下午到鎮。微雨霂霢，直覺此間爲安宅，悶臆一舒。

七月三日 晴。

聞昨日下午我軍入鹽城，本日鎮中懸彩爆竹誌喜。敵軍此次沿范隄北

犯，拊清江之背，意在與徐州相爲犄角。今徐州既落敵手，則東路之軍無

復作用，徒分其力，遂南撤耳，非我軍之力能逐之也。而戴某（鹽城縣長）遽自以為功，殊可笑人。不但與全國局勢無關，即江北一隅亦無損益。惟吾輩既蟄居澤中，倘敵人不退，終覺芒刺在背，今能自去，心境亦為寬舒也。

八月十二日　晴。

昨大早同家母、舍弟買舟西上，今午到家。慕被任辦龍爪樹師範。

八月十三日　晴。

晤傑夫，談揚中同人議在泰州復課，群盼余同去，余婉謝之。公美任興化中堡中學，招余往，以歫建陽近，遂應之。

八月二十日　晴。

昨攜段价經淮東門，晚宿涇口，今過蕩到建。

八月二十四日　晴。

段价護送弟婦、子女回浦，祜、震隨去入學。

八月三十一日　晴曇。

奉懷泰州揚中同人

回首江城一夢中，此中甘苦十年同。荒涼薺麥驚胡馬，惆悵雲天散斷鴻。
消息常盼烽早燼，流離尚喜氣如虹。卻聞舊雨重連蘗，南望嘉音伴好風。
人間又見有揚中，消息傳來一笑同。江水溯洄施化雨，天涯零落未歸鴻。
不甘久蟄思前夢，孤憤難銷欲吐虹。卻憶垂楊湖上路，何時浮白醉春風。

九月四日　晴。

前晚偕金、陰等三生同船泊胡垛。昨晚到興化，時城內下鍵，乃住城外昭陽旅館。今早入城，借住臨水小閣子，別有幽趣。

九月二十日　晴涼。

周覽中堡途徑幾徧，居民百餘戶，中有石路，頗寬直，想見昔時之盛。

九月二十五日 晴。

羅騁卿約聚樂早茶，遂登碉堡，頗壯偉。縱目四矚，煙水瀰茫，不辨涯涘，澤國景況，乃身見之矣。登降之頃，腿酸腳困，下午寒熱，晚尤甚，夢魂顛頓，大似痁瘧。

十月一日 連雨數日。

湖河久漲，積潦無可洩，階庭間水深盈尺，非屐不可行。病既未減，船又不得開，悶煩異常。今晨雨止，神氣稍清，勉強開船，一片汪洋，徑行阡陌上，直指西北。晚過湖垛，轉建陽上岸，腳軟無力，扶掖到家即臥。請西醫邵君診治，亦不敢決爲何病，又改請中醫楊翁，服藥數帖，仍寒熱，毫無退象。

十月十一日

決買舟返浦就醫，攜祥同行，次早到淮。經仁慈醫院諗血，斷爲瘧疾，即打針、服藥。如是多日。

十月二十日

山妻攜小兒孤懸建寓，租約將滿，勢須別賃，似非善法。決遣張大赴建接眷回浦。雖明知浦地非甚太平，然亦無可如何也。

十月二十一日

寄僧屬再諗血，知瘧蟲尚未淨，打靜脈針，次日，熱良已，味口亦開，距始病時殆近一月。蓋在興化時，未攜帳幔，蚊尙盛，遂爲所染。

十月二十七日

下午，再出東圩迎行人，徘徊隄上久之，果見滋等五、六車風駛來，大喜。山妻與祺乘船在後，到浦即住老宅下堂屋，人多屋少，頗覺局促。

十月二十八日

家母進城，時祜、震亦居城內，慕眘則住南門外龍爪樹師範附近。雖同在本鄉，而分爲三處，亦可笑也。

十一月十七日　立冬。晴。

爲介侯書聯。「庭樹養春松筠證壽。圖書集福蘭桂生香。」

十一月二十二日　舊曆十月朔。晴。

默察敵勢，似有進取清江之意，而當局酣嬉無備，何也？

十一月二十三日

早十時，敵機六架轟炸北圩外新營房，盤旋亙二時，凡投彈四、五十枚。以前敵機先後轟炸清江，已逾二十次，然皆未親歷，親歷者，此爲第一次。聞尚不及春初之烈，然已足以驚人心膽，則其烈者更不知如何可懼也。

十一月二十七日　晴。

慕弟來商南遷事。

十一月三十日　晴曇冷。

早九時，日機過境北去，連日皆有警報，城中人咸早出晚歸云。

十二月六日　晴曇風。

爲龍爪樹師範寫校牌。讀《四書改錯》，甚有趣，萬府藏書也。

十二月七日　晴曇風。

看《程禹山詩》，擇抄數首，松巢先生藏書頗富，歷歲既久，漸已散佚，泉生屬余檢理，尚不下數百部，亦有珍祕者，今避亂於家，起居多暇，且病體初復，惟讀書可以自娛，日取數種，且閱且理，可抄則抄之，亦亂世安心法也。

十二月二十日　雪。

爲人書聯云「曉雨碧筠與可竹。夕陽粉本大顚山。」。

十二月三十一日 晴。

舊曆十一月十日，祖父忌日，入城設祭

十年雁影久嫌單，零落誰憐范叔寒。千里騁馳非驥足，寸心寂寞厭豬肝。非關病酒常佯醉，偶惹閒愁強自寬。且可衡門稱一快，酣眠直到日三竿。

二十八年（一九三九）一月九日 晴曇。

日來每讀一書輒撰提要，錄在別册（滋按：已毀於文化大革命紅衛兵之手。），甚有趣。

一月十日 晴。

讀《暇老齋雜記》，此明末人所記有關建州事，因列入禁書，記事議論多有可取，滬上書賈有彙印古今筆記者，乃不知錄此，何其陋也。

一月十一日 晴。

讀《四憶堂詩集》，亦清代禁書，而十六錢硯齋能藏之，知清代淫威至道光而殺矣。

一月十二日 晴。

讀《許喬林詩集》，松巢先生嘗在海州掌教，與喬林相善，故多藏許氏書也。

一月十五日 晴。

讀《讀史管見》，坊間所編綱鑑多載《胡致堂論》，即錄自此書也。

讀《撫吳草集》，聯云「放鶴去尋三島客，約梅同醉一壺春。」。

一月十七日 雨。

讀《管煒集》，載嘉、道間邑中先輩詩文甚多。先高祖畏堂公遺文盡佚，賴此存詩一首。松巢先生本旨在表彰母夫人節孝，然由今日觀之，轉有保存文獻之大用，實非先生當日所及料也。

一月二十日 晴冷。

讀《張南軒集》、《金石存補說》。《補說》乃式翁老人所作，《咸豐志·藝文》題作《金石錄目錄》，原稿令人不知爲何書，眞大誤也。

一月二十一日　晴冷。

李姑母逝世。姑母從南京避至揚州，旋又同返清江，迄今一年，病瘀卒。姑丈周伯衡，年將七十，僅有一女穉衡，習畫，與婿仳離。丈精敏絕人，尤善公牘文字。清末鍊新軍，任南京督練公所文案。辛亥後，掌南京中國銀行文書，前後在寧幾四十年。去歲，南京旣陷，家產蕩然，煢煢父女，何以爲懷。傷哉傷哉！

一月二十三日　晴，有風。

作挽表姑母聯，並書之云「五十年鴻案尙齊眉，璇閨推令德，誰云遺恨星孤，詠絮承歡同道韞。兩三月沈痾遽瞑目，忍淚拜慈容，正是傳烽天末，撫時何語慰濂溪」。

二月三日　晴。

上年墳，拜穉露墓。回憶穉露之卒，將十年矣！對茲宿草，泣然欲涕

孤露心傷庚子年，卌年影事付輕煙。飛鳶放手絲千丈（弟幼時喜放風

箏。），病鶴歸來書一船（弟在京病重，余護持回里。）。傳寫祕文徒棖

觸，偶翻遺笈忍汍漣。慈烏黃鵠同無奈，隴上何堪久宿芊。

二月九日　晴。

下午，須公來小談，出其所作壽文讀之。須公次子生而不慧，今又病

殤。須公連歲喪子，意態頹然。

二月二十七日　晴。

聞遠處有爆炸聲，不知何詳也。近日海州頗吃緊，令人憂痗。旋聞人

言，泗陽被炸兩次，縣政府亦燬云。是日，警報三次，近日，敵機頻來，

其情叵測，人人皇皇，不可終日者，絕非佳兆。

湖居日記卷二

蘦硯齋主人記

民國二十八年（一九三九）二月二十八日　舊曆正月初十日。

半夜，汪君鑑榮來告，天縱、洋河失陷，急起驅車入城，接家母到老宅，震兒旋至，祜女赴南郊亦繼來。消息愈惡，逃者滿途，慕弟來，決遷宋村。祺女病雖小愈，體弱不耐跋涉，商諸曹君寄僧，住仁慈醫院，山妻留伴，迪、胤兩兒隨母同留。周伯衡姑丈及女穉蘅同行。家母及祥、滋由徐僕護送先行，余攜祜、震稍部署亦雇車去。慕眷則由南郊逕赴淮安，會於東門。天已昏黑，船隻盡被官軍所封，不可得，徐僕持省府封條強爭得二舟，余家及周應生眷屬分占其一。深夜開船，行數里泊黃土橋，別有學生船一隻相後先。時澗河岸上逃難者踵趾相接，慘狀殆難筆述。

三月一日

待慕未至，九時開，午到車橋被阻，周丈與車橋區長邵君接洽，幸得其許行，旋潘三丈亦至。船已開，晚泊流均溝下，月色甚佳，夜半大風。本日爲穉露四十生日，本擬家祭，既倉黃逃遁，何暇及此乎！思之黯然。

三月二日　阻風，旋雨。

聞西北炮聲甚烈，散兵遊卒頗有捉人船者，遂移泊南蕩避之。

三月三日　風愈甚，小雨不止。

促開船，榜人支吾不肯，悶損之至。下午慕偕周應生及同事多人乘船從北來，周夫人船中小婢遙見之，歡呼，余急出，招其共泊，談清江危急狀。慕來時過醫院，見山妻及祺輩均安穩，安姑亦在其間，惟三弟婦未審蹤跡何往。是夜仍泊流均溝。

三月四日　雨止，風不息。

俟至下午，勉開至沙家莊，榜人嬾狡，不肯再進。旋任古彬船亦來，古彬由東海南逃，經漣水渡黃，斜趨蛇峰，雇船到此，幸得相晤。群坐沙莊小學述逃難經過，覺前途茫茫，未知所屆，慨嘆久之。

三月五日　微雨。

大早開船，行葦蕩中，斜風細雨，困苦疑懼，又失道，周夫人船速，漸不復見，余舟及慕舟且行且問，向晚到鹽河口，入蟒蛇河，到李副使莊停，距宋村僅數里，應生促之，榜人堅不肯進，應生怒詈，然無如何。時雨已霽，月隱薄雲中，村樹蒼茫，燈火掩映，景色甚佳。惜在奔逃流轉中，無心領略，若在平素，豈非絕好詩境哉！

三月六日　晴日滿空。

開船到宋村口子，本可逕進達村，承大水之後恐遭浸灌，口被堵塞，改換駁船。岸口泥塗沒脛，扶掖而過，投應生家小休。租得魚姓屋，下午搬往。二十年前慕東曾在此間小學教書，與宋澤夫先生相契，應生又娶此間季氏女，以此因緣，遂相約來避。旋訪澤夫、我眞喬梓於亭湖中學，又晤周滌卿，六師校友，周亞廉、許潤和，揚中校友，歡然道故。時乏家具，即託諸君代假。

兩日得紀行詩十首

家國運何蹇，東海揚鯨波。經年累遷播，飛鳥失故柯。新春逼烽警，棄家走巖阿。憶昔慶歲首，歡樂亦何多。哀哉亂離世，思之淚滂沱。

悵悵將何適，惴惴逢飛鳶。紛紛棄車走，落落伏道邊。軋軋鳴機杼，悠悠逝遠天。顧視不見影，驚魂猶顚連。生死迫俄頃，憂疑心如煎。

孤城何巍峨，民逃竟成墟。城邊羅舟楫，一一官符拘。婉言得舴艋，夜行任迴紆。待人人不至，且緩兼程趨。倉黃逃寇難，遑敢怨崎嶇。

蜷坐不得寐，天明何遲遲。向晨步岸上，朝露猶未晞。鼓櫂向東去，微漪揚輕飔。倘非吏阻舟，何殊太平時。月下迫柳岸，清光滿酒卮。

夜半風濤怒，寒意侵客舟。況復灑凄雨，更使羈人愁。中流不得進，孤踪等浮漚。遠聞雷迅發，北顧心煩憂。淹滯忽兩日，何時去悠悠。

移船避散卒，聽雨愁羈魂。人語岸邊柳，諦視果弟昆。欣逢出意外，喜訴雜語諠。惟有妻與女，困病留危垣。我行日以遠，音問誰相存。

沙洲十五里，強進衝寒風。風猛雨又作，何從辨西東。阡塍盡湮沒，流轉任漂蓬。疑畏心如結，默然守枯篷。達岸天已黑，遙認燈火紅。

生此亂離世，何處可避秦。放船三四日，浩渺無涯津。樹頭掛叢草，漲水留痕新。致我陷溺深，欲奮無斧斤。強作達人語，生世本浮蘋。

勇者死鋒鏑，怯者攘其功。利苟在民族，爭辯亦何庸。無如非聖哲，耿耿憾於衷。袖手不復助，兩敗科罪同。嗚呼民何辜，受其荼毒凶。

淼淼水中渚，隱居多逸民。知我將避世，招邀來結鄰。同行周茂叔，把酒羅奇珍。回憶道中苦，含意俱未申。歡言得所憩，痛定時一呻。

三月七日　晴。

聞阜甯陷，益林、東溝居人紛逃。翹首北望，胸懷悶損。

三月八日　晴和。

偕周應生諸君，買小舟赴秦南倉。本有路可通，今則溝塍盡沒，一望如湖，微風拂波，四顧渺然。到倉，周行街巷，頗整潔，勝建陽。晤小學校長曹君，六師校友也。乘原船返莊，遠瞻村樹，鬱鬱蒼蒼，烟戶繁稠，亭湖校舍，翼然獨立，尤覺壯觀。

三月十一日　晨陰，旋開霽。

或傳新興已爲敵占，將南攻鹽城，村人洶懼，亭湖遂解散。旋又得訊，知前說子虛，上岡尚無敵踪，聞者少安。時事如此，羈旅何以爲懷！

三月十四日　晴，頗涼。

慕偕惕非、應生赴興化，周姑丈及其女公子同舟南行，將取道揚州往南京。姑丈辛苦一生，遭亂，盡失其所有，姑母又卒，煢煢父女，深可閔嘆！

賦詩以送其行

早參戎幕主齊盟，晚用餘才筦水衡。白首鄉居驚舊夢，紅閨弦斷辨琴聲。不堪上國簪纓伴，老向江湖潦倒行。客裡臨流重送別，孤帆極目石頭城。

三月十六日　晴。

慕等從興化回，教廳又他遷，未獲見。

三月二十三日　晴，有風。

從許慎之處借《鹽城鄉土志》，擇抄之。

三月二十八日　晴。

慕同惕非、應生進城。

張大從浦來，持有祺信，知家人平安居醫院中，承寄僧照應，聞之稍慰。即寫回信，告以此間安穩，並函謝寄僧。

三月三十日　晴。

慕及兩兄由城回。城中居人散去，僅存空屋，獨行長街，犬聲如豹，景象甚慘。

三月三十一日　晴，有風。

連日畫鹽城圖，參以印水心之《鄉土志》，形勢略明。

四月三日　晴。

東南有轟炸聲，或傳在鹽城北門外。

四月四日　晴。

上午有敵機遠飛，掠村東而去，旋聞轟炸聲，傳在鹽城南門。

滌欽又出近作《抗詩》一首見示，和之

壯懷我亦欲圖南，垂融歸來戰尚酣。碧館棄兵心豈死，春帆款敵勢難甘。

已摧盛漢雄關百，空許亡秦楚戶三。讀史幾番頻下淚，南唐往事不堪談。

四月五日　**晴**。

有感

無限腥風捲怒沙，故鄉望斷已無家。妄傳捷訊忘屐齒，忍割殘疆錯犬牙。肝膽可憐分楚越（此次南來敵軍，多用東北人爲先驅。），貔貅猶自雜龍蛇。諸軍莫向崖山退，天水茫茫亦有涯。

四月六日　**清明**。**晴**。

敦盤早已散群雄，七夕當年感落楓。蜾蠃幾時藏密院，蛙聲一旦出深宮。旌旗燦爛迷前夢，嚬笑支離失舊風。平楚樓頭應悔恨，須知烹狗是從龍。

四月十一日　**雨**。

或傳東台已失，未知確否。連日東南實有轟炸聲，續續不已也。

四月十八日　**陰曇**，**毛雨**。

讀明史唐順之傳

荊川先生文章伯，貫串天人羅典籍（《本傳》云「唐順之，字應德，武進人。於學無所不窺，自天文、樂律、地理、兵法、弧矢、句股、壬奇、禽乙莫不究極原委，盡取古今載籍，剖裂補綴，區分部居爲左、右、文、武、儒、稗六編傳於世，學者不能測其奧也。爲古文，說洋紆折，有大家風。生平苦節自勵，輟扉爲牀，不飾茵褥。又聞良知說於王畿，閉門兀坐，匝月忘寢，多所自得。」）早年射策金馬門，一日聲名上瑤碧（年三十二舉嘉靖八年會試第一，改庶吉士。）。何爲拂袖歸田廬，此身恥作南園客（座主張璁，疾翰林，出諸吉士爲他曹，獨欲留順之，固辭，乃調兵部主事，引疾歸，久之，除吏部。十二年改編修，校累朝實錄，事將竣，復以疾告，璁持其疏不下。有言順之欲遠璁者，璁怒，罷順之，永不敘用。）。天生奇才豈終隱，殺賊終當銘金石。當年胡騎徧江東，烽火衝天動魂魄。不知殘破幾人家，斷壁頽垣留戰迹。先生承詔起視師（十八年起故官，兼春坊右司諫，以請朝東宮，削職歸隱陽羨山十餘年。倭躪江南北，趙文華出視師，疏荐順之，起南京兵部主事，以父憂不出，免喪，召爲職方員外郎進郎中。尋命往南畿浙江視師，與胡宗憲協謀討賊。），大舶東巡勞指畫。江陰直抵蛟門洋，千里乘風驚浪拍（順之以禦賊上策「當截之海外，縱使登陸，則內地咸受禍。」乃躬泛海，自江陰抵蛟門大洋，一晝夜行六、七百里，從者咸驚嘔，順之意氣自如。）。詗知江口聚倭船，馘敵沈舟清肘腋（倭泊崇明三沙，督舟師邀之海外，斬馘一百二十，沈其舟十三。擢順之太僕少卿，宗憲言，順之權輕，乃加右通政。）。餘寇西奔出雉皋，終向廟灣見圍迫（順之聞賊犯江北，急令總兵官盧鏜拒三沙，自率副總兵劉顯赴援，與鳳陽巡撫李遂大破之。姚家蕩賊窘，退巢廟灣。）。先生麾軍薄賊營，殺傷過當戰已劇（順之薄之，殺傷相當，遂欲列圍困賊，順之以爲非計，麾軍薄其營，火炮攻之，不能克。）。南馳又復救三沙，心膽焦勞南北隔（三沙又屢告急，順之乃復援三沙，督鏜、顯進擊，再失利。順之憤，親躍馬布陣，賊搆高樓，望官軍整，堅壁不出。）。病中直進手持刀，殺賊誓須數盈百（顯請退師，順之不可，持刀直前，去賊營百餘步，鏜、顯懼失利，固邀順之還。時盛暑，居海舟兩月，遂得疾，還太倉。）。至今異代人不忘，說到戰功浮大白。我謂殺賊誠快意，而此尚非先生功。縱敵入室徒滋蔓，不如遏敵東海東（按先生主遏賊海外說，已見前引。）。可憐無人識此意，坐令內地皆兵戎。揚楚濱海數百里，大軍之後兼歲凶。出粟賑飢陳九事，仁心俠骨紓困窮（李遂改官南京，即擢順之右僉都御史，代遂巡撫。順之疾甚，以兵事棘，不敢辭。渡江，賊已爲遂等所滅。淮、揚適大飢，條上海防善後九事，名臣實錄：「順之以淮揚重地值歲歉，請於朝，得餘鹽銀二萬兩以賑。又自捐俸金，令有司以次捐俸易米，散各鎮爲粥，以食飢民。」所載九事甚詳，約千餘言。）。我謂兩端乃卓絕，救時不與餘人同。嗚呼倭寇今復至，明季往事丁我躬。禦侮不在海之外，口稱誘敵說何工。決河本以殺強敵，至今決口無丸封。澤國積潦春不種，故鄉焦土火猶紅。敵愾消沈化春夢，依稀孤憤吐長虹。讀先生傳三嘆息，先生出處何從容。能解倒懸任艱鉅，先生聞望古今隆（晚由文華薦於羅洪先，洪先曰：『向已隸名仕籍，此身非我有，安得倖處士？』遂出。然聞望頗由此損。按：外患既深，豈容高蹈！先生之出，在救民救國，與薦主曾有何關？而史家致惜，可謂無識。））。

李遂傳

嘉靖三十八年四月，倭數百寇海門，遂語諸將曰：『賊趨如皋，其衆必合，合則侵犯之路有三：由泰州逼天長、鳳泗，陵寢驚矣！由黃橋逼瓜、儀，以搖南都，運道梗矣！若從富安沿海東至廟灣，則絕地也。』遂使將扼如皋，而身馳泰州，連戰丁堰、海安、通州皆捷。賊沿海東掠，遂喜曰：『無能爲矣！』令人尾之而致賊於廟灣。復慮賊突襲淮安，乃夜半馳入城，賊尋至，乃督參將曹克新等禦之姚家蕩，唐順之、劉顯來援。賊大敗走，以餘衆保廟灣，據險不出，攻之月餘。遂令劉景韶塞塹夷木、焚其舟，賊乘夜雨潛遁，官軍據其巢，追奔至蝦子港，江北倭悉平。賊駐崇明、三沙者將犯揚州，景韶連戰勝，圍之劉莊。會劉顯來援，攻破其巢，追奔白駒，賊盡殄。

四月十九日　陰雨。

讀明史朱紈傳

煌煌朱將軍（《本傳》「朱紈，字子純，長洲人。」），殺賊東海濆。海濆本清肅，何以多賊氛（初，明祖定制，片板不許入海。）。奸人爲窟穴，外寇來如蝨。互市不償値，積怨遭掠焚。更有桀黠者，挾寇恣披紛

（承平久，奸民闌出入，勾倭人及佛郎機諸國入互市。閩人李光頭、歙人許棟爲之主，司其質契，勢者護持之，漳、泉爲多，或與通婚姻，假濟渡爲名，運載違禁物，官吏不敢詰。或負其直，棟等即誘攻剽，負者脅將吏捕逐之，泄師期令去，期他日償，他日至，負如初。倭大怨恨，益與棟等合。而浙、閩海防久隳，戰船、哨船十存一、二，漳泉巡檢司弓兵舊額二千五百餘，僅存千人，倭剽掠輒得志，益無所忌，來者接踵。）。將軍赫然怒，射海排萬弩。斷渡海道清，鋤奸嚴甲伍（明年嘉靖二十七年七月，倭寇起，紈改提督浙閩海防軍務，巡撫浙江。紈巡海道，採僉事項高及士民言，謂「不革渡船，則海道不可清。不嚴保甲，則海防不可復。」上疏具列其狀，於是，革渡船，嚴保甲，搜捕奸民。閩人資衣食於海，驟失重利，雖士大夫家亦不便也，欲沮壞之。）。漳泉與福寧，一軍壍其戶。海門福清兵，遠來張其罟（紈討平覆鼎山賊，明年二十八年，將進攻雙嶼，使副使柯喬、都指揮黎秀分駐漳泉、福寧，遏賊奔逸。使都司盧鏜將福清兵由海門進。）。困賊如籓羊，一戰靖海宇。適有扶桑人，秉節來問津。投書同鬼蜮，激變邀比鄰。將軍計素定，殺賊兼禮賓（而日本貢使周良違舊約，以六百人先期至，紈奉詔便宜處分，度不可卻，乃邀良自請後不爲例，錄其船，延良入寧波賓館。奸民投書激變，紈防範密，計不得行。•••貢使周良安挿已定，閩人林懋和，爲主客司，宣言宜發回其使。紈以中國制馭諸番，宜守大信，疏爭之強。且曰：『去外國盜易，去中國盜難，去中國瀕海之盜猶易，去中國衣冠之盜尤難。』閩、浙人益恨之。竟勒周良還泊海嶼，以俟貢期。）。樓船出海上，俘馘哀殘鱗。志在報君國，未敢言苦辛（廿八年夏四月，鏜遇賊於九山洋，俘日本國人稽天，許棟亦就擒，棟黨汪直等收餘衆遁。鏜築塞雙嶼而還，番舶後至者不得入，分泊海外諸島。勢家既失利，則宣言被擒者皆良民，非賊黨，用搖惑人心。又挾制有司以脅從被虜，用輕比重者，用強盜拒捕律。紈上疏，遂便宜行戮。紈執法既堅，勢家皆懼。）。哀哉功與謗，飛語誰能抗。披髮望靈均，仰訴空悲壯。蕭艾鋤愈多，勞勳翻罪狀（吏部用御史閩人周亮及葉鏜言，奏改紈巡視，以殺其權。紈上疏陳六事，語多憤激，中朝士大夫先入浙、閩人言，亦有不悅紈者矣！紈前破溫盤、南麂諸盜還，平處州礦盜，佛郎機國人行劫至詔安，紈擒其渠李光頭等九十六人，復戮之，具狀聞，語復侵諸勢家。御史陳九德遂劾紈擅殺，落職。）。長城一旦隳，斯世眞无妄。坐令十載餘，千里腥濤漲（命都給事杜汝禎按問，紈聞之，慷慨流涕曰：『吾貧且病，又負氣，不任對簿，縱天子不欲死我，閩、浙必殺我，吾死自決，不須人也。』製壙志作絕命詞，仰藥死。二十九年，汝禎還言，奸民鬻販拒捕，無竊號流劫事，坐紈擅殺，詔逮紈，紈已前死。柯喬、盧鏜並坐重辟。紈清強峭直，勇於任事，欲爲國家杜亂源，乃爲勢家構陷，朝野太息。自紈死，撤備弛禁，未幾，海寇大作，毒東南者十餘年。）。

四月二十日　舊曆三月朔。陰雨如毛。

旅淮四首

斯世迫憂患，人間多別離。胡騎不時至，苟安忘顛危。終已淪羶腥，棄家車交馳。母老子女幼，辛苦相扶持。流亡滿道路，悵悵將何之。尚有妻與女，回首勞夢思。

門有故鄉客，探懷出素書。審視出女手，鉛槧輕糢糊。上言母安好，下問父何如。匝月抱憂懷，至此心顏舒。舒顏不須臾，遠念天一隅。何時烽火靖，一帆歸故廬。

淮上多健兒，退去何從容。敵來不知時，夢醒驚殘烽。夷情誠叵測，虎狼時斂鋒。勿謂暫寬假，忘其面目凶。公私殊利害，勇怯誰彌縫。雖復賢智士，能不愁心胸。

賃得水邊宅，一枝愁孤棲。流離飽饘粥，躑躅時東西。風起看車水，春耕聽叱犁。我本樂編籍，何爲雜窮黎。攄悶欲賦騷，正恐遭訶詆。自憐生不辰，竟如觸籓羝。

四月二十二日　晴。

連日慕等籌備龍師復課，暫借亭湖校舍。

四月二十三日　晴。

作淮泗健兒行七古一首

淮泗風雲苦不支，淮泗自古多健兒。異族憑陵儔不憒，誓捐肝腦守所司。經年建闔者何人，聞是將軍韓擒虎。參軍不讓李西平，共守疆圉奮其武。十日重演揚州恨，半年終覆彭城軍。江淮千里地日蹙，縱目四面皆胡氛。四面支持多苦辛，犒勞敢不頻箕斂。牛酒連年拜高壘，將軍何日揮長劍。

不見盤空來鐵鳥，旋聞帳下歌清商。分曹角逐飲長夜，何爲自苦戒履霜。
人生快意無百年，亂世尤宜致身早。落花片片舞殘風，啼鳥還驚春夢好。
可憐百里烟塵合，欲進不進騅呼風。一撮何須付焦土，去邠不戰哀民窮。
將軍之退速且神，至今不識歸何所。道逢春燕海邊來，猶道將軍善守禦。
屈伸勝敗何足數，枯枰一角留殘棋。淮泗健兒不須恥，將軍今且浮金巵。

四月二十九日　晴。

同慕東、應生、惕非、炳華及滋兒往時楊莊。渡蟒蛇河而北，越合龍隄。道中阡陌縱橫，秧針彌望，流水小橋與風車相間，分布四遠，殊有畫意。居民百餘家，頗整潔。有庵名普悅，院宇脩飭，雜蒔花木，雛僧誦經課字，與荒庵不同。

五月四日　晴。

看《鹽城縣志》，剌取其事，撰七絕得四首。

鹽瀆縣

鹽瀆何爲置鐵官，障淮濱海是偉觀。千年海上腥風惡，百里湖濱白日寒。

《漢志》鹽瀆有鐵官，鹽瀆產鹽而置鐵官，未知何故。《後漢書》「章和元年，馬稜遷廣陵太守，奏罷鹽官。」則《漢志》所載鐵官，殆是鹽官之誤。鹽瀆境時有伸縮，最大時，北至淮與淮浦界，南至海陵，兼有今東台地，歷漢至晉，大概皆爾。至劉宋，又有射陽、鹽城，更兼有射陽西境，南北殆三百里，東西亦不下百數十里。惟范隄東海灘，則明中葉乃淤現耳。南宋與金以淮水中流爲界，鹽城爲宋北邊地。洪邁論淮東邊備六要地，鹽城居第三。而李全等時竊據其間。明季，倭寇蹂躪，全縣皆罹其害，談掌故者猶懍懍也。

臧洪

來救圍城必子源，千秋忠義在乾坤。二陳同邑不同趣，青史同標姓氏存。

臧洪，字子源，射陽人。嘗補即丘長，中平末，棄官還家，太守張超請爲功曹。董卓弒帝，超與洪西至陳留，見兄邈，定議，與諸牧守大會酸棗。將盟，更相辭讓，莫敢先登，咸共推洪，洪辭，氣慷慨，聞者無不激揚。後袁紹以洪領青州刺史，收撫離叛，百姓復安。任事二年，紹憚其能，徙爲東郡太守。時曹操圍張超於雍丘，甚急，超謂軍吏曰：『今日之事，惟有臧洪必來救我。』或以爲疑，超曰：『子源，天下義士，終非背本者也，或見制強力，不相及耳。』洪始聞超圍，將赴其難，自以衆弱，從紹請兵，紹竟不聽，超城遂陷，張氏族滅。洪由是怨紹，絕不與通，紹興兵圍之，歷年不下。使洪邑人陳琳以書譬示，責以恩義，洪答書，紹知無降意，急攻，糧盡無援。主簿啓廚米三斗，請稍爲饘粥。洪曰：『何能獨甘此邪？』使爲薄糜，徧班士衆，又殺愛妾以食兵將。男女七、八千人相枕而死，莫有離叛。城陷，生執洪，洪據地瞋目責數紹，紹乃殺焉。邑人陳容，時在紹坐，曰：『今日寧與臧洪同日死，不與將軍同日生。』遂復見殺。在紹坐者，無不嘆息。竊相謂曰：『如何一日殺二烈士？』

臧洪

欲將忠義勵臣鄰，流涕悽惶散吏民。子弟八千同日死，感人深處過張巡。

漢人忠事府主，其誼往往嚴於君臣。洪之報超，義不反顧，而將吏亦守死不去，其節操絕非後世所可及，然亦一時風氣使然也。張巡守睢陽，殺妾享士，王夫之論其非人情，且恐爲驕將所借口。明末掌兵者，每挾人民爲孤注，冀邀幸一時，曾可痛恨。至洪，本欲遣散將吏，而將吏流涕不肯去，蓋其忠義足以感人。而漢代忠事府主之義，亦有促之，非錮閉城垣，肆毒平民者可比也。

陳琳

文采翩翩書記才，應劉同逝亦堪哀。可憐兩帝翱遊日，羽檄飛馳任意裁。

陳琳，字璋，射陽人，嘗爲袁紹檄曹操。袁氏滅，琳爲操所得，操曰：『卿昔爲本初移書，但可罪狀孤而已，何乃上及父、祖邪？』琳謝曰：『矢在弦上，不得不發。』操愛其才而不咎。

五月六日　立夏。晴。

讀《縣志》、《莊子》。得詩二首。此撰《鹽城雜詠》，體例與前銷夏雜詠同。

射陽縣

十里蒹葭古射陂，荒村歷落幾傳疑。臧陳各有千秋業，弔古何時問水湄。

鹽城，兼有漢鹽瀆、射陽兩縣境，鹽瀆爲本境，而北分於阜寧，南分於東台，已非鹽瀆之全。射陽則分屬山陽、寶應、鹽城三縣。山陽本射陽境內地名，又兼分淮陰南境、鹽瀆北境。寶應則得射陽西境，鹽城則得射陽東境。三縣皆有射陽地，而皆不得專射陽之名，明矣。相傳射陽城在寶應、鹽城界上，在寶應境者爲鎮，在鹽城境者爲村云。

海灘棉田

潮汐年年怒拍天，一堤捍海感先賢。迴沙萬派高於岸，飛絮鋪雲萬井烟。

范隄以東，古本沮洳庳濕之地，迨唐大歷中李承、宋天聖中范文正，先後築堰捍海，潮汐爲所遏，不能逾堰而西，泥沙停積，夕之遂成甌窶。然明宣宗時，堤東海灘止三十餘里，不如今日之廣。今則海距堤百里而遙，多墾植種棉，彌望皆是矣。夏應星有《禁墾海灘碑記》，今則盡種棉矣。嘉、隆以後，高堰屢潰，湖淮之水挾泥沙東趨，阻於范堤，不能復東，日益淤澱，久之，亦如高地，而處處沙岡，綿亙若山丘焉。

五月七日　**晴**。

連日西北有炮聲，聞益林、東溝盡陷。敵氛日熾，逼近眼前，奈何奈何！省府又自泰州遷回興化。

聞益林陷

隱隱輕雷起暮鴉，不知摧敗幾人家。烽燧今已鄰堂奧，村隴依然課稻痲。恨絕孱軍空誤國，可憐庸妄尚排衙。煩愁滿腹誰堪訴，小立田邊悵晚霞。

五月八日　晴曇，有風。

得詩十首

鹽場

熬波煮海利人多，吏蠹梟私奈若何。百里沙痕新漲滿，荒村五夜免稽呵。

鹽城海產極豐，然不若鹽之利爲尤大，而鹽法不革，徒多中飽，加以私梟出沒爲鄉里害。《前志》謂熬波對海有不涸之利，厲亦偕之，不若興陂堰浚甽澮溝土地之法，廣多稌之源爲有利而無害。今則海益東徙，鹽池盡廢，新淤海灘，墾種棉麥，舊有場倉，僅存虛名，正如《前志》之所希冀矣。（伍祐場、新興場）

卞整

英雄不恥作萑蒲，北拒金源保一隅。戰蹟斑斑留故里，今人莫漫笑區區。

卞整，寧宗開禧初爲盜，黃度擊降之。嘉定十五年，金人犯安豐，劉琸調整及張惠、范成進、夏全諸軍應援擣虛，有堂門之捷，俘其四駙馬。紹定四年，李全據鹽城，權制置使知揚州。翟朝宗遣整領兵扼境，三月，整與于玠敗賊將王國興於岡門，斬首千級。四月，敗賊於十里亭，賊兵爭門墜壕如蟻。按：整雖出身盜賊，僅偏裨之才，而能殺賊立功，以保桑梓，較諸遇敵退避，喪師辱國者，高出萬萬矣。

陸秀夫

年年潮汐泣忠魂，回首天南故國存。潛德幽光浮偉節，翠巖史筆比龍門。

陸君實海上死事，忠烈之義，昭垂千古，嘗以日記付青原人鄧光薦，光薦旋死，事竟不傳。吾鄉龔高士，與君實同在揚州幕府，又同桑梓，感其事，爲作傳。自謂筆力短，不能使潛德幽光浮於偉節。而論者稱其史筆不滅，龍門陳壽以下所不逮。今《宋史・本傳》多採自《龔文》也。

建陽

溝頭流水各東西，溝尾茅檐得暫棲。此是陸家長建里，至今寒月照萋迷。

建港溝在建陽鎮，他水多東流，此獨東、西分流，鎮人頗以此自矜異。陸忠烈公題名册自記「鹽城長建鄉長建里人」，今以建陽鎮當之。然祇以其建字相同耳！別無他證，事歷千載，殆難遽信。今鎮中有陸公讀書處及祠。實翁三歲，其父遭家難，挈居京口，其後未聞還鄉，則建陽何以有公之讀書處邪？其出於附會，審矣。然以公之孤忠亮節，照耀千古，後人引以爲鄉里之光，景慕向往，有希賢之意，又烏可厚非哉！去歲避難，曾居其間十月餘，周遊數過，感慨低佪，何幸得居先烈之故里，有榮施焉。實翁死海上，無後，或傳有子孫，留居閩中，然不足信也。今鎮中有陸劍秋、鐵城、紫超兄弟，皆與余善，未知是實翁同族否也。

夏升

老夏爲官似水清，不增不減得民情。幾番遣戍緣何事，宦海風波太不平。

夏升，字景高。洪武中以人才舉官縣令，尋以事謫湘鄉，無何，以薦授開化知縣。均徭薄賦，鋤強扶弱，吏民畏服如神。九載，課最當遷，民乞再任。時仁宗監國，擢升衢州知府，俾得治其故縣。前守曾、後守簡，民謠云「曾也增不上，簡也減不下，若要知民情，除非是老夏。」永樂十九年冬，朝廷命大吏考覈州縣，升抗直不屈，遂誣以事，謫居美谷。洪熙元年，仁宗臨朝，問衢州知府：『夏升今安在？』戶部尙書夏原吉以謫戍對，召還朝，擢守萊州，風裁益振，百廢俱舉。復被誣逮，耆民千餘人走訴都察院，宣宗素聞其名，命復職。年七十餘卒於任，祀鄉賢。子萱，字廷芳，以孝聞，官即墨知縣。按：升以循吏，而累遭誣謫，專制之世，是非不明，政治何以澄清，民生何以舒裕？能不令人憤懣者哉！（夏升墓在桑台寺西。）

二成

明代二成眞御史，就中小阮更能賢。儲糧築石功尤偉，述德當歌詩百篇。

成寧可，字仲謐，以歲貢授浙江道監察御史，在臺中，風稜赫赫，與成均並稱眞御史，有二成之目。均字士溥，寧可從子。由國子生爲監察御史，彈劾無所避。宣德初，陞南京刑部侍郎，奉敕理蘇、松各郡農務，奏稱：「蘇州倉庾匱乏，衛所各官，幷下西洋旗軍缺糧。請檢刑部奏准，例將蘇、松、常、鎭四府罪人折贖米，暫貯本處以備支給。」從之。後巡撫浙江，奏言：「海鹽去海二里，石嵌土岸二千四百餘丈，水齧其石，皆已刓敝，議築新石於岸內，而存其舊者以爲外障。乞如洪武中令嘉、嚴、紹三府協夫脩工。」從之。堤成，浙民賴之。（二成墓在太平隄內，大成莊西北。)

梁秀

苫下蛇蟠鬼叩門,墓田土白百年存。幾多異事傳青史,正恐新生笑妄言。

孝子有:蔡誦、蔡福、薛秋芳、孫應芳、陳寶、殷輅、成瑤、姜漢、梁秀等數十人,而秀尤異。《乾隆府志》引《通志》云:「秀早喪母,父憐之,不再娶。秀朝夕色養。父歿,廬墓離家數十里,夜有鬼物試之,不爲動。」《阜寧志》則謂「夜分燐火四流,不爲動。」與鬼叩門說小異。《舊志》又云:「歸,揭寢苫,下有赤蛇數十,衆驚異。事聞於官,旌之。」揆《舊志》之意,苫下有蛇,而秀不知。鬼之叩門,若故警之者,故衆以爲異邪?文詞簡約,不明其旨之所在矣!秀世居安豐鎭,而廬墓處在今桑臺寺東,秀墓亦在其側。山陽丁柘塘先生《梁孝讚》所謂「墓田土白,百年未變。」者也。《阜寧志》謂「秀居廟灣境,其廬墓處在裴橋里彭家庵側。」者，誤。按：孝養本屬至性，廬墓亦稱奇行。而前人多以神異事附會之，轉鄰怪妄，反不復能掛通人之口，至可惜矣！秀爲柘塘老人所稱道，故取而詠之。

陳九經

閉戶潛修守故吾，不堪學術衒當塗。區區方感家門盛，敢更揚波助瀾乎。

陳九經，斗南從子。斗南號方池，事繼母以孝聞。官戶部主事，忤嚴嵩，謫泰安州判，蓋風節之士也。九經究心樸學，不赴鄉闈，焦竑怪問之，答書曰：『九經家世謹厚，自叔斗南登第，家風遂衰，此非吾叔意。蓋人心憑借恣肆，有浸漬而不自覺者，有識者方代爲抱恨，敢助瀾而揚其波耶？』學道終身，絕意進取。竑益重之。當事扁其門曰：「一代高士」。邑令舉鄕賓典，九經媢學自娛，高尚卓絕，富貴功名，曾不足以芥其胸臆。而當事者乃以旌門榮之，何其不知九經之甚也。

祁棟

海沙百里漲痕新，幾戶煎鹽若採薪。天地生財無所限，可憐爭攰爲何人。

祁棟，好義任俠。邑范公堤東有海灘，南抵伍佑場，北抵上地面，東至大海，袤延極廣，爲闔邑樵採地。貧民資以養生，雖歉歲猶得自給，與竈戶煎鹽額蕩無涉。萬歷中，有竈戶聚衆占奪，棟訴諸大府，得直，復歸民樵採。未幾，又有竈戶妄踞，棟又爭之，竈戶杖死，貧民皆德棟。棟年至九十九乃卒。今海灘益漲，去海益遠，竈戶凋落，而富勢之家爭領地，墾種棉麥，樵採之利，非貧民所可得而染指。棟生今日又將奈何！

乾隆時，程國棟又嚴禁竈戶占墾，此蓋鹽城相傳法令，至清末始大壞云。夫豪猾占領，耕者失地，此固宜禁，然棄地不墾，任其茅葦，禁積牛羊踐牧，亦非盡地力之道。今之廢竈植棉，亦勢之不得不然耳。

周柏、徐瑞

周柏叩閽請減賦，徐瑞告災衝霧露。萬民生死係君行，義舉雙成天下慕。

周柏，神宗時人。徐瑞，懷宗時人。鹽邑額田八千三百餘頃，嘉靖間將湖蕩、海灘丈量，報增至三萬五千餘頃，然漕糧仍舊制。萬歷四十六年，加遼餉，書吏藍舉照三萬五千頃征，民不堪命。柏叩閽請減，詔仍依舊畝，舉遣戍，邑人頌之。崇禎四年六月，淮、黃交漲，海口壅塞，興化、鹽城水深二丈，村落盡漂沒，逡巡踰年，始議築塞，興工未幾，伏秋水發，興、鹽爲壑，死者無算，盜賊大起。瑞於六年六月，上疏言狀，帝憫之，命議：「罰河漕官。」監察御史吳振纓讀瑞奏，爲之泫然流涕，云：『嗚呼！奸吏舞文，庸官釀災，不有義士，儔正其辜。』

五月九日 晴。

得詩十首，《鹽城雜詠》之用意，蓋在以詩存事，其工拙不計也。

李幹才、樂大章

不信中原竟陸沈，北來鋒火日駸駸。時事至此身安寄，蹈海無慚報國心。

李幹才，字篤生。欒大章，字君雅。皆廩生。崇禎甲申之變，幹才焚儒衣冠，不食，同學爲詩文祭之，卒無一言而死。大章語家人曰：『時事至此，身安所寄？惟有效魯仲連蹈東海而死耳！』一夕出，不反，蹤跡之，得遺骸城西偏匯澤中。

三忠

海上司孫厲與鄷，當年排滿號三忠。從容罵賊眞慷慨，想見髯張音似鐘。

司石磐，名邦基，以字行，諸生。戟鬚髯鐘聲，善談兵。乙酉七月，與都司鄷報國、諸生孫光烈奉新昌王監國，同舉兵規興，復克鹽城。兵敗，光烈寄父書，投海死。石磐髡爲僧，與鄷泛海投唐藩，爲海寇馬西祿、王大功縛獻詣江南投誠。見推官郭承汾，挺立不跪，鄷欲脫之，言「此儒生，吾劫之爲書記耳。」石磐曰：『吾實首事，奈何諱之。』手械指郭，詈曰：『我一諸生殉國，爾中甲科，官風憲，今何面目訊我乎？』繫獄六十餘日，狂歌痛飲，酣詈不輟，與酆偕死。臨刑時，飲酒賦詩自若。光烈，字德求，性恬退，身若不勝衣，遇事，義形於色。明亡，司、孫、厲起兵抗清，事雖不成，而忠烈之蹟，殆可與瞿式耜、張煌言輩並列，而清人撰著多諱言。惟王鉅爲撰《三忠傳》，載《射州文存》中，可爲三君張目，惜其文稍稍繁蕪，又不載酆報國事。《陳志》兼採《史志》，並及《雜書》，文覈事確，不媿史筆。茲全錄之，以見其概。厲豫事，別有詩，茲不舉。又有繆鼎吉、鼎言兄弟，亦奉新昌王起事，事敗被殺。

鹽城營

鹽城營獨作先鋒，愧煞官軍陷賊中。二十九人齊戰死，至今勇氣貫長虹。

天啓二年，山東白蓮賊徐鴻儒作亂，陷鄒、滕、嶧三縣，犯夏鎭，劫掠漕艘。督撫調鹽城營護漕。哨官童取鉞以張極等三百八十人往，賊衆十萬餘，官軍、才人皆躡賊後，獨鹽城兵陳於前作先鋒，迎敵力戰。良久，賊大至，張極諸人皆殊死戰，陣亡者凡二十九人，胡鉞、張有直、王應奎、陳柏死事尤烈。知縣趙善鳴爲立忠勇廟祀之，勒二十九人姓名於石，副使宋統殷爲之記。取鉞，亦鹽城人，勇敢善戰，宋統殷記稱：「其貌恂恂，及遇賊，躍馬奮呼，一可當百。」云。時得不死，故不與二十九人之列。今世鄉兵多怯懦，不敢應敵，觀此二十九人之事，則何地無英傑？要在人之自立耳，故詠其事，蓋將有所激勵云。

李百度兄弟

傳家槍法號梅花，兄弟爭登勇足誇。孤島至今留戰蹟，潮聲猶似泣龍蛇。

奮椎一擊豈私讎，姑息招降亦足羞。長嘯歸來老畎畝，是非參透傲王侯。

李百度，字介石，弟百聖，字揆一。家世以武勇箸，傳槍法，號梅花槍，受知於漕撫楊一鵬，爲清江浦把總。嘗戍潁州，敗賊有功，旋罷官。崇禎十四年，伏闕上疏，請一官自效，得補崇明浙民營守備，挈弟之任。崇明瀕海多盜，每率兵禦之，輒兄弟先登，多所斬獲。十五年三月，大出兵擣巢，單騎入賊營，挈殺甚衆，然身亦負重傷死。四月，賊渠顧榮投誠，授把總，百聖慨然曰：『兄弟之讎不同國，況同官乎？』乃袖椎擊榮頭，幾死，束身請罪，大吏恐榮餘黨爲亂，下百聖於獄，士民申救甚力，得釋。百聖乃辭歸，躬耕沒齒焉。（百度墓在樓王莊西，橫塘河北岸。）

郭化成

萬千流寇困孤城，邑小如丸浩氣橫。裹戰歸來仰天嘯，白虹應自貫空晴。

郭化成，字楚陽。累官陝西府谷縣知縣，時流寇縱橫，縣當賊衝，無城隍可守，李自成率數千人突至，陷縣而去。閱數月，復擁衆餘脅至，化成倉皇出戰，負重創，敗歸，自盡於縣署。守土之官，城亡與亡，郭君有之矣！今世戎臣，乃多假保全實力、誘敵深入爲詞，棄城遠遁，是非國法、軍紀所宜置諸重典者耶！

孫棨

故國難忘每問天，幾多民隱賴君宣。放翁那曉垂垂老，猶似湘纍望芷荃。

孫棨，字不踰，號東海。崇禎四年，河決，鹽民流徙郡城，淮民待之甚虐。棨爲請於漕撫，發帑振飢，詞極哀切。當局爲之色動，即從其請。民苦加賦，棨走京師，謀依舊額，得減遼餉、練餉二萬兩。射陽湖自知縣楊瑞雲疏鑿後復淤塞，棨上書漕撫，言開鑿之法甚具，議雖不行，而後之言水利者，多主其說。棨留心鄉里公益，其建樹蓋如此云。甲申後，官南都，旋隨魯王，累官至戶科給事中。魯王走海島，棨歸里，閉戶著書，不與外事，當軸致書敦出，不視也。年七十餘，終日危坐，宋蘇《被纓集序》稱其叫帝呼荃如江潭樵牧。蓋垂老而壯志不衰，比諸亭林、二曲，皆勝代遺民隱遯自甘者也。著有《初茅軒集》。

宋曹

長劍未能誅老彪，高文猶可記前朝。餐霞耕海鬢髯白，敢向蔬枰賦大招。

宋曹，字彬臣，號射陵，少受業樂大章之門。福王時，由辟薦授中書舍人，時馬士英當國，曹與王之楨飲雞鳴山，仰天嘆曰：『吾新進小臣，恨不能邀上方寵靈，一斷貴陽老彪之首，惟願與君河北殺賊耳。』楨曰：『君雙白在堂，盍去諸。』遂辭歸，退隱射陽之濱，自號耕海潛夫。築蔬枰養母，舉山林隱逸，博學鴻詞，俱以母老固辭。客遊四方，多識遺民故老，與寧都魏叔子、錢塘胡彥遠尤善。總督于成龍迎至金陵，纂修《江南通志》，書成，辭不列名。兄事王之楨，之楨有難，曹赴郡八閱月，晝夜籌慮，鬚髯遽蒼，下血如注，當事感義，獄遂解。與故新樂侯弟、劉雪舫、文炤有姻，營其夫婦喪葬，收養其家。康熙四十年卒，年八十二。著有《會秋堂詩文集》。射陵以明代遺民入清不仕，而高才炳耀不滅梨洲。《通志》修成，何殊季野，足爲里乘生光，後昆矜式矣。（蔬枰在城西南六里湯村，今廢。曹墓在新興場南五里上地面。）

成茂士

風動荷香樂晚晴，退園高臥欲逃名。百年積弊誰能說，痛哭陳詞是賈生。

成茂士，字明揚，均之後也。天啓中，魏閹流毒天下，遂棄經生業，舁棺拜疏，所言皆切中時弊，不報。崇禎庚午舉武科，嘗爲山陽武舉。陳啓新撰疏稿，論朝廷有三大病根：以科目取人，一病也。以資格用人，二病也。以知推行取科道，又一病也。灑灑五千餘言。其論進士橫行，縉紳貪恣，尤爲明代積弊，爲當時人所不敢言。未幾，甲申之變，披緇遁天闕山，十年始歸，值歲旱，出粟振飢，全活甚衆，坐臥城西十里。別業名曰「退園」，曲治荷蕖，亭亭立風，每微風動香，輒怡然自得。年七十二卒。

王之楨

欲章先烈輯遺文，應記談兵到夜分。誰識海濱老儒士，曾參江上岳家軍。

王之楨，字筠長，號青巖。明季，流寇縱橫，與同邑宋曹、祁理暨兄子翼武結東西義社，保障鄉里。史可法開府揚州，楨詣軍前，陳十策，遂辟置幕中，掌機宜文字，與江右歐陽憲萬於寒河冰雪中，同校可法奏議數十卷。揚州陷，歸里教授生徒。康熙中，有以博學鴻儒薦者，力辭不赴。著有《青巖文集》。之楨父夢熊，嘗輯陸忠烈公遺文，多有史所未載。而之楨亦輯《陸丞相崖志》，其表彰先賢遺著，繼事述志，有足稱焉。（墓在天妃閘西串場河東岸。）

五月十日　晴，頗暖，頭昏然，向晚起風回涼，旋雷雨。

續詠鹽城雜事，得十一首。

明末遺民

一時禹域痛沉淪，卻有荒村好避秦。同志幾人甘寂寞，龐眉野服晉人巾。

明亡後，鹽城多高隱之士，孫、宋、陳、王而外，若唐華鄂、李生，皆嘉遁不出，年八十餘乃卒。王翼武，之楨兄子，工古文、詩歌，揮毫立就。宋蘇，閉戶著書，足不入城市者四十餘年。鄰舍火，身覆父母棺救護之。司應穀，避世讀書，尤究心《薛文清語錄》。邵德舜，爲黃冠，嘗有句云：「餘生貪菽水，老淚濺關河。」聞者悲之。姜長榮、陳景星、宋呂、徐明德、郭魯確等凡十餘人。

姜長榮

林園數畝碧流環，鷗鷺時時共往還。一棹烟波何處所，我來憑弔悵空山。

姜長榮，世居沙溝，家有皃園、檀亭，治花木之勝，諸名士多觴詠其中。鼎革後，改園爲「日照庵」，隱居其中以老。

陳景星、宋呂

陳君峻介稱癡叔，高士淒然戒子孫。被髮佯狂雖避世，不甘危遜苟生存。

陳景星，有兄子，順治初入邑庠，景星與書絕之，自稱「癡叔，宜死久矣。」其言絕痛，其峻介多類此。宋呂或諷之應試，呂大怒，被髮佯狂，夜握石譟其門。有郡人爲貪吏立祠者，呂怒，白衣冠，登其堂，指像大唾罵。臨卒，淒然戒子孫：「勿得干進求名以辱我。」其嚴毅有如此者。張肇熙家藏《淮郡藝文》鈔本十六册，内有《宋高士傳》，不著撰人，即載《呂事》者。

枯枝牡丹

潮汐年年泣海門，當時煮海幾場存。姚黄不待枝頭綠，嘉話傳疑付海樽。

伍祐場，亦作五祐，在縣治東南三十里，昔有場大使治此。楊瑞雲詩有句云：「山川看欲盡，臨海幾場存。」今則海徙場廢矣！元，卞濟之，蘇州人，仕宋，歷參知政事。宋亡，隱居於家，後遷鹽城之伍祐場，手植枯枝牡丹，數百年猶存。此見《射州文存》，夏雷所撰《卞參政傳》。而《舊志》引《茶餘話》「卞元亨仕於張士誠，明興，遁居鹽城便倉，高帝徵之，不起，戍於邊，手植牡丹竟不復開。後十餘年，花忽大放，其妾曰：『主人殆將歸矣。』卞果賜還。後爲鹺伎奪去，花遂枯死，卞氏取其枯枝植之，復活。」其說與夏文大異。《陳志》兩存其說，亦不能決其孰是也。夏之蓉有詠枯枝牡丹句云：「奇哉卞氏雙珠花，白如香雪紅朝霞。」

射陽村

烟水茫茫一扁舟，頽雲細雨起羈愁。湖西應有人如玉，不待蒹葭已覺秋。

射陽村，在縣治西九十里，即漢射陽縣。在寶應者爲鎮，在鹽城境者爲村。楊瑞雲《射陽夜行詩》有句云「夜色轉濛濛，扁舟細雨中。驚看天接水，忽覺海生風。」又云「湖西人似玉，何日一樽同。」謂吳曰南也。余此次避難來宋村，舟行湖蕩中，半途遇雨，其淒苦懷愁，殆與楊氏同感。

潮墩

海上居民苦寂寥，墩頭聊可狎風潮。鯨鯢作怒蛟龍舞，地勢東南直欲漂。

潮墩，方廣二丈，高亦一丈八、九尺許，周植柳草，令土堅實，創始於嘉靖十八年。轉運鄭暲添築於乾隆十一年，鹽政吉慶在伍祐場境者舊六十二座，光緒七年增十一座。在新興場境者舊二十二座，光緒七年增九座。先是颶風飆發，漂沒廬舍、人畜，築墩而後，人畜以全。謝宏宗有《築墩防潮議》，詳其形製，設爲條規，勸民自築，其效尤宏云。

范公祠

萍踪猶記上東門，景范亭前舊屐痕。故事千秋人共仰，長隄蜿蜒至今存。

范公祠，在東門外。萬曆間，知縣楊瑞雲移建，前有亭曰「景范」。去歲，余在鹽城教書，寓東門外，每晨出入，輒過祠前，先賢遺惠，能不低佪！今敵踪雖去，而躪踐之餘，不知作何景象矣。

燕子閣

長門去國恨悠悠，懷石靈均不解憂。紫燕銜泥弔青塚，至今冷月照清流。

燕子閣，在縣西南七十里。相傳有烈女，夜啓戶飼飢燕，家人疑之，女遂懷燕沈河以自明。及葬，有紫燕無數，爭銜泥，壘其墓。居人驚嘆，建閣遂以名。今久廢。

大縱湖

太湖萬頃似江南，點點烟村秋影涵。打槳幾番衝碧浪，錦鱗曾記問漁庵。

大縱湖，在縣西南，匯高、寶、興、泰之水，北流入新官河，東流入興、鹽界河，西北分流，由西塘河入射陽湖。《舊志》謂：「南北三十里，東西十五里。」《明史・河渠志》則謂：「方廣六十里。」蓋湖蕩相連，迭爲盈朒，固不能確指其岸涘。余去歲教書中堡，往來建陽，道出湖中，時值河決之後，阡陌村落盡沒，洪波雲烟灝渺，何翅萬頃。《陳志》謂：「舊傳八景，以太湖灝波爲最勝。」《行水金鑑》作太湖，即大縱湖也。

流民渡江

沮洳昏墊實難堪，困守鄉廬百不甘。繈負紛紛何處去，也隨名士過江南。

《陳志》論鹽城風俗，有云：《明史・河渠志》載：「崇禎間，黃、淮奔注，興、鹽爲壑，少壯轉徙江、儀、通、泰間。」孫榘《被纓集》則謂：「鹽邑流民多逃往山陽。」皆無渡江而南之說。今則每遇水旱，窮佃、隱民競棄田廬，攜婦過江乞食，絡繹於塗，或留而不歸，而本境之田益荒。蓋輓近海通，農村殘破，小民皆群集都市，有自然而然者。《陳志》徒致慨於田荒，不知乃世界潮流所趨，莫可挽回，不變制產之方，終於陷溺益深而已。

徐敬成

進規淮泗不宜遲，萬衆來歸亦可悲。淪陷到今彈指耳，遺民日日望師期。

《陳書・徐度傳》「陳宣帝太建五年，貞威將軍徐敬成，隨都督吳明徹北討，淮、泗義兵響應，一、二日間衆至數萬，遂克淮陰、山陽、鹽城三郡。」

五月十一日　晴曇。雨後頗涼，與昨日冷暖大殊。

詠雜事，得八首。

韓世忠

一鞭南去影駸駸，潰敗深慚報國心。自古爭傳多益善，將軍未免媿淮陰。

《宋史・高宗紀》「建炎三年春正月丙午，御營平寇左將軍韓世忠軍潰於沭陽，世忠奔鹽城。三月丙申，收散卒至平江。」世忠為南宋一代有數名將，與少保並稱「韓岳」。乃沭陽之守，倉皇逃敗，不能稍稍抵拒，以羈留胡騎。於是揚州陷，而南渡之局成矣。雖有平苗、劉之績，不足以掩其罪。至於淮、泗之蹂躪糜爛，更無論焉。

張榮、陳敏

金人鐵騎慣長驅，卻是南來困渚蒲。長憶張榮與陳敏，縮頭九里射陽湖。

紹興元年三月，武功大夫張榮，擊敗金兵於縮頭湖及九里涇。孝宗初，陳敏與金人戰於射陽湖，敗之，焚其舟。按：縮頭湖在大縱湖南，亦作率頭湖，即興化之得勝湖，殆以榮戰勝得名也。九里涇亦作九里徑，涇、徑，古字通用。范以煦《淮流一勺》有《九里徑謌》。

義軍

頑強異族累憑陵，太息南風久不兢。扶義幾人眞死國，空稱忠勇誑黎蒸。

《晉書・周玘傳》云「惠帝永興二年，陳敏反於揚州。吳興人錢璯起義兵討敏，璯至廣陵，聞劉聰逼洛陽，畏懦不敢進，帝促以軍期，璯乃反。」時廣陵治射陽，射陽故城在今鹽城境，則錢璯事亦鹽邑掌故也。此陳敏，晉時人，與宋孝宗時之陳敏，先後異代，功罪不同，而皆在鹽城，異已。劉克莊《後村集》有云「嘉定初，兩淮招納山東五萬人，名爲忠義，實以飢驅殺忠義。副帥沈鐸稱兵至鹽城、寶應境內，焚掠一空。」當東晉、南宋外族憑陵，國家兵力有限，正有賴於人民共驅胡虜，乃桀黠之徒，外假忠義之兵，內則畏懦焚掠，快強敵之心，灰志士之望。其爲害於國家，豈勝言哉！此秉鈞者所當痛苦又夷澄汰之也。

湖賊

大軍過後盡荒涼，萬衆蓬漂古射陽。太息飢驅皆赤子，刺軍亦可敵胡羌。

《宋史・杜杲傳》云：「杜庶爲兩淮制置使，射陽湖飢民嘯聚。庶曰：『吾赤子也。』遣將招刺，得丁壯萬餘。」

王信

欲揮長劍斬鯨鯢，海上神山路不迷。馬革未能酬壯志，長留詩思在西谿。

王信，爲人跌宕瓌偉，善談兵，有馬革裹屍之志，以詩受知於宗臣唐順之。嘉靖三十八年，順之檄令查東南海口倭寇出沒要害，未旬日，即繪圖以進，區處方略，得兵家戰守之要。著有《西溪詩稿》，順之爲其序。

按：是年，倭沿海東掠，巡撫都御史李遂、督參將曹克新等禦之姚家，會通政唐順之、副總兵劉顯來援，賊大敗，走保廟灣。順之禦倭事，余別有長詩詠其事。姚家，在鹽城縣西北，爲濱海重鎮云。

水荒盜患

那能空口慰飢腸，望斷雲霓孰發棠。幾輩跳梁能制梃，烽烟徧滿水雲鄉。

孫棨《被纓集》「崇禎四年，歲大飢。袁邵莊大盜數千爲亂，飢民入其黨共五、六千人，所過莊鎮如洗。沙溝、安豐、岡門三鎮逃徙一空。」又曰「五年七月，有官兵運米十餘萬，泊湖垛莊，盜船百餘艘，從東南乘勝盡敓米船而去。是日，砲聲聞水上數十里。」又《崇禎長編》載邑人徐瑞奏稱「盜千百嘯聚，殺人如麻，沙家莊、湖北莊等處，所過殘滅。海寇千萬，飄忽無定，新興、上岡一帶幾同戰場。」。

楊瑞雲

忍令湖居一望荒，不辭葦曲任風霜。桑田盡出蛟龍徙，治績何慚渤海黃。邑小何堪作尾閭，鹹潮逆漲壞田廬。東門石礎終須塞，上比先賢詎不如。

楊瑞雲，字肖韓，號盧，南海人。萬曆七年，以進士知縣事。才猷卓犖，政事精勤。海潮大至，壞東門外石礎牐，居民溺死無算，瑞雲爲請築塞。興化被水，當事者屢遣諸縣令，率工夫開石礎口，瑞雲以死拒之，卒不開。射陽湖歲久塡淤盈溢，浸諸州縣，萬曆九年，總漕委瑞雲督開，瑞雲日乘小舟，冒寒暑，棲泊洲渚間，身病不少婾息，計挑一萬餘丈，水由廟灣新豐市入海，其害乃免。邑舊無志書，瑞雲創爲之。先後吏治，當推爲最。

武韓

昏墊餘生大可憐，水深那得有新田。幸逢任過安平武，海溢終能獲賜蠲。

武韓，字若師，直隸安平人。康熙三十一年，以舉人知縣事。時邑有沈水廢田萬頃，合高、寶、興、泰共二十餘萬，前此報涸升科，逋賦山積。韓累詳督撫，逾年而降級者七，罰俸者五。至三十三年，兩江總督傅臘塔乃疏蠲除，海溢之民，歡聲雷鼓，鄰四州邑均蒙其利。韓平居以實用爲學，及令鹽城，竭力爲民請命，可稱循吏矣。

五月十三日　晴。

閱報知重慶於三、四兩日被炸，全城盡燬，死傷三、四千人。

得《鹽城雜詠》七絕十五首，前後共得六十首，意興闌珊，遂不復作，異日或賡續也。

天妃閘

滾滾淮黃踞上游，東瞻滄海更橫流。天妃立閘司宣節，人定還須問廟謀。

天妃口，去鹽邑北關二里許，距海甚近，每歲倒灌爲害。自楊瑞雲築塞後，日久又壞，惟有建閘以禦潮。而議者謂「高、寶、興、泰諸邑之水匯歸於鹽，資其宣洩，建閘與上游有礙。且土性鬆浮，恐難持久。」不知建閘則旱固可畜，澇亦能洩，上下游同其利。賴鹽人堅持，此議幾經呈請，俱未及行。雍正十一年，邑侯衛哲治詳請甚力，會去任而罷。乾隆三年，江蘇巡撫許公，以淮揚水災疏請建閘，得旨准行。四月開工，至六年夏竣，即今天妃閘也。

潮河禦寇

皖寇西來虎出巢，淮流千里任咆哮。義軍列陣潮河岸，手把空拳待射蛟。

同治壬戌正月，皖寇李成擁東奔桃、沭、清、安、山、阜，所過屠掠，火光燭百餘里。賊謀渡潮河，鹽民大懼，扶攜奔避，村落一空。時總兵陳國瑞，駐石塘衛郡城，無暇東顧，鹽邑人士乃倡議自保。會阜寧進士裴蔭森，亦來約縱，乃集壯丁，屯於河之東岸，自裴橋至於沙灣、喻口，亙百餘里，旗幟相望，賊不克渡，大沮喪。而阜寧人孫古堂，亦連敗賊於孫家莊，賊知鄉兵有備，乃北去。前後凡七日，乃解戒云。

集仙堂

主人骨相信珊珊，海上長橋月照寒。五百年來仙蹟邈，丹臺何處淚闌干。

陶德純，字景和。弘治時，邑文學士，偶步三官殿，見兩人臥西壁下，壁上有口字，一人以口對之。德純長跽曰：『其純陽先生乎？』其人禁使莫言，因共挈之登東城樓，謂之曰：『子骨珊然，異日海陵橋上再相會也。」遂憑空而去。德純壽至八十九，忽宴客，酒罷，謂客曰：『我名籍丹臺久矣。』大笑而逝。鹽人異其事，遂於兩人臥處建集仙堂。按：世傳純陽事已不可知，此云兩口相對，尤怪妄，令人笑哂。而王巘垣崇禎壬午所纂《鹽城野志》已載其事。宋恭詒亦有《重修集仙堂》引「《程志》、《沈志》皆著錄。」《陳志》雖移置《雜記》，亦未著說以辨其誣，鹽人相率崇信如此。前歲在鹽城教書，過其地，屋宇整潔，歷歲修葺不怠，神仙之說，中於人心，故詠其事，不復非難之也。

厲豫

篝火狐鳴叫中興，蚩頑仗義亦堪矜。可憐盆子空稱帝，不信賓王竟作僧。

厲豫，字象予。世居岡門鎮，爲諸生，家饒於財，好大言。明亡，所親勸之舉義，會故明宗室朱姓者過，豫乃擁之。與周文山、張華山等假言史閣部未死，號召蚩頑。又夜使人潛入神廟，作鬼嗥曰：『中興中興。』

順治四年九月攻廟灣，遊擊潘延吉禦之，豫率卒進，殊悍，厲不可當，延吉遁，遂入廟灣。提兵至淮安，入新城，爲部堂庫禮所敗。豫衆踉蹌循澗河東走，追而殲之，禮與都統張大猷攻廟灣，周文山遁入海，朱姓伏誅，豫逸去，不知所終。清代官書，多目豫爲頑民凶寇，《舊志》亦不爲豫立傳。王鉅閔之，輯司、孫及豫事撰《三忠傳》，以表彰之。然多信野語，不知簡裁，如謂：「豫遁九華山爲僧三年，復起義兵攻下十餘城，久之始敗，卒遁去。」尤怪誕，不足信。《陳志》採《明史郡縣志》及諸家文集可徵信者，輯爲一傳，而後豫事乃明。今節錄而詠之如此。

程國棟

水利難持到百年，挑疏三系利民田。續修縣志關文獻，應興宏農共豆籩。

陳國棟，字玉亭，休寧人。乾隆二年知縣事，上河屢潰，射陽湖淤，不利洩。棟上記於河使者，陳三大工：一疏東界河，使興、泰之水由大縱湖歸新洋港入海。一疏西鹽河、東塘河，使高、寶之水由射陽湖入海。一疏北穿場河及廖家港、院道港，以溉一百二十里從古無河之高田，且引汊河水直達射陽湖入海。使者奏請，行之。遂爲七邑永利。七年冬，纂修《縣志》，成書十卷，體例謹嚴。

天妃閘

天妃石磋鎮津涯，爭辯紛紛滿五車。利害是非隨代改，人情往復實堪嗟。

鹽城，地處海濱，時患水潦。自萬曆時楊瑞雲築塞海口，更大濬射陽湖，境內諸水皆安然西北流入潮河歸海，無有東南行者。自康熙七年，天妃、石磋兩口俱啓，新官河繼濬，境內南部諸水盡歸向此兩口，不復西北流。而鹽邑始苦浸灌矣。光緒十七年，淮揚道尹謝元福，築堰於天妃口外，以拒海水，復建閘以洩積潦。然海口稍安，而境內諸水仍未能安以入射陽也。而西境居民已囂囂然以築堰爲非，與明人以死塞口者，其情乃迴異。知縣劉崇照著議深嘆：「夫人情往復，有不可捉摸者焉。」實則，水道變遷，利害迭乘，或塞或啓，固未拘拘然於一轍也。善夫衛哲治之說「立閘以司節宣」，固斟酌盡善之策也。

志書

志書南海闞鴻濛，程沈相承體未工。雪夜急抄吾好事，卻憐烽火付寒風。

鹽城舊無志，創始於萬曆十一年知縣楊瑞雲。與纂修之役者，爲邑人夏應星、張三鳳等，是爲《楊志》。萬曆四十二年，邑人王汝右繼《楊志》補輯，名曰《野志》。後之修志者多所採入，原書與序皆佚不傳。順治丁酉，知縣夏國泰重刊《楊志》，每卷皆有增續，詞意鄙俚，識者少之。康熙十二年，知縣陳繼美，二十二年知縣蔣荷坤，兩次續修，延邑人宋曹、王之楨、潘與泓、宋恭詒主其事，未有成書。乾隆七年，知縣陳國棟續修，分纂者爲邑人沈儼、王鉅等，是爲《程志》。十二年，知縣黃垣續修，主纂者沈儼，而王鉅、劉霈、張再洪、謝宏宗分任其事，是爲《沈志》。

陳志

邑事約歸十七卷，惕翁筆削勝魚頭。當年授梓倭烽熾，令我籀書不勝愁。

楊、程、沈三《志》，世有藏者，余未之見。余所讀者爲《陳志》，光緒中惕庵先生所修，付梓時在甲午冬，中日戰作，風鶴頻驚。《惕庵後序》於海疆不靖，深致嘆慨。余生於甲午，迄今四十六年，國難益迫，抗戰方興，故鄉淪沒，蟄居秦南，而適讀惕庵之書，能不悲哉！吾邑《咸豐縣志》，魯通甫修，謹嚴有體，爲時所稱，惕庵此《志》，彷彿似之。山陽、安東兩《志》出吳稼翁手，《泗陽志》最後出，張相文修，皆有可觀，獨《阜寧志》未見，未知如何也。

天妃閘

樓頭望海意屏營，夜夜潮聲似不平。卻怪風帆靜如練，令人長憶謝宣城。

景魯學校，在天后宮側，舊爲油業公會，中祀謝子受觀察，以酬其築堰建閘之功。故人孫鼎臣教書其中近十餘年。前年步遊天妃閘，便道訪之，蒼然老矣，意興猶豪，追敘淮上舊遊，慨然久之。周遊全校，整齊修潔，登樓極眺，風帆上下，景物至足怡人，今聞爲日機所炸，燬爲平地。惜哉！惜哉！

圩田

圩堤到處稻花香，彌望湖光接月光。不怪水鄉魚米足，撈淤親見老人忙。

《陳志》論今人風俗，有較善於昔者。《康熙府志》言「居亢不知鑿灌之利，近澇不解排障之方。今則甌窶咸浚，溝瀆汙邪，久築隄防兼撈取河泥糞田，田益沃而河益深，耆老言此五十年前所未有。」今歲余來宋村，親見圩田規制，汙下澤國，與水爭利，有不得不然者。村農胼手胝足，日處泥塗之中，艱辛萬狀，而每秋所穫，亦倍於他田，勞力固不虛擲哉。

石梁

萬葉青荷繞釣磯，一泓秋水映荆扉。何因身到祠西路，卻喜烟塵水國稀。石梁溪，今失所在。劉沁區詩云「舍北三灣接，祠西衆派歸。青荷藏釣艇，白鳥瞰書幃。風土山鄉異，烟塵水國稀。向來戎馬劇，從未擾荆扉。」自注云「高、寶、興三州縣水匯於石梁溪，溪上有晉王祥祠。」今沙溝鎮有石梁之稱，而王祥祠亦在沙溝，則石梁溪殆即沙溝附近之湖蕩歟？縣西湖蕩，鋒鏑難至，自古避兵在此一帶云。

鬬龍港

萬派川流直欲東，年年潮汐捲沙蟲。可憐灑遍玄黃血，海上於今有鬬龍。
鬬龍港，在縣治東南，一名牛灣河，上流在興化境內，至伍祐場始入鹽城境。迤東稍北，大曲四、五，約八十里入海。串場河南之水，白塗、海溝諸河西來之水，皆歸此港宣洩。稍北，如新官河諸水，則由新洋港入海。

蟒蛇河

送君歸去過横塘，修蟒蜒蜒發耿光。小步長堤愴四望，海風吹髮悵斜陽。

新官河，亦名蟒蛇河，分大縱湖水東北流，經北宋莊、江官巷、燕子閣、水府廟、張本莊、洪家垜、涇口、岡門、九里窯等處，穿登瀛橋，下天妃，趨新洋港入海。康熙初，開天妃口，新洋港，港面未甚寬廣，及二十六年，挑新官河，水勢壯旺，用其衝刷之力，港遂暢通。今，年久，而新洋港又漸淤塞，出水不暢，不惟鹽城之憂，亦下河七州縣之患也。北横塘河由西塘河、黃土溝南入口，東流，經丁馬港西，又經樓王莊北，又東入新官河，以地望考之，殆即姜堰支河之故道也。南横塘河在秦南倉西，嚴家窯東，叉隴隄北，長僅四、五里，而分東、西流，東入西官河，西入新官河。《舊志》多以之與北橫塘河混不理析云。

馬家蕩

擊楫揚帆趁落暉，斷雲孤雁大魚飛。鄉心回首勞魂夢，暝色依稀叩板扉。

馬家蕩，西納涇、溪、澗、市諸河之流，南匯高、寶、興、泰諸州縣之水，北流由潮河入海。按：前人述射陽湖者，謂其在府治東南七十里，山、寶、鹽三邑分界，則馬家蕩正射陽湖之一隅。止因湖日淤墊，而入海之下游尚暢通，遂以潮河爲射陽湖，而轉以此爲馬家蕩云。余前寓建陽，往返蕩中不知其幾次，朝暾夜月，景象萬殊。閻揆伯嘗有《晚過馬家蕩詩》，正與余意合，因約其詞爲絕句云。

澗河

澗水西來下射陽，荒村枯柳酒花香。偶來繫纜客心遠，此去何時共月光。

澗河，源出山陽之運河，至涇口東之古射隄入鹽城境，東流下馬家蕩。《舊志》有流均溝而無澗河，蓋流均溝爲澗河之委，今則以爲莊鎮之名矣。余去歲避居建陽，今春來宋莊，均由澗河過蕩，往來旣數，與之習熟矣。

五月十八日　連日晴。

贈滌欽

滌卿吾黨之健者，賦詩屬文兼畫馬。畫馬畫骨不畫肉，跼躅十載霜毫禿。一旦絕跡凌長空，想見瘦硬嘶寒風。寒風颯颯東海來，拔劍斫地歌莫哀。歌聲化爲千萬億，喚醒萬人齊殺賊。忼慨西行愁滿腹，千里歸來在空谷。可憐淮上沙塵飛，不歌殺賊歌式微。滿腔熱血將語誰，黃花有淚不勝悲。我獨何爲來澤畔，憔悴行吟逃寇難。邂逅授我詩千首，如飲醇醪過一斗。文章散作筆端花，怕寫猿鶴兼蟲沙。抗戰聲聲發浩歌，知君孤憤胸中多。

眼前戰士孤君望，海風吹髮徒悵悵。吾儕未老心莫灰，看清海宇傾金壘。

嗚呼何時酬此志，賦詩躍馬共低徊。

五月二十一日　晴。

來宋村後頗事吟詠，積稿不少，謄諸別册。

五月二十五日　晴。

抄《詩稿》（滋按：已毀於文化大革命時紅衛兵之手。）畢。得詞一首。

憶江南

烽燧急，桐葉正驚秋。蕭瑟盧溝橋上月，漂流嗚咽水中鷗。雲物使人愁。

五月二十六日　晴。

作《風車詩》七古一首，凡四十七句，抄登別册（滋按：已毀於文化大革命時紅衛兵之手。），此從省。

介侯約赴蔣湖買書，購得《十八家詩鈔》，亂世又作奢舉，甚自笑哂，然寂寞無俚，不親書籍何以遣悶？晚抄《詩選》完。

六月十五日

介侯有《宋詞三百首》，彊村所選，皆古今傳誦超絕名作，眞佳選也。連日無俚，頗塡小詞，得此觀摩，尤覺欣喜無量。

雙雙燕

晴窗漠漠，又初夏無聊，困人時候。飛飛燕子，一徑來投東牖。可是當年舊友。卻隻影、分明離偶。翩躚翠羽披紛，憔悴紅咮積皺。消瘦。新巢待構。問遠道孤蹤，幾經烽堠。參差歧路，似在錦城花藪。一自重瀛渡後。莫孤負、青春相守。啣泥早晚辛勤，玉臂雲鬟愁久。

史邦卿本詞最爲有名，而棲香正穩句尤有嬰鱗之氣，余反其意試詠孤燕，詞既劣茶，且直寫本事無所譏切，下邦卿不知其幾等矣！

六月十六日　晴。

讀《宋詞》，更選其精者百數十首。

六月十七日　舊曆五月朔。**晴**。

下午墳詞一闋，近來塡詞竟成日課。

解語花

寒梅壓雪，枯柳搖風，春意舒還謝。忍傾離斝，芳檐外、苦雨侵簾斜射。含情促駕，低鬢影、鮫珠欲瀉。別恨深、徙倚行縢，眽眽何從畫。　回念廿年結侶，早同心印，可分明如話。花枝低亞，勞持護、莫令繽紛飄灑。卿卿勿訝。一瞬後，快臨清夏。烽燧靜、長嘯歸來，伴竹籬茅舍。

六月二十三日　晴。**極熱**。

張君肅堂來訪，出《鹽城續志》見贈，並屬書小屛。余來宋村即借得《陳志》閱之，得詩六十首，擬借《續志》未得，張君忽見惠，喜可知也。暇當刺取其事，賡續作詩以繼前詠。

余今所居宋村，在千秋隄內，去縣治西南五十餘里。鹽城縣境，西南

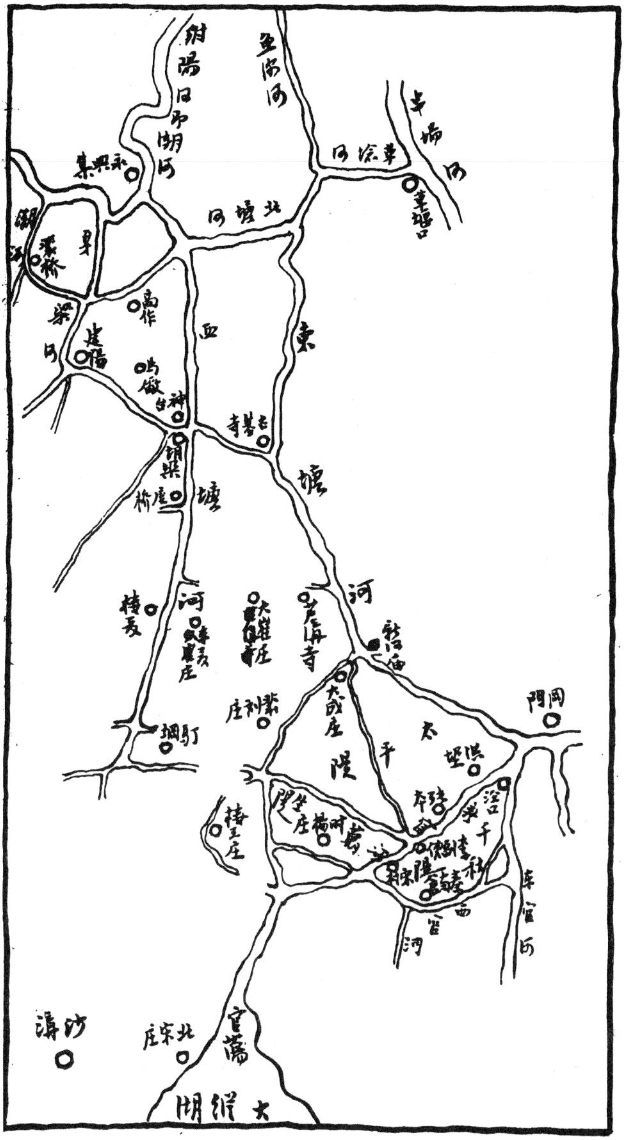

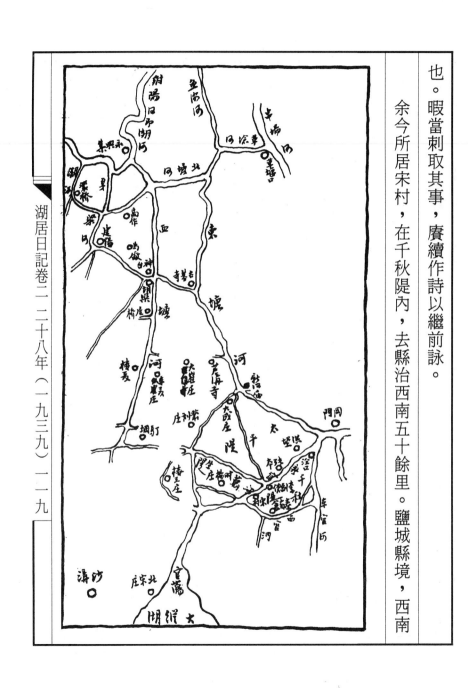

多湖蕩。自遜清嘉、道以後，居民每濬河築隄以捍巨浸，湖日以狹，田日以闢。境內凡築十四隄、二圩，大小高低不一。千秋隄長七十餘里，在諸隄圩中爲次等，地勢中下，而版築堅實，寬廣過諸隄。相傳道光二十八年大水，諸隄盡破，惟千秋、青龍存，居民賽祭，榜曰「獨樂千秋」以示誇，是夕竟決。殆鄰村忌嫉，乘風雨穿壞之云。循蟒蛇河東北行三十里至岡門，可通縣城。循北横塘河西行入官蕩、大縱湖，可達興化。北行經丁馬堈、樓夏莊入西塘河，可達胡垛、建陽，爲吾輩北歸之路。此交通之大略也。

村中居民二百餘戶，家給人足，教育發達，雖一村落，而見重於全縣，則宋翁努力之效也。秦南倉距村三里，爲縣中八大鎮之一，商業頗盛，經亂不減。興化詩人李審言寓居倉中凡七十餘年，晚歲乃去，以故鎮中人多喜詩者，滌卿其一也。隄中古蹟甚少，水鄉昏墊，固難可附會耳。

聞見所及，略記其要，以誌異日之鴻爪焉。

七月七日　晴熱。

晚宿亭湖。北窗外小溪涓涓，碧柳歸鴉，白雲蒼狗，時足寄意。

七月九日　晴。

坡公感蜀主摩訶池事，作《洞仙歌》，情詞艷絕，千古獨步。余村居數月，間聞人談綺懷軼事，雖與古人有仙凡之別，而其用情則一。輒譜此闋，勿哂效顰：

洞仙歌

參差鬢影，似翩翩桐鳳。翠袖高揎挽筠籠。向疏籬、碎步輕摘園蔬，幾顧盼、心惜履痕露重。　幾時曾促坐，習習幽香，案有寒梅伴清供。仿佛攬芳襟。欲訴閒情，湘簾下、一燈相共。卻不道枝頭鬧鶯簧，又驚醒羈魂，小窗綺夢。

七月十日　晴熱。

看《國聞週報》，有二聯甚佳，錄之：

酒邊說法山河動。花下放歌山雨來。

九流匿腹雷聲出。萬象堆眉嶽氣通。

七月十七日　舊六月朔。

綺羅香　韋莊秦婦吟

對鏡慵梳，凭欄嬌困，停繡偶調鸚鵡。誰知春閨、萬里飄零風雨。傷憔悴、千種閒愁，念繁華、幾番酸楚。託殘英柳下停鞍，幾家垂帳寫秦婦。

當年誰啓戎旅。忍教紅樓紫陌，荒涼如許。漫擬開元、誘罪阿環歌舞。漏浣花、不競南風，似飄蓬、重來東土。有才人史筆詩傳，千秋聞怨訴。

韋端己嘗作秦婦吟，寫黃巢之亂。當時烽燹所經幾徧南朔，終陷長安，僭帝位，前後亙三年。畿甸三輔，盡淪賊手，人民流離轉徙，死喪無地，繁華都邑，摧燬殆盡，村落阡畦，一望湮塞，河洛千里，杳無人烟，懷慼五胡之後，生民一大浩劫也。端己此詩，借一女子陷賊中，述其所遭，而一時慘變，千載而下，若親見之，文能傳信有如此哉！當時人家至寫爲帳子，其膾炙可知，乃不載《浣花集》中，宋後寖以失傳。清季西人於墩隍得石室，中多古籍。此詩亦有數本，詳略殘完不一，總齎往歐洲分藏倫敦、巴黎。歐人識中土文字者少，庋置而已。近來有展轉抄回者，靜安爲考訂之，正端己此作也。塵晦逾千歲，一旦復露，吾輩乃得讀之。今世暴日肆虐，腥風所扇，無一乾淨土，其蹂躪過於黃巢。世無端己，不能付之詠歌，何以暴穢迹而申冤憤。爰取端己之作補爲小詞，聊誌余意云爾。

八月二日　晴熱。

龍師遷界首，慕等皆去。余亦回寓廬。

八月三日　晴。北風稍涼爽。

早稻黃熟，野穫甚忙。下河豐穰，西水無懼矣。

八月八日　陰雨。

刈稻者不及曝，甚以爲憂。

八月十二日　晴。

聞周滌欽以文字被控，看押。爲之感喟。

十月一日　晴。

亭湖十五週年紀念。

十月四日　晴。

聞高郵陷。界首學校解散，而慕等未歸，爲之焦慮。

十月五日　晴。

聞界首之學校遷往臨澤之崔家莊，慕及周、汪等皆往探勘。

十月十五日　晴。

下午，宋大奶奶病歿。棺殮儀注，概從簡樸，且破除一切迷信舊習。

十月十六日　陰，小雨如毛，冷。

隨亭湖全體往宋府進弔。下午，宋大奶奶安葬。隨同人送至墓地，不卜日、不相地、不厚殮、桐棺時服。不圖荀墨楊王孫之學說見於末世，宋翁誠過人哉！而村農譁然致譏。雖智者不能明翁之用意，習俗難移，不勝浩嘆！

十月十八日　晴。

領學生赴舍避機，旋歸遇雨。晚聞鹽城陷，敵三百人於十時入城。亭湖決暫維持，以遠道學生無處去，且稍觀望局勢如何轉變也。宋村不當大道，或可倖免耳。

十月十九日　陰曇。

亭湖同人籌備疏散，下午仍上課，晚聞城中敵盡散去，不知所適，縣政府、區公所皆將回城，人心稍安。城中人家遷避一空，敵人不可久留，只得舍之而去，此焦土政策所收之效。或謂非眞敵，乃盜匪冒充，且無可掠，遂下海去云。未知孰是。

十月二十二日　陰曇。

晚，季仁安葬，擬聯挽之，展轉未就。當其嬰疾之前夕，尚與余對奕一局，竟成永訣，傷已！

十月二十三日　陰霏，甚涼。

數日來，運綫盡入敵手，幸未東犯，僅至高郵之王營即折回。而樊川、時堡頻被轟炸，難猶未已。鹽城敵既遁，溝墩亦未陷，此間適居兩路之間，幸免兵難。

十時，小雨如注，簷溜有聲。稻塍麥隴，得以滋潤，疫氣亦殺，人心安定，校中仍照常上課。

十月二十七日　晴。

滌欽自被逮，渺無確訊，今晚或傳其被殺於孤村，棄屍葦中。滌欽何罪？不過作詩譏切貴人耳！不意正平之禍，復見今日。邦無道，危行言遜，滌欽似亦與有過。雖然，世多黃祖，又奚暇過責滌欽哉！

十月二十九日　晴曇。

師範學生到時楊莊，暫住庵內，僧人不悅，強而後可。

十月三十一日　晴曇。

連日看《初等數學史》，譯自英人，僅詳歐美，未及中國事。

十一月三日　雨。

看陳容普《數學游戲雜錄》，舊說詞頗艱澀，載《七巧板》、《迷宮》等，皆與算理無關，體例未盡善也。

十一月四日　晴。

看嚴濟慈《幾何證法》，有《位似圖》、《反圖》等說，爲《普通幾何》書所未詳，頗饒趣味，文字亦謹嚴。此必有西籍爲藍本，乃未申明，何也？余嗜幾何，頗思演之，恐少暇耳。

十一月五日　陰曇。

看顧佛影《評劍南詩鈔》。顧未審何人，所選殊勝，有非須溪、大鶴可及者，直覺後來居上。前在揚州曾購得一本，以亂失之，此乃慕從界首攜歸，不知何人所遺。亂世琴書，誰適爲主，思之慨然。

十一月六日　晴曇。

亭湖同仁將為宋母及季仁開追悼會，屬作挽歌。詞曰

痛哉疾疫苦相煎，人命遜金堅，悵觸千秋隄畔。仰闈範、念英年，長逝不來，還有白頭人在。黃鵠孤騫對秋風，庭樹悽惻憶新阡，杯棬暫設、遺枰

猶在，相看忍汍漣。

十一月十三日　晴冷。

擬聯合挽宋母及季仁

恨敵燄猖狂，扁舟來澤國。幸握手新知，更諸兒承教益。不圖小別人天，空對遺琴悲子敬。

欽母儀淵塞，煒管著璇閨。忽驚心危疾，況千里抱離愁。忍說雙殯邱壟，難搜好語慰潛溪。

又代亭湖同人作挽聯

懿德比桓陶，溫恭勤儉，辱承佳日留賓。親同子姪，傷心砭石無靈，慈竹金萱凋急景。

英姿過軾轍，跅弛跌宕，誰料秋風逢虎。頓掩松楸，斂手殘枰默坐，晨鐘暮鐸盡哀音。

又為季道一、卞養浩各撰一聯

君正英年，歧嶷著鄉校，猶憶竹馬同遊。駒光何太速，撒手長辭，千言那解西河痛。

群推閫範，慈惠感兒時，尚有征鴻未返。虎疫忽猖披，羈魂欲斷，萬里應傷蜀道難。

福德備鍾陶，壽登七秩，群仰女宗，色變秋風談虎疫。

亂離同几席，學飽三餘，我思良友，悲生庠序痛鵑啼。

十一月十四日　陰曇。

晚爲追悼會擬祭文，去年在鹽城遇薛無競言避居尙村爲人撰誄，余心笑其無聊，今自蹈之，彌可嘆哂。近來都市已不行公祭，而鄉村乃多文詞，可異也。昔高林不爲人撰傳，余無高林身價，固難堅拒。

十一月十六日　晴曇。

更訂宋大奶奶及季仁祭文稿成

維年月日，亭湖中學全體同人，謹以香花清酌，致祭於宋母薛太夫人暨哲嗣季仁四先生之靈。嗚呼！惟太夫人生而淑慎，嬪於德門。劬勞劬愛，慈惠春溫。外佐弧矢，內茂蘋蘩。甲周晉九，福備道存。教成軾轍，澤流蘭蓀。惟四先生幼而倜儻，長而龐敦。律辨鐘黍，數究理蘊。蜀道阻遠，迭和篪塤。萼跗競秀，難爲弟昆。周旋蹤跡，歷歷可捫。萬方多難，軍旅雲屯。淮疆囊括，人愁處褌。惟此澤國，弦誦喧喧。同人等傭書簪筆，晦跡田園。幸親慈蔭，欣接清樽。如何秋晚，猛虎騰蹯。嗚呼！哀哉！賢愚不擇，先隕金萱。數晨不見，繼奪文鴒。太公皓首，悼比潘元。有婦在室，翼折雙鴛。三秋零雁，五夜哀猿。欒欒孤露，婉婉童惛。悲深氣咽，涕若聲吞。追思往蹟，言念舊恩。文以抒憤，卑不誄尊。親朋遙集，悽惻湖村。寒風瑟瑟，弦月昏昏。魂倘來格，視此丹旛。嗚呼哀哉！尚享！

宋子餘言，滌欽未死，仍羈興化獄中。此足證淮陰矦不忘宿恨耳。然較前之訛言，已爲萬幸，雖未能脫身，微生既存，終可獲捄也。

十二月二十日　晴和。

爲《宋史・陸秀夫傳》作注，冀以文字鼓舞抗戰精神，且以申桑梓之義。

三十一日　晴。

滌欽生死，耿耿余懷，每思作詩弔之，輒腹痛而止。年終無事，得成一律，聊寫悲忱，不能盡意

素心人共隱衡門，澤畔幽居笑處褌。嫉惡有時難捫舌，陳詩無奈叫重閽。
可憐作賦逢黃祖，但願盛囊似杜根。異日庸奴付鐘室，方平恩怨慰騷魂。

二十九年（一九四零）一月四日　晴，頗暖。羊裘嫌重。

看《通甫類稿》及《詩存》。通甫負經濟才，頗思用世。既不得志於

科名，又不願屈身當代諸公，鬱鬱奔走南北。遭逢廣州之役，親見遠夷肆志，而少穆、石甫先後貶謫，皆其交遊師友也。繼逢髮亂，東南糜爛，料戰策敵，每每逆中。終以淮浦告警，逃歸故里，旋以病沒，抱志不遂，文人同慨。所爲詩文，頗縱放有奇氣，鎔鑄子史，而筆力足以驅遣之。與桐城面目殆不類似，而世或以之列諸梅、管之下，恐非通甫之所願也。詩亦華贍有體，卓可名家，非養一、漱六所及。惜遺集不彰，聲名不出州部，豈亦有幸不幸邪？唏已！

一月八日　晴暖，有風。

聞人言，馬玉仁死。先是中日戰起，頗有疑馬通敵者，馬乃赴漢，自陳願招集舊部抗戰，爲韓擒虎所不喜，而馬亦招民槍，顯與明令抵觸，事遂不就，暫隱海濱。至是，阜寧有吃光隊，假名日軍奪馬棉花，馬率人禦之，中槍死，其黨舁屍至高作殮。高作在建陽北，其弟馬三所居也。馬起家鹽臬，致位軍長，足跡不出淮南、北，爲患四十餘年，至是乃死，竟未克明正典刑，且將冒稱死綏，亦可慨已。迄今淮、鹽一帶匪徒充斥，皆其遺孽也。茲記其實，後人可觀焉。

一月十一日　晴。

或云，昨日轟炸，非射陽。乃大潭灣，鹽城讀潭爲合口，故聽之似大團灣云。在宋村西三十餘里蕩中，四面不連陸，一孤村耳，亦無軍隊，不知敵人轟炸是何用意。或因距南亭近，南亭爲李西平所駐地，敵人辨之不清，遂誤投邪？

下午，道一謂，周四兄從浦來談，十一月二十八日，有中國飛機二十餘架，冒塗日機徽，飛至清江上空。日人及僞組織人員，狂呼歡迎，不意大投炸彈，各機關盡被炸燬。此可喜之消息，然狂炸之下，玉石不分，城中敝廬，未知倖免否？且藏書盡在其內，倘被波及，又將奈何？思之不覺耽憂，公私利害交戰於中，不能自寧。惟事既已過，又相距遠，徒憂亦無益，聽其自然可耳。山妻及兒女輩在家，當又受驚不小。前胡价轉來之信，係二十四日所寫，未經此變，故毫未提及，然總決其安然無害也。

一月十七日　陰冷，欲雪。指僵幾難屈伸。

閱報，知本月六日，有中機自北來，炸清江城中僞機關。蓋以助魯軍之進攻漁溝者，證諸周四兄之言，殆爲不虛。彈丸小邑，敵我交侵，烽燹之餘，所存幾何？思之惄憂。然藥不眩瞑，厥疾不瘳，欲驅頑敵，收復失地，不施撻伐，焉肯遽去，又何暇顧卹小民之糜爛哉！

一月二十一日　晴，朔風甚厲，負暄不溫。

看錢穆所編通俗小書《墨子》，語多輕快，難爲典要，著文駁之。

一月二十五日　晴冷。

王落葉過訪。落葉前在揚中，鋒鋩甚銳，終致除籍。善屬文，醉心最新學說。茲閱六七年，恂恂然就範矣。

一月二十八日　晴曇冷。

看《英文文法大全》，甚有趣味。生此學術大通時代，域外文固不可不知之也。

一月二十九日　陰曇。稍回暖。早集霰，旋止。

鹽俗過年，家家蒸糕，以糯粉入模，方廣寸餘，厚三、四分。每早水煮或和糜粥中，初不慣食，久之，頗耐咀嚼有味，兒輩皆嗜之。吾鄉過年，則蒸麥餅，水鄉多稻，旱鄉多麥，各以其便也。客居無糯，又不習蒸，購諸販者逾十元云。

二月五日　立春。

夜風雪，晨視盈寸，飄飄不止，寒颸壓檐，出手欲僵。旋化爲雨，積雪亦消，道路成泥。

二月七日　舊曆除夕。早起晴日滿窗，陽光和煦，佳日也。

看瑞典人高本漢著《中國語言研究》。以外人而談中土語言，自多隔膜，然旁觀者清，且善有比較方法，所得結論，時有非中土人所及者。暇當別撰文辯之。

旅居湖濱，忽復一年，家國縈懷，悵然不怡。孤燈斗室，何心守歲？而村人爆竹聲歷落不已，擁衾不寐。

感賦數絕

風雪天涯逼歲除，故園梅訊久蕭疏。亂離駒影堂堂去，敢說還鄉夢竟虛。

局促堂廡似處褌，諸公何以慰元元。流亡屈指經三載，坐對孤燈憶故園。

浮生敢說慕無名，三復南華尙有情。謬託樗材人盡棄，且留澤畔狎鷗盟。

二月十二日

小雨如毛，道滑不留足。水鄉土性黏埴，膠著鞋底，塗附不脫。村居遇雨，是大苦事。

二月十三日　陰冷。

看王季同《佛法與科學》。季同，蘇州人。本習數理，中年信佛，鑽研法相，欲以科學之理證成佛法，以科學爲不了義，其究竟處不及佛說。惜所說亦僅屬八識流轉，而現量、神通等諦，仍歸諸信仰。未免令人失望，然較諸无竟、太虛固已勝一籌矣。

二月十四日　陰，下午日出，晴光滿庭。

看周予同編《朱熹評傳》。謂朱爲二元論，又譏朱對鬼神見解之俗陋。其論皆是，但其謂朱「爲道問學」，仍是皮見。朱雖不忘讀書，而其出發則以一己之心官爲主。與象山似異而實同，此其所以不能進而爲客觀之科學也。予同於此殊未有發明，則仍是相傳之普通見解，曾無新義足稱。至於朱子行誼，亦未論列，如仲友事毫未考證。豈以前人已有論及故略之邪？亦未免太闕略矣！

二月十五日　晴，氣候溫煦。

看何柏敦編《王安石評傳》。條理尙清而詞意蹇澀，似不及任公所編之《荊公評傳》也。然任公激於前人詆毀之過當，爲荊出脫，幾乎新法有百利而無一弊，似亦失眞。柯君旣辯毀言之妄，而新法誤處，亦時指摘之，則又勝於任公矣。

二月十六日　晴。日光和煦，春意盎然。

看《二程學案分類》，選其精語以備抄錄，尙覺過多，當更精選。二程對於修養身心之道，主張自悟自得，尤重實行。此不惟二程，其他理學諸公莫不云爾。余今玆之選讀，雖未嘗掉以輕心，終是當文字話頭看，玆可愧耳！

二月十七日　晴和。

看賈豐臻編《宋學》小冊子，相信太極圖說，謂最足說明宇宙萬物發生之理。則賈氏之見解，從可知矣。

二月二十三日　晴。

看陳顧遠編《中國古代婚姻史》，純據三禮立說，尚覺精嚴。

報載，前數日，我神鷹隊飛機，再度飛往淮陰上空轟炸，目標準確，斃敵僞甚多。此好消息，然未免令我震驚，遠念妻孥，奈何奈何！

二月二十四日　晴。

前看《劍南詩鈔》。乃顧佛影評註，不知顧何人。頃看小說《新儒林外史》，亦顧所著。雖敘述有過甚處，而文字尚流利，結構命意純屬舊派，知顧殆江南賣文之士耶？

二月二十五日　晴。

看《世界語概論》，意在推行，實則便於歐土，與東土殊無關聯。謂之世界語，夸詞耳。而我國人亦隨聲附和，未免可笑。

二月二十八日　夜間風甚大，呼呼作響，早起屋上有雪。

看馬鄰翼編《伊斯蘭教概論》。馬本回教徒，此作含宣傳辯護之意，不免迷信。其述傳教建國及三哈利發歷史，尚不及伍光建《西史紀要》之詳。

二月二十九日　朔風飄雪，寒冽砭肌，與前數日炎涼頓異，到晚而雪盈咫。春雪害稼，農以為憂。

看《中國天主教傳教史》，亦其教中人宣傳文字也。大概根據西籍，時與中國記載差忒。如喀剌和林，久成定名，此則謂爲喀拉固倫。又蒙人呼北平爲汗八里，此則譯爲剛巴里克。又巴達克桑，本非山名，此則譯爲巴大格山。皆令人疑眩。書中謂元代景教教士，多漢族以外人，漢人信者極少，無怪明興而景教實衰矣。又謂利馬竇後來華傳教者，多耶穌會士，盡力會務凡二百餘年。至一七七三年，歐洲之耶穌會遭教皇解散，在中國者亦因而解體，天主教一時停頓。此皆爲吾人所未嘗前知。惟利氏許華人敬孔祭祖，歷來教皇再三敕禁，致觸康熙之怒，爲傳教史中一重大公案。此書竟不詳，殆有意隱其事邪？前數日閱報載梵諦岡教皇敕許中國教士敬孔、祭祖，且謂世間各種姓所奉行之習俗，苟與教旨無悖，悉許保存。既有今日之寬，則昔日之嚴峻、褊狹，致演出歷史上無限爭端者，又何爲哉！讀此小册，不禁感慨係之！

三月一日　晴，化雪。

看王振先《中國古代法理學》小册子，取材頗嚴謹。

三月二日　晴。

看馬宗融編《法國革命史》小册子，贊成山岳黨，有宣傳意味。

三月三日　陰。

看張星烺著《馬可孛羅傳》。星烺，泗陽人，蔚西之子。曾游學法國習化學，承其父地理之學，亦長於考證，對《馬可遊記》尤有專詣，考證中、西史籍甚詳盡。然所譯《遊記》，失之繁猥。此小册子轉覺簡要，原書精義亦略此矣。

三月四日　晴曇。雪後寒氣未減。

看劉麟生編《哥倫布傳》小册子。西人至新大陸者役使土人，慘酷暴戾，祕魯、墨西哥之文明被毁殆盡，而劉氏此書乃譽哥氏爲寬厚仁愛。此不過西人借以掩飾其罪惡耳，劉氏乃隨人俯仰，可見其無識矣。

三月五日　陰曇。

連日閱報載，各路戰訊多有克捷，而敵人厭戰之情益盛，吾人勝利不遠矣。

三月六日　晴日甚麗。

看傅東華編《李清照評傳》。謂清照詞以清空爲主，乃詞之正宗。清空者，婉約而有含蓄之謂。論證甚詳盡。

三月九日　舊曆二月朔。晴。

看陳捷編《義和團運動史》小册子，參考西書排日記載，甚切實。其結論謂「拳匪固甚愚痼，足以亡國，而其忠勇之氣，亦足使歐人怵惕，爲吾人民族之嚆矢。」此論甚確也。

三月十一日　晴。

看《生物學進化論》一類小册子，此近百年內震動世界之學說也。

三月二十九日　陰小雨。

看張元賡撰《張氏卮言》。謂顧寧人無子，由於天閹，他書無載者，未知何本。恐屬附會妄言，寧人有妻有妾，似非不能人道者。

三月三十日　夜雨，徹晨稍止，旋又雨。春來苦旱，得雨亦足慰農人之望。

看吳增祺選《舊小說》，其原本多爲余所曾見，溫習故書亦是一適。前人小說原書多佚，雜見稗類書中。如唐人小說，則見《太平廣記》，宋人小說，則見《宋稗類鈔》，明人小說，則多見《寄園寄所寄》，清人小說，則見《虞初新志》、《續志》。增祺多自此類中轉抄，而逕題原名，一若親見唐、宋佚籍者，何其誣也！徐珂輯錄《清稗類鈔》，概不著所出，諉言書繁不勝舉。實則意在乾沒。倘趙吉士、張山來輩知此狡獪，則增祺亦無從假借矣。吳、徐兩家事正相反，而皆非著述正軌。

四月一日 晴。

南京成立僞政府，國內外咸發電反對，無承認者。

四月四日 晴。

赴蔣湖，晤秦選之，同往時楊莊，晤張介矦，即在時楊中飯，略談家鄉事。狂飆驟興，危橋難行，雇船與汪建中同返。溪水興瀾，篙師桭觸，莽蛇河尤洶湧，改乘渡船過河。回憶三十年前，從戎武昌，嘗過江參觀漢陽兵工廠。時江濤如山，輪渡皆停，千餘人分乘二十舟，亂流而渡，隨波上下，顚越失次，平生之險，以此爲最。今日方之，固蔑如也。而當年，中流擊楫高歌，興致甚豪，今則恐惴，不得不爽然於身世之衰老也已。

四月二十二日　晴。

連日看舊《國聞周報》，擬將九一八後事，撰集一文以存史實。惜材料不足，又少暇晷，終恐難就耳。

四月二十五日　晴。

為王光夏撰五古

腥風海上來，禹域烟塵昏。百年久夸毘，萬里肆鯨奔。大難迫眉睫，人人盡櫜鞬。兩京旣淪陷，淮上猶雲屯。回憶去歲首，倉黃離故園。笙歌頓銷歇，胡騎滿籬籓。茫茫數百里，鬱鬱多煩寃。自顧無健翮，浮雲悵高騫。哀郢徒有作，憔悴在湖村。家鄉斷消息，搤腕思叫閽。客從北方來，道君苦支撐。與君十年別，聞之喜且驚。君本將家子，忼慨冠群英。遭時國多難，殺賊請長纓。披荊宰鄉縣，遺孑撫災氓。先登逐封豕，半渡邀長鯨。氛祲塞四野，勇進何恢宏。能令敵膽落，如聞韓范名。試觀清泗口，玄血浩縱橫。天猶未靖亂，干戈苦生民。奮起報國仇，長嘯問蒼旻。書生抱敵愾，況是領軍人。功豈限一隅，志在摧狂秦。毋負戰死士，努力收淮濱。歲莫節愈堅，艱難見輪囷。爾時應浮白，酬功刻貞珉。吾年雖衰老，陳詩供遒詢。

王光夏來信爲其軍士抗戰徵文。光夏，泗陽人，八中校友，任泗陽縣長，升七區專員，抗敵頗力。其父震鵬爲吾鄉遊徼，善捉匪。今光夏勇敢善戰，可謂能繼其父者矣。

五月十一日 陰。微雨，未足饜農意。

在揚時，雨淳嘗舉船山句「貧賤依人不敢狂」屬覓一對，未得。頃讀船山《高山店垂絲老柳》七律中，有云「榮枯過眼皆無味」可以爲偶。

五月二十八日 晴。

興化於前日之夜三時陷，敵從西門、南門入，縱火焚燒，甚慘。船隻盡爲官吏所拘，居民逃者，徒涉多溺斃，不及走，又死於敵。哀哉！秦南二十餘里處，已有敗兵，近村皆驚。擒虎、西平不知所往，或傳擒虎已至鹽城，或又云至上岡，二地皆不利軍事，似皆不確。先是我軍有駐在郵、興邊界之一溝者，頗事徵斂，爲奸民所怨，暗結敵軍，使來襲擊，守軍怒，譁變肆掠，一溝遂失，敵勢張甚。擒虎會數萬人進圍之時，敵僅六、七百，不虞我軍之至，困蹙南竄，近泰縣之繞角，擒虎喜。而敵援驟至，號數千人，我軍不復戰，遽委城而去。此役，敵僅用橡艇二艘，炮數門而已，飛機亦未助戰，竟於一旬內而得名城，可慨也已！

五月三十日　晴。

敵退消息已證實，祁縣長及某團均入城，此可喜也。聞此次來者，非眞日人，乃和平軍，破興化非其本謀，故仍退去，城中積糧數千石，盡爲運走。

下午，亭湖學生，在蟒蛇河游泳，三年級生周文達溺死，甚可哀惜。泗水本應練習，惟此間設備既不全，又無好手指導，則甚危險，遭此不幸，當知所戒。

六月六日　舊曆五月朔。**晴**。

氣候亢旱，河水斷流，鹹潮倒灌，旱象已成，聞者洶懼，各議築隄以拒之，甚倉黃也。

六月七日　晴。

村人築壩拒潮，爲軍人所毀以行船。鹹水愈近，舉村惶駭。

六月八日　晴。

連日亢旱，毫無雨意，偶有雲霓，隨風即散，旱象已成，思之憂懼。張翼軍向各區索民槍，封倉穀，勢甚洶洶。

六月十六日　晴。

余來宋村，頗爲人作篆，而無圖章，求書者以爲憾。徐仲達爲余代倩其戚王翁曉樓治一印，今早遞來，刀法頗好。仲達與翁之誼皆可感也。翁有五十述懷詩五首，以稿見示，兼索和，頗清雅可誦，余走筆答之，聊酬贈石之情。詩多不錄。

湖居日記卷三

藷硯齋主人記

民國二十九年（一九四零）六月二十五日

昧爽即起，煮湯餅，偕三弟婦及珊祜、楊佃，又雇挑夫二人。步行過蟒蛇河，經蔣湖、裴劉莊、大崔莊、胡垛、建陽、益林、蘇家、交陵、大黃莊、嵚工、馬廠、老壩、范家老庄、玉皇閣、水渡口，二十七日到家。

六月三十日 晴。

看《鉢池山志》，冒廣生輯。宋代以來，名人遷客，歌詠不絕。其時湖澗紛錯，雲烟幻渺。而鉢池一山，兀峙其中，遂爲名流觴詠留連之所，儼稱勝地。其後河決沙擁，莽莽蒼蒼，岡巒埋沒，荒涼塞野，無復可觀。不有斯志，何以見昔時之盛？吾鄉爲淮、黃所匯，古今地形變遷，不知凡幾，此特其一粟耳。此册乃寄僧亂後購得。原刻入《冒氏叢書》，此爲洪福寺僧在上海鉛印，附《宋文獻續輯》若干則。計其印時正淮陰淪陷之日，唏已！

七月一日　晴。

牙痛愈甚，下午，到醫院，請錢景山箝去。痛之爲減，腫如故，深以爲苦。

七月二日

夜間牙痛已止，而氣候蒸熱，不能入寐。早起，腫消大半，仍嗽藥水。連日止啜粥，至是，乃能嚼餅，精神亦增。中飯食蒸餅四個，甚有味。居澤以來，久未嘗此矣。

七月三日　連日所聞，曾無佳事，中心悶然。氣候蒸熱，頗感不快。

閱《童讀三字經》。傳世已久，幾爲常識之淵泉，然亦有須斟酌者。太炎曾有改本，當較原書爲勝。

七月四日 **晴**。

檢滋兒書堆，見有《重訂三字經》，即太炎訂本。易「燕山」爲「荀僦」，以「荀卿」代「梁灝」，較舊說爲勝。然「連山」四句未改。「五子」句上僅添「古九流，多亡佚。」二句。而墨子、韓非全未齒及。其他缺憾仍多，是亦不爲善本耳！

七月六日 **陰**。

從寄僧借得《洪憲舊聞》一册讀之。侯毅撰，據其署名，知爲無錫人，字疑始。清末民初曾任職於北京，爲嚴幼陵弟子，其他事蹟所不詳也。是書凡四篇：一、《籌安盜名記》二、《松坡出險記》三、《西賈貢馬記》四、《項城就任祕聞》。所述皆零星瑣屑，無關大體，文尤冗散。較唐、宋筆記遠遜。蓋其所重在《盜名記》，爲其師湔雪。實則當時六君子中，除楊度、孫毓筠輩，餘諸人多屬勉致。即如劉申叔殉身經術，世變紛論，本非所悉，絓名黨籍，豈其本心。幼陵殆亦如此，固識者所同諒。當時既隱忍不敢直言自訟，事後又何必借文字爲之諱邪！侯氏之作，徒詞費耳。

七月九日　陰曇熱。

前兩日，日軍在城門褫人衣褲，瑩然裸露，無間男女，聞有因羞致死者。

七月十七日　陰曇。

本日，城門晝閉。先是日軍在南郊，有刈人黍飼馬者，與鄉農齟齬，斫傷日軍數人，日軍亦捉鄉農十餘。今早，鄉農舉耆老申訴，求釋拘者，日軍不允。下午，鄉農數千人欲入南門，南門遂閉，他三門盤查亦極嚴。時有槍聲，形勢頗緊張，至深夜，未解嚴，泉生亦未返。夜色皎潔，氣候涼爽，而心意悶懣，不能入寐，獨坐覸月，久之而寢。

七月十九日 晴，曇。舊曆六月望。

泉生早來談，前數日事，與傳說略異。日人既橫，而小刀會愚昧，適足害事。今日軍已開向嚴家圩圍剿。糜爛之禍，殆不可免。嚴圩在淮安境，距水渡口，不過二十里左右。

看《昭代名人尺牘》，吳修所編，本係石刻，西泠社又付石印，遂得流通。凡六百餘人、七百餘札，皆第一流詩文名家，極可愛玩。前人追懷賢哲，祇知作傳，若襄陽汝南之例，以興起仰慕。吳氏乃以手蹟銘之樂石，其用心可謂妙極。惜其時祇能勒石，倘能以眞蹟付之珂羅版，不愈見精彩哉！近來葉遐庵，又搜羅前賢造像，付之影印，雖皆與學術無關，亦足寄仰慕。此皆收藏家善於用心之處，愈於只知錮祕者。

泉生齋中架上有正定《王氏家集》。王氏世代仕宦，江蘇有名耕心者，官南河，與吾邑嘉、道間學人，頗往來唱酬，惟此集殊少精采耳！

《高鳳翰花卉畫》一夾凡十餘册，皆極精美，不愧名手。鳳翰，雍、乾間人，名載《畫徵錄》。此册原爲筱庵所藏，遭亂散出，遂爲泉生所得。

獨坐萬齋，陰雨霏霏，衣單人靜，涼氣襲肌，大有秋意。

七月二十日　陰曇。

看《淳化閣帖》，穉露所購。原本既不佳，又非珂羅版，而索價奇昂，商人欺騙，穉露頗以爲恨，久棄不閱。春間滋兒入城，從亂書中檢出，多少珍本均已散失，餘亦在不可知之列，而此帖乃復入於目，且十餘年前影事復印心頭，爲之悽然。又七巧、八分圖六册亦滋兒攜出者，別有益智圖，今不可見，皆余舊藏，何日清明，復得入城展卷玩索，以償宿昔之志哉，思之黯然。

七月二十一日　雨由夜達晨，至午不止，氣候頗涼。

讀《家紀》。前從泉生藏書《續淮關統志》中抄吾家《雙節事》於卷末。

《重訂太炎三字經》錄入清本。

七月二十二日 晴。

復看《柯山集》，計舊選詩四百餘首，異日錄登別册，詳加批注，足備學者之研求矣。

七月二十九日 晴。

泉生案頭有《張德彝事蹟》一册。張，清末滿人，遊學歐洲，歷任外交官。然學識頗陋，於歐西文化似無所知，前後僅著《航海述奇》八集。晚年家居，選錄《夢筆生花》，諧文自娛，殊覺負其遭際矣。

七月三十日 晴。

借萬齋《府志》抄《石芾南先生傳》入家紀。

八月十二日　晴，曇。

從寄僧處借得段蔗老《椿花閣詩》，山陽段蔗叟所作也。

八月十四日

讀段叟詩。蔗叟治經屬文，又喜摭拾地方文獻，頗以樸學自矜。然既不從鄭、許入手，又依違程、朱理學家言，考據亦僅零星瑣屑之事，無關大體，蓋終是文士，不足入大方家也。茲讀所爲詩，不斤斤家數，而略與劍南相近，能不染同、光間詩人習氣，造語用典亦近雅淡，似是一作手。同時，山陽徐賓華、鹽城陳惕安，多以藻繪見長，不及蔗叟之質實。前代易姓之際，遺臣每有高尚不仕者，念舊懷憤之情，或寄諸吟咏。惟辛亥革命光復舊物，再揚大漢天聲，其事與前代迥別。偶有一、二舊臣，不肯變節，硜硜自守，固在可閔之列，然亦不應發爲怨悱，自絕於同族。對於當代，妄肆譏訕。辛亥以還，國政不綱，然較之遜清，尚覺此愈於彼。蔗叟嫉視新學，同於兒戲，是對世事全然不解，當時老輩，類多如此。吾鄉程振六先生所撰著有《辛亥百二吟》、《論學芻議》，殆與蔗叟同一口吻。惟先祖父洞明世界大勢，深知新舊學術異同得失之數，不持迂見輕加反對，與當時老輩絕異。徐庶侯先生見解亦通達，每謂：「今後學術必較以前更進。即經學、文學亦必更放異采。」蓋皆能博覽群籍，無拘墟篤時之見，是以不爲迂儒所蔽，非段所能及也。

八月十九日　晴。

藍翁約中飯，與泉生驅車往，旋戴伯懷亦至。坐間有陳鄉長、王某、傅某，鬨飲甚歡，客皆沈醉，而余獨醒。月下閒談，幽光照人，爲平生所未經。前莊作青苗會，聯步往聽，有吃糠、斬美、罵燈諸戲。素聞淮曲，未曾入耳，今始親聆。鄉間雖頗平靖，而居人戒備不稍懈，執鎗巡邏者二、三十人。余輩圍坐一桌，品茗對月，不知身世之何似矣。

伯懷祖堯章，乃先祖父門生，醉後敘舊，自稱愚晚，令人惶恐。堯章老儒，任教官終，而子姪皆操金珠業致富。余初不審，伯懷亦未嘗自言，今以過醉，乃刺刺不休云。

八月二十一日　晴。

山妻入城，雜物中有《文字蒙求廣義》，滋兒方習刻石，不識篆文，以此授之，亦有益之事也。

八月二十二日　晴。

從泉生齋取得《金剛論》一册，既名爲論，當非佛說，而開端仍冠「如是我聞」四字，又不載譯主爲誰。世人刻書，何其魯莽如此邪！其所陳說，大概與《金剛經》同，而詞義較顯，能讀經者實無須此，然初學者得此，較讀經自易，非無可取。

又借得《了凡四戒》一册，世俗見解，無甚深義。

又王龍舒《淨土文》一册，。龍舒名日休，宋末進士。大概勉人念佛，以善惡果報爲說，淨土宗之初階也。

九月七日　晴。

本日爲舊曆八月八日，祖父百年誕辰，本意刊布《隱書》以爲紀念。國難未已，烽火徹天，鄉里𢡟腥，家人離散，何暇爲此，惟有待諸清平時日矣！思之長嘆（滋按：已於一九九零年在台灣刊布，是爲《藞硯齋叢書》之一。）

九月十六日　中秋，晴和。

看成靜生選《唐五代詞》、馮刻《宋七家詞選》，二書均佳。勝張（惠言）、譚（復堂）也。彊村所選，太偏重格調，少生動之氣。此選似無此病，學詞者所不能廢也。

九月二十一日　晴。

駕六友，布商周、陳兩君攜眷赴滬，祜一早隨往。

九月三十日 晴。

博泉從冷攤購得寫本《日記》一册，詩、文、楷法頗佳，不審何人假歸細讀。此公清末新進士，未及散館，派赴日本留學法政，稱徐賓華爲伯父。檢《縣志》知出徐鍾恂手，詩文名宿。晚乃舉春官，又不獲入翰林，更赴笈越海，頗鬱抑，對於新政多訾毀語，此爲時代所囿也。記事寫景頗具幽趣，倘擇存十之七、八，較之明人小品亦何遠遜。何日亂靖，當告諸庶丈，同爲喜悅也。

十月一日 **舊曆九月朔，晴曇**。

山妻約同安姑奶奶入城照料搬書，請七姑太太來監廚。直至傍晚，山妻乃來，箱爲日軍所欒，聲言須檢查。此事禍福不可測，倘有僉壬撥挑，可興大獄，爲之驚懼。泉生來謂無妨，姑聽之，終不能釋然，深悔多事，亂世身外物，舉不足重，況書籍尤累人，奈何不舍，冒昧搬運，追悔不已。一夜未交睫，山妻慰之不能解也。

十月二日　晴。

坐醫院不出以候消息，至晚尚未放行，談者多以爲憂。泉生來謂，檢查未畢，明早可出，心稍慰。

十月三日　晴。

仍無消息，避醫院一如昨日。幸下午四時，章鄉長押運書箱四十餘隻來寓，大喜過望。晚晤泉生，乃知果有人欲從中破壞，幸章鄉長與桑島君相善，面陳其事，小人乃無可施其計。泉生及章鄉長斡旋之力，令人感謝不已。

十一月五日　夜雨甚大，迄明不止。

《藝文考略》稿錄成，數年心事，爲之快然。（滋按：此稿被劫，惜哉！）

看《歷代詩餘》，甚有趣。

十一月六日　晴。

整理詩文雜稿，訂爲三册。詩百三十餘首，文五十餘篇。存稿尚不及此，一時不及抄耳。（滋按：此稿被紅衛兵劫，惜哉！）

十一月二十六日　晴冷。日光甚麗。

理書畫，頗有缺者，蔡鎭蘭阮藏器拓本尤可惜。

十一月二十八日　陰。

山妻入城，檢收杜大門，而張五力阻，遂不果杜。稍取零物來，人心叵測。一嘆！

十一月三十日　晴。有風頗冷。

看《都梁草》、《尹婁河櫂歌》，皆于樹滋君所編。《都梁草》記其父死節事，《櫂歌》則瓜洲雜詠。二書與吾所撰《淮陰藝文考》及《家紀》用意相同。又松江趙學南君編《清芬錄》，尤與《家紀》類似，知吾道之不孤也。前錄《家紀》既成，又輯錄詩文爲附編，末有餘紙，擬作雜記，記家中瑣事，尙未著筆也。

本卷所記，爲時五月，皆居浦中事，似不應入《湖居日記》。然烽火未靖，仍復漂流，雖在故鄉，殆同入蟄，不屬之《湖居日記》不可也。葉數雖少，使之自成一卷，聊與前後有別云。零硯齋主人重抄記。

湖居日記卷四

蘦硯齋主人記

二十九年十二月三日　晴。

大早即起，吃麵，收拾行李，與七姑太太、滋兒，攜徐標乘車東去。經交陵至益林，雇船經建陽，六日始到時楊莊（滋按：二臨師所在地）。

十二月十三日　晴和。

下午，紹南立談甚暢，晚賦一律贈之

曾向梅弇共問梅，六朝松下幾低佪。廿年電逝頭生白，百感飆興池有灰。

𢤱𢤱餘生猶健在，漂流壯志久摧頹。卜鄰今又聯吟侶，愼莫譏時惹俗猜。

十二月十四日　晴。

紹南賦詩見贈，即賦一律酬之

幸共湖濱避暴嬴，不堪憂患託微生。相逢有約爲雞黍，異地何須變姓名。

一擊報韓拚卵石，九邊備夏乏胸兵。烟波暫逐玄眞子，細雨斜風待晚晴。

看《老學庵筆記》。載晏景初爲人作墓誌，朱希眞謂：文集十卷下當增「不行於世」四字。希眞高士，乃作此尖刻語耳。

近來薪炭昂貴，人家多燒木柴，俟其半透投水中，令熄，即納密器中成炭。用與木炭同，而費用爲省，名曰「浮炭」。初不解其何意，《老學庵筆記》謂「《陳無己手簡》十餘帖，皆與酒務官託買浮炭。」又引《白樂天詩》「日暮半爐桴炭火」，放翁解之曰「浮炭，謂投之水中而浮」乃知俗語遠有所本。

近世呼湖南人爲「騾子」，初以爲如獠蠻、貉子之類，譏其爲禽屬耳。頃讀《老學庵筆記》謂：蜀人呼中原人爲「虜子」。放翁生南宋時，中原久陷，故他方人以「虜」爲譏。又有「虜饌」、「虜官」諸名，則「湖南騾子」當是「虜子」之譌，亦南宋以來古語也。

吾友張煦侯，別署「須」，僅一字，難以爲稱，余戲增「公」字。《老學庵筆記》謂：錢勰字「穆」、范祖禹字「淳」，交游爲增「父」字。非其本有，事與「須公」正合。知古今事多有同者。

十二月十六日　晴。

看《放翁入蜀記》，載江行山水之勝，間及瑣事，文字研鍊。頃將重錄近數年日記，故取爲範。

十二月二十六日　晴，冷。

從介矦處得讀《煦矦詩》及《日記》，題一律歸之

波寒風勁澤邊村，北望空懷舊屐痕。詩卷重開慰飢渴，文章老去弔湘沅。萬端愁緒徒呼負，廿載前塵若可溫。苦憶南湖張右史，奉親安穩臥衡門。

十二月二十七日　晴，冷。

看《王船山選評明詩》。多取刻畫研鍊之作，以謝、鮑六朝爲宗，而極詆唐、宋，以爲無詩。雖李、杜不免爲所訶。蓋承李、王、何、李之後，學唐之弊盡成膚廓。船山力爲反振，不覺言之太過耳。所選多雅飾，足球浮泛器囂之病。而千篇一律，不出十九首阮籍《詠懷》範圍，則亦何取於自己哉！

下午讀《臨川集》，遣詞布局，宛然韓文，正犯船山所譏，則船山說亦自不可廢邪？

十二月二十八日　晴。

看《船山遺書・五十自訂稿》，六言詩《咏史》云：「墮淚曲江秋燕，白頭小范黃花，變雅三年破斧，離騷一部懷沙。」儀徵劉氏校云：「黃花晚節香」之語，本於韓稺珪，此誤記「韓事」爲「范事」也。余按：范有《漁家傲詞》「塞下秋來風景異」云云，閔念征人之苦。歐陽譏爲窮塞主者，眞有「東山破斧」意味。別《蘇幕遮詞》：「碧雲天，黃花地」云云，膩語柔情，風格大異。船山誤記《蘇幕遮》爲《漁家傲》耳，非誤「韓」爲「范」也。劉氏校語亦非，劉氏三世傳經，毓崧尤博洽，不免小誤，此校斟之難也。

十二月三十一日　晴。

重訂日記本，題四絶句於冊面

荒村小隱似遊仙，蹤跡疏疏亂夕烟。斷續雁聲雲外落，頓驚白髮鏡中添。

楊花飛盡稻花開，蒿目天涯信不來。欲寄相思無處所，斷雲新月共徘徊。

愛讀南華不近名，寶刀脱手意難平。欲書孤抱酬佳夢，卷裏何須記雨晴。

年來蓬轉困飢驅，落落情懷記得無。多少悲歡付春夢，莫憑斷簡認前吾。

民國三十年（一九四一）一月十五日　陰，冷。

接徐君毅告其父喪。庶丈爲吾邑老輩中，風雅博洽之士，晚歲頗喜刻書。屬余及煦矦爲之校勘，凡成四種，方更搜輯，會日寇事起，美志不遂。今竟溘逝，七十五齡，可稱老壽，然不及睹九州之回，有放翁之悲。吾前獲新書，方將就商，今亦已矣！哀哉！晚擬作詩弔之，不成。

一月十八日　晴。

看《韓非子集解》，前在建陽所作札記，多爲前人已言，從知讀書不可不博考也。（滋按：原二十七年初之札記遂棄而未錄。）

一月十九日　陰曇，下午起風，頗有雪意。

續看《韓非子》別有新得，載之別册。（滋按：亦毀於紅衛兵之手。）

二月二日　晴。

看胡適《論學》近著。其中《論儒》、《論禪》諸篇均佳。

二月三日　晴。

看趙景深《文學史新編》。無甚新義。

二月四日　晴。

看邵氏《聞見後錄》。說《經》，論多迂謬。記宋事，尤誣罔。惟解韓蘇諸公詩意，時或可取耳。

二月五日　晴。

看《春緒紀聞》。宋人何薳撰，多載仙佛因果之說，無甚可取。前代小說，每犯此病，讀者不知抉擇，殊可惜也。

二月六日　晴。有風。

或傳日人犯泰州，李鳴揚已避去。又傳韓擒虎遷射陽理事，未知確否。吾輩局局湖澤，尚難安隱，奈何奈何！

二月二十二日　陰。

連日興化難民來者頗衆，聞城已陷，死者逾千，亦云慘矣。

二月二十三日　晴。

看衛聚賢《中國考古學史》。謂「古」、「缶」同字，皆酒器。「考」字爲老人頭戴缶，手持杖之形。自來說字形者，每多附會，然衛氏之說未免太可笑。駁語詳別册。（滋按：駁語原載遺著《文字略》，未及刊布，毀於文化大革命紅衛兵之手。惜哉！）

此後一年之日記遺失，無從憶補，先父爲之懊惱不怡者久之，現僅能略予記注，有所銜接而已。

一、其時省府偏安之興化、泰州等地又爲日寇盤據，二臨師所在地時楊莊，則落入共軍之手，學校再度停課。先父奉先祖母返浦，隨挈余等手足震、祐、祥、滋及祏，經氾水、寶應，途中艱苦備嘗，迂迴近月，始抵淮陰水渡口老宅。先二叔、二嬸則偕武隨二臨師至淮安官渡復校。先父於暑假後，應紀子仙先生之邀，至上海法租界揚州中學任教。不數月，遇珍珠港事變，租界不保，再度返浦。

二、是年冬，大姊珊祜于歸孫府。

三、淪陷區治安敗壞，敲詐勒索，層出不窮，該年余家亦未能免。

民國九十四年（二零零五）八月震記於芸寓

淮東日記

淮陰范耕研記

民國三十一年（一九四二）二月二十二日　晴。

絕早即起，整頓行李，將赴淮東。去年，子山即再三相約，會以子仙之招，南往滬上，旅食數月。身心漸安，而風雲忽變，狼狽以歸。亂離之世，志在苟安，豈復有心爭求名利，息影窗下，坐對妻孥，以俟清泰，如是而已。乃鬼蜮成群，伺隙陷害，猶幸資財雖失，性命得全，接淅逃避，更何所待！此犯霜露而行者，又豈得已哉！撫膺搔首，慚恨奚如！是日同行者，有震、祐、祥、祏四兒、蕭增良、孫寶鑄、劉德昇、彭啓玉四生，與余共九人。此行由浦經下關、黃土橋、石塘、車橋、官渡而蛇峰。途間勞頓煩累，不可言宣，亂世行旅，奈何奈何！

三月九日　晴。

三月十一日　雨。

天然前從陳畏人許抄得《潘養一北行日記》一卷，假歸讀之。

賦詩題其首

潘岳豪情百載前，憂時有淚付吟鞭。大河橫渡方風雨，遺簡飄零似夢烟。

結集刪除非墨浪，登臨酬答有兒賢。征途我亦多鴻跡，卻向荒村讀此編。

漂蓬不意到淮東，幸共幽人結習同。守得蠹編忘米貴，寫成蟲篆望誰通。

丹青忍畫山河破，詩句長留離亂蹤。乞我殘叢關往獻，排憂傳錄短燈紅。

三月二十五日　晴。

晚燈下為八臨中撰校歌，用蝶戀花調

莽莽長淮聲鬱怒，黯黯胡塵驚起獅魂寤。敵愾雄心深幾許，青年報國休孤負。擇地三遷臨淺渚，處處弦歌學業培基礎。抗建更生須耐苦，風雲礪我無回顧。

四月一日　晴。

校中放春假。昨晚宿官渡，早起，乘薄苯車，經涇口、大呂舍、石塘，到下關。改雇車三時半到家，可謂不慢。家中各事如常，心爲之慰。

四月十二日　晴。

在家凡十二日。晤泉生、寄僧、景山諸公，連日酒食酬酢，厚意可念。惜宵小橫行，閭閻不靖。凡未污僞命者，咸惴惴不克一夕安，親友相知中被索詐者，不勝屈指數。北鄉蒼頭特起，尤爲猖獗，搜粟摸金，無所不至。民生凋敝，至此極矣。日人南進，愈益驕蹇，凌虐朘削，日出不窮。而小人方且利用此機，陷害同氣，達其發財之迷夢，思之曷勝浩嘆！此次回家十餘日，所感所遇，皆不如意事。阢隍勃谿，在在皆足恨人。奈何奈何！

余不慣乘驢，又惡雇賃之煩，因託人招前車子來。早八時動身，過下闞、林家莊。午到大屋基，轉赴市河，經南澗南，曲折久之，到西岡，過橋，沿市河北岸東行。經南嘴頭，再過河，南經郝家舍、壩口，到蛇峰，天尚未晚。

晤淦泉、子山，談請願事，四校行動，不能一致，且有自首討好者。人格如此，爲之一嘆。

四月十四日 陰雨，氣候甚涼。

看清人詩，吳興凌善清所選。古體不盡佳，而律、絕幾首首可誦，簡汰頗精當，批註亦細，不意坊間有此佳本。余初忽視之，姑以破悶耳。讀既盡，乃服其善，因更擇其尤，輒加圈識，凡得二百餘首，備諷玩焉。清代詩家極夥，或學唐、或學宋，亦有遠紹漢、魏者，造詣各不同，而皆有其精神面目。此選雖不足盡其美備，亦可窺見大概。世人或浮慕前代，而輕清詩爲不足道，是殆忽於眉睫，未可爲所惑也。

四月十六日　晴。

看《惜抱軒詩》。惜抱，文名甚著，而詩倔強清雋，在退之、介甫間，不愧一代作手。而世顧少稱道之者，何也？

四月二十日　晴。

看《社會通詮》。嚴氏舊譯本，簡鍊有餘，條鬯不足，然勝近來草率者多矣。余以其多論人群進化之理，足佐余解《易》之用，故細讀之。

四月二十九日　晴日暖暄。

躍衢行篋有所謂《美化文》者。集明、清來抒情小品十一種爲一編，各撰考證，殊淺率，不足闡意。且所選亦多疵謬，若《窈聞》之迷瞀、《揚州夢》之淫褻，皆不足取。而《陶庵夢憶影》、《梅庵憶語》、《浮生六記》皆有通行本，何待複印？《六記》中較通行本多末二記，殆出諸王文濡之狡猾。編者不辨，轉用以自詫，毋乃令有識齒冷，此編者陋也。

春晝困人，聊以破悶耳！

五月九日　晴。

作詩懷須公

數年不見玄眞子，身在南湖狎鷺鷗。徙宅翻教魑魅近，戒詩終憾姓名留。
春來黃霧迷方所，老去青氈不自由。惟願衡門照書幌，藏山文豹設防周。

五月二十四日　雨，

前慕弟遷家過蕩，小舟敝舊，衣物多霑濡，《辭海》渝敗尤甚，久思重裝，是日，費半日力，爲分訂二十册，易以新面，庶便繙閱，勞勞至午夜。

五月二十六日　雨。

道滑不復能出，悶居一室三日。讀《定庵》數過，奇麗放逸，不愧大家，非浪得名也。文怪澀，殊非正軌，不及其詩。詩以七絕爲勝，五古次之，律體拙大，不稱其妍。無他書可讀，無以排憂，遂用門存韻作詩七首。新意妙緒，絡繹赴腕，殊不爲韻所苦，因嘆限韻事至淺陋，非爲難事，詩之佳處固不在此也。

天然來，示我以所作《感舊雜詩》四十首，皆韻淮陰事者。

五月三十一日 晴。

看《白田風雅》。寶應朱彬武曹所輯，凡二十四卷，存《清代寶應文獻》，得人三百，得詩數千，皆淵雅可誦。寶應人文本盛，非他小邑可比，且承乾、嘉後，故尤可觀也。道光來迄今又百數十年，倘賡續之，更爲完璧，惜無有任斯役者。吾邑竟乏此類書，致令一方之文獻有無徵之嘆。王壽萱、徐庶侯兩先生先後搜輯，積案如束筍。王既以家落閣筆，徐丈又遭遇國難，顛沛以死，珍聞墜緒，又將散佚矣。曠絕愈久，愈難爲役，有志之士所不敢不以之自勉也。《白田風雅》爲子山所藏，即武曹先生之族裔也。寄僧在清江嘗購得《武曹文集》，凡四卷，潔簡，不愧名家。武曹與吾邑王公照芳友善，事載《縣志》。

六月八日　晴。

天然過校齋，出示郝某《笙磬集》。蓋輯同人唱和之作，然笙磬本謂小磬，無應和義，以之名集，未知何取。

返校上階，忽失足，首觸門櫳，鏡墮於地。幸皆無損，衰老龍鍾之態，彌自傷嘆。

六月十一日　晴。

為二臨師、八臨中聯合畢業紀念會撰聯語二付

風雨同舟，各有壯懷期報國。郊原如畫，毋忘嘉會在斯時。

渡口款嘔狎鷗鷺。峰巒蓊鬱起龍蛇。

六月二十一日　晴。

躍衢以所譯《李白勞勞亭詩》見示，余對於詩句之互譯，至饒興趣，十餘年前嘗手錄累冊。今讀此詩，觸我舊好，亟錄日記中，亦交遊佳話，異日追敘，固將遠勝巴山夜雨耳。

天下傷心處，勞勞送客亭。春風知別苦，不遣柳條青。

The Parting House

The place to break one's heart,
Is where one sees friends part.
Should spring winds know what it does mean,
They sure wouldn't make the willows green.

六月二十二日　晴。

子山約在黃蕩中飯。微風澹日，緩步披襟，綠秧彌望，紫燕翻飛，渾忘亂離之苦。

六月二十八日　晴。

祥隨三嬸回里。

六月二十七日　晴，

為棲山作聯，賀其妻姊五十壽云

江夏傳芬佩茝徽音同孟郝。星河耀婺稱觴華帨託邢譚。

七月四日　晴。

看《皮錫瑞易經通論》，頗斥《焦京圖書》之非，而仍歸重張惠言、焦循，未免唯之與阿也。

七月七日　晴曇。

徐標從浦來，持泉生及祥信，述二老太太有病，似傷寒，十數日不退熱，聞之焦慮。蘆溝橋戰役迄今整五年，前途茫茫，未知所屆。家母暮年，遭亂流轉，近八舅又死，能不以殷憂致疾哉？北望白雲，憂心如痗。

還鄉日記

民國三十一年（一九四二）七月十二日

前周接家信，知家母久病，即擬還鄉。今暑假，遂行。今早昧爽即盥嗽食餅，經官渡、涇口、車橋、石塘、朱家橋、河下，返水渡口老宅。家母寒熱未淨，不思食，精神氣色尚好，心中稍安。

七月十三日　舊曆六月朔。晴。

家母之病，半由氣悶，半由八舅太爺傳染。先是城中老宅，既為夏某占居，幾經交涉，費交子四百餘，方得遷去，新來房客，亦傲不循理，家母固已含慍矣。八舅又以傷寒卒，既痛骨肉之喪亡，又為之洗滌汙服，遂染其菌。幸不甚重，迄今近二十日，服周子興所開方。傷寒本無特效藥，候其自轉而已。

七月十五日　晴熱。

請寄僧診視，謂便黑，即腸出血，此令人憂懼。請周子興診視，亦謂無特效藥。病情較初來家時爲嚴重。下午增熱，夜解大便色深黑，似是出血。現交四候，最爲危險，奈何奈何！

七月十六日　晴。

小矦來謁，自辯與去冬花某事無關。

天氣奇熱，揮汗如雨，於病體大不相宜。奈何奈何！

七月二十七日　晴。

請寄僧診視，食仍不甘，精神又衰。藍翁來，偕泉生往迎大器，置東茆廂內。祥連日看護勞頓，遂染瘧，間日一作，下午又發。母親下午又寒戰，急注阿左寧，轉安。夜，余忽發寒熱，有類於瘧。

七月三十日　晴曇熱。

寄僧診視，劉先生打補針。病象確已退轉，惟精神極委頓，靜睡不語，不思飲食，年老體衰，未知何時方可恢復，令人憂慮者在此。

七月三十一日　晴。

夜下黑糞不少，仍不思食。是夜，山妻胎震動，腹痛，下血脈弱，殆由勞頓所致。驗溺，知爲臂臟炎，亟須調理也。

八月一日　晴。

寄僧來診視，兼視山妻胎氣，謂恐小產，勸居院，腹痛加甚，即入院。不久，即生一女，未足月，支體頗小，不哭，陳小姐拍擊數百計，乃出聲頗洪。山妻體氣尚健，心少慰。下午，新生女殤。

八月二日　晴。

下午，母大漸，七時半遂彌留大去。哀哉，遂爲無母之人矣！在寢小斂，移至正寢，家人守夜，泉生夫婦亦來相伴，可感也。召匠爲柩調理。

八月三日　晴。

綽然赴東，託其帶凶耗告慕。十一時大斂成服。親友來者凡十數人，世亂，未敢遍赴也。

八月五日　晴。

看姚文枏《喪禮喪服艸案》。

山妻病腎炎。面目浮腫，服藥稍消，漸有起色。

八月十五日　晴。

山妻自醫院歸，凡在院十五日，病退而體衰，疲不支也。

八月二十六日　連日煩懣無聊，遂忘記事。

寄僧示我以《繡水王氏家藏集》七册，持歸讀之，乃宿遷王氏家集也。本貫浙江之秀水，清初有王益朋者，二甲一名進士，官給事中，言事有聲。著《清貽堂稿》，有詩、有奏議，是爲王氏先世最知名者。乾、嘉間有官南河者，遂家桃、宿間。自是，代有作者，而以王相惜庵翁所撰著尤善。家計既充，喜倡風雅，集其先人遺著，凡十二種。其子晃復以翁所著附之，都三十餘卷而刊布之，即此集是也。傳播徽烈，不忘先德，人子之盛心，吾儕所應興感也。今王氏稍稍衰矣，果亭金丹，而後闃然無聞，君子之澤已過五世。余久聞宿遷王氏爲世族，而不識其所自，今讀斯集，乃覺了然。

八月二十七日　晴。

東鄉老塋道遠，又有某軍出沒，盜賊嘯聚肆虐，是以不敢合葬，乃於街北圩南于姓菽田內暫厝。

八月三十一日　連日晴爽。

滋兒隨蕭、王、周三生及徐四赴東。

九月三日　晴。

介眉偕其姪震聲來弔，震聲乃鴻緒表兄子，久居天津，頃歸收租，適逢介眉，因邀同來。介眉談其在陝西日，過留壩廳，有劉將軍廟，蓋其先世族祖也。碑謂，將軍名永平，江蘇淮安清河人，乾隆時，隨征回疆有功，授遊擊，駐節留壩，適有匪警，迎戰甚力，終以兵寡身殉，而城得全，敘績予謚忠愍建祠，每年邑人於此祭賽，香火甚盛，此足補縣志之遺。又有族祖官商州同知，越境討賊殉難者，惜不詳其名字，姑記於此，以備異日之參證耳。

九月五日

早六時出殯，到穴雨，頃之雨止，安葬。親友送者有周七太爺、吳二先生、侯大先生、御政、伯銘、鴻翥、介眉、藍田、泉生喬梓、藹臣、鄰翁馮、鍾、方、胡諸公、醫院錢、曹、吳、谷、劉五先生冒雨而來，可感也。

九月十三日　夜雨，至朝不息，氣候甚涼。

昨晚寄僧以所得《稼翁書札》見示，今早繙閱一過，有柘堂老人父子數箋。劉貴曾箋，作魏體，極工整。仲實箋極多行楷，精鍊可愛。多論修志事，兼述捻亂，蓋同治初年事也。册間題有張恩潮、汪黎獻，皆邑中前賢，而原箋已迭，無由窺筆跡，殊爲可惜。寄僧又購有陳師曾所譯《文人畫之復興》一小册，亦閱一過。

九月十四日　明。

城中器具，笨重者分置戚友處，細碎及雜書即運來老宅。往返數次，車力不少，而守城武士，且加需索，令人慨嘆。下午偕祥理書，無一要籍，頗覺失望。

九月十五日　舊曆八月八日，先祖父誕日也，設祭。

從亂書中檢出數種：《侯東洲詩》一册、《楊幼梅夫人詩》一册、

《白下愚園集》六册、《歐陽利見公牘》六册、《一笠園詩》一册、《近人某君詩話》一册。各題數語，聊爲紀念。

淮東續記

淮陰范耕研記

民國三十一年（一九四二）九月二十一日　晴。

昨晨偕祥由浦經板閘、和尚莊、觀音庵、大鄧舍、魏東莊、大楊舍、蔣橋、涇口，過官渡到蛇峰。慕正在家，互訴疾苦。

九月二十四日　晴。

秋分，適逢舊歷八月之望，此誠難遇之事。而妄人遂艁為妖言，謂上天將降災戾，食糯粉團可免。愚誣之言，可笑亦復可恨。

九月二十七日　晴曇。

摹繪《淮安地圖》，先是託李十兄求《淮安地圖》，李云：『建廳將繪印頒布。』久之不得。前過大鄧舍，李謂從廳方借得一幅，因攜歸摹寫，盡一日力成之。是圖未知何本，其方位遠近，均頗準確，知其出諸實測。惟地名多誤字，緣於繪者不學，祇知詢諸土人，不知參考舊籍也。如：棠梨涇誤為唐家澗、南嘴頭誤為南兒頭。又不載通行大段總地名，如：青言港、西岡、龍光閣、七坊半、八坊半等，皆其失也。

十月二日　早微雨，旋晴。

小龍寒熱數日，不辨何症，今晨竟殤，殊可憫嘆。住世僅九月，已知啞啞學語，此次由里來，見其張口而笑，抱之，捋我髭須，正可憐愛，遽爾凋謝，傷已。

十月八日　陰。

看《明鑑》，更訂講義數處錯誤。近來教科書展轉互抄，沿譌踵謬，年代後先尤多疏忽，編史籍者不可不覆案正史也。

十月十日　晴。舊曆九月朔，國慶，放假。

前編《本史綱要》，擬補抗戰後事，惜無書參考，廳頒小册極空洞，無可取材，終至閣筆。看《說文》，增訂《文字蒙求》，左右繙閱，時發新義，甚有意趣。

十一月二十九日　明曇。

谷迪之從浦攜《十八家詩鈔》來，見之甚喜，爲加一跋。

十二月二十五日　陰曇。

金某從滬來，謂教廳派在滬辦事人王達剛等，均爲日人捕去。

民國三十二年（一九四三）一月十八日　晴。

大早即起，震收拾行李，隨隊赴冬令營。余攜武送至官渡，北風甚厲，吹人刺肌。

一月三十一日　晴。連日溫煦，大有春象。

天然謂，此間去浦不百里，而濱海多湘澤，氣候較浦爲暖，柳芽孕青，苔痕轉碧，不似吾鄉枯黃憔悴。驗之，果然，天然語不虛也。

涇口王某來請為涇口圩門撰聯語兩付

衆志成城，百萬軍民同敵愾。丹心貫日，東南湖澤振英聲。

極目望中原，烽燧遠傳當報國。振衣上高壘，旌麾東指誓吞胡。

二月一日　雪。

悶坐齋中，看《禮記》，讀詩，苦無談者，岑寂之至。今歲秋收，雖不甚豐，而糧價高漲，農人相慶。頃交年尾，比戶忙碌，蒸糕製飯，炊烟不息。吾儕客戶，冷竈生塵，兩兩對觀，令人爽然。

二月七日　冷，凍泥如石。

連日無警，前日所傳或是虛詞。局促一隅已不可耐，倘再崩潰，則更無所向，仍冀其勉強維持，渡此國難，以坐待時清歸里耳。茫茫前途，未知果能傳私期否？蒿目天涯，曷勝隱憂。

二月十日　晴。

去冬重訂《文字蒙求》既竟，擬欲別立條貫，一新面目，以氣候嚴冽，不能出手，遂改看《禮記》，茲乃重爲編次。先擇出《初文》及《準初文》三百餘，以爲之根，而以其他從屬之字，各附根下。彔友原書凡二千餘字，形、事、意三書略備，象聲一類所錄太少，當再就《許書》擇其要字約千餘以益之。大概合約三千餘，以爲初學識字之基，庶幾可已。余在南雍時，即有意此類工作，悠忽未及著手，今年隱居窮谷，當專心此事，勿再懈怠也。

二月十二日　晴。

昨夜慕從馬家舖來，聞敵有東犯消息，各機關長官，宵夜遣散僚屬眷口，形勢甚倉皇。今早，有人聞大炮聲，隱隱在西南方，人心愈震。旋，紹南亦返，所述相同。震兒在冬令營，本擬一周後散學，今午，亦攜行李歸。

十三日信息愈急，兵匪塞途。慕弟商諸陳嫁軒兄，在西舍上租一屋，婦孺遷居其間。余亦收拾書物置駕六兄家，此册亦雜置其中，心緒惡劣不寧，遂不復命筆。茲既涉險返家，幸無所遭，倥偬數日，部署略定，將續有所記，別爲一卷。淮東之事，竟於是邪？天邪人邪？是則令人慨嘆不勝者也。耕研跋

息影日記

先是上月十三日既匆匆避居孤舍，敵踪猶未至也。次日，二臨師尙舉行新生入學試驗，高、劉二生猶從浦來轉學。十五日，訊愈惡，馬鳴之從大楊舍逃來。炮聲亦隆隆然起於四方，於是，村鎭各據點先後淪陷，人心益惶懼，惴惴然不可終日。繼而有城、涇口、鳳谷村皆爲敵軍屯聚。某日，潰軍向蛇峰來，奪人衣履，一時，紛擾萬狀。余家先後爲所搜索三次，單夾衣幾盡，襆被亦失去五牀之多。村人皆襁負提攜，逃往盧舍，阡陌間絡繹不絕，至夕，潰軍向北去，驚魂稍定。是後，或傳敗兵續聚，或傳敵寇紛來，居人即群焉西遁，狼狽流離，殆難筆罄。如是二十餘日，親嘗亡國喪家之苦。

某日，山妻倩兩嫗持居住證來。谷生馭麟從河下邀一和平兄爲護，將於次日西歸，因商得與之同行。屏當行李，雇車五輛，益以谷府七車，共二十八人，魚貫而行。途遇和平軍，皆由此兄與之接洽，幸得通行。

至拐子莊，距下關尚四、五里，天已深黑，遇暴客十餘匆匆而來，此兄懼，不敢出聲，馭麟與之辯。客怒，反縛馭麟，且驅群衆，謂「將送司令部」，衆相顧，嘿然無策，以爲此次必不可免矣。事既如此，即亦無恐。而客中乃有人與馭麟小語者，旋解其縛，又來一所謂日人及譯者，略語數語，揮手曰去，且慰之曰：『有失物否？』群喜出望外，皆答曰：『無失。』即亟驅車冒然而前，惘惘然不知所適。時數里外有鎗聲砰然，衆益懼。幸和平兄有疏戚居近村，詢知其所在，驅車往投之。蟄居一室，不敢出聲，燈下相對，不知其何以得此也。

久之，鎗聲既寂，險象稍寧，主人徐某乃炊粥見餉，謂「諸君洪福，若輩不來追踪，余心乃稍定也。」是夜，坐以達旦，大早，投河下湛眞寺，馭麟同族所居，承賜早餐，買車到浦。此涉險返里大概情形，至其間危疑憂慮，不可具述，非身親者，固不及知之也。

此行，吾家九人：余及震、滋、祐、祥、三弟婦、又蕭增良、並二嫗。谷府五人：馭麟、豐齡兄弟及其母，又谷儀之及其嬸母。並和平兄，人數既夥，行李又多，兵匪塞途，又兼夜行，竟得安然返家，毫無損害，實為大幸。生當亂世，奈何奈何！姑記於此，以為後戒耳。

民國三十二年（一九四三）三月十一日　舊曆二月初六日

昨夕宿淮城東三里許小莊徐姓舍，避匪潛坐，驚魂不定。天色微明即起，驅車赴河下，八時到湛眞寺谷府，卸行李。馭麟留早餐，陸續雇車返浦，塗間幸無留難。到家晤山妻、祺女，俱各歡喜。

三月十五日　晴。

略檢書籍，備兒輩誦讀，亂世家居，不讀書何以自飭哉。

三月十六日　晴。

開始爲兒輩講書。

十八日　夜雷聲殷殷，雨如注，早晴。

續編《文字略》目錄成。

三月三十日　晴。

連日抄《文字略》，已得一卷又半。

爲兒輩講《論語》已十數篇，家居生活，如是而已。

前日，陳畏人先生同博泉來訪，謂近購得《王小史詩》，聞之甚喜，陳且允見借也。

四月二日　陰雨。

徐標從蛇峰回，說其地盜匪縱横。慕前攜妻孥至官渡，旋又遷往寶應，尚無信來，未知其詳情如何也。亂世烽烟未靖，無安居之地，果誰致然邪！

寄僧來談，光夏、天摩均已遇難。哀哉哀哉！

四月五日　舊曆三月朔，清明。晴。祭祖。

下午，瀓、祜從滬來，見之甚喜。小孩肥茁可愛。談在寶遇慕，謂已屬衷綽然往接眷矣。

四月十二日　晴。**連日風霾。**

留祜小住，每日抱孩作戲。是日，祜攜孩下鄉謁翁姑，下午入城，祜在家八口，歡樂無限，今日去，頓覺岑寂。

抄《文字略》卷三成。是書計凡九卷，今得三分之一矣。

四月十三日　晴。

從泉生處假得《古今治河圖說》一部，吳君勉所輯。君勉爲霞峰先生高足弟子，傳其治水之學。事變後，服務南京全國水利會。黃河自二十九年鄭州決口，迄今未渚。而冀、魯人士，既利其南灌，不惟不思渚塞，且將引之南行以禍蘇、皖。君勉是編，援古事以明利害，語重心長，有功國事民生不淺。君勉，余故交，近數年未克晤對，而成書盈尺，布在天下。余則荒嬉送日，毫無撰著，能不慚歟！

四月十五日　晴日滿窗，春服覺暖。

抄《文字略》三頁。

看《韞山堂集》，武進管世銘撰。乾隆末進士，官部曹，值軍機，前後二十餘年。詩十六卷，文八卷，雖非庸俗，亦無大意境。武進一邑，當清乾、嘉間，人才甚盛，皆有以自立。以文論，則不及子居、皋文。以學論，則不及亮吉、淵如。以詩論，更遠不及仲則。而在當時亦負盛名，蓋根柢雖立，惜官成後，累於公牘，遂無以進步邪？惜哉！聞此公時文尤有名，故詩、古文所造，僅止於斯邪？時文，余未見，亦不足論矣。

四月二十日　晴。

連日牙痛，侵及頭腦，兩弦劇痛，未克抄《文字略》。並日記亦停筆。

五月四日　連日雨，昨今晴。

抄《文字略》甚勤。

震按：此後又缺約四越月，不知遺失何處，惜哉！

居安日記

淮陰隨伯子

民國三十二年（一九四三）九月三十日

余自今春返里，家居七月餘。又應寶應中學之約，往教國文。本擬陰歷中秋後動身，以籌款未齊，因而耽閣，旋又連陰無船，直至今日。早起吃麵，即赴輪埠，購票者擁擠不堪，與震、滋各攜行李登舟。悶處艙中，目覩群傖爭攘之狀，心爲慨然。下午二時到寶。河水溢隄，濘泥滿足。檢查者挾勢凌人，尤覺可厭。雇車拉衣物到慕寓，屋少人多，與高君同榻。

十月二日　晴。

晚偕震住喬祠，與通甫聯牀敘舊，感慨唏噓。生當亂世，萍蓬漂泊，家人得安隱，實爲大幸，其他尚何求哉！

十月五日　晴。

余每到一地，輒喜讀其圖志。頃見房東案頭有志書殘帙，因繙閱一過。

下午與高君同遊，至文廟前五洋店小坐。此間洋貨皆由官配給，定價低廉，商家得之，輒轉售諸小販，索價倍蓰，獲利既厚，人爭趨之。舊店惡其分利也，百端阻撓，新開者迄今尚未得配貨，群情憤激，爭之愈力，各出其勢無所不至，深可嘆詫。

彭君武揚得一石印，與其尊人之名字相合，因取爲堂名，徵人題詠。喪亂之際，可謂好事矣。

十月六日

寶應本名平安，亦名安宜。今展轉寓此，故以「居安」爲日記之名，後有所作，更將以此爲集名，亦示不敢忘危之意也。

十月七日　陰曆重九，晴。

作春暉堂印歌一首、又七律一首

塡黃凍石安得之，瑩然玉質凝寒姿。雕鐫爭識出誰手，鉤銀畫鐵蟠蛟螭。

豈徒鎭案供清翫，肯堂肯構志不移。彭矦草檄墨磨盾，幾度江淮路紆軫。

世溯湏洞發偉文，懸知含毫抱憂閔。坐對舊物念劬勞，仰視高秋集鷹隼。

賤子迂疏守縑素，飆風送我湖濱住。寥廓況滋風木悲，眼枯敢作登高賦。

文章猶壯身已衰，金石長新世非故。感君徵詞拊石堅，城上秋雲幕孤戍。

大筆雄文露布工，偶收小印燿雙瞳。杼機恩感三春厚，裘冶心傳兩字同。

石不能言誰舊主，世方多難有賓鴻。異時贛上堂廡啓，幾卷新詩當採風。

十月八日　晴。

余寄居喬祠，食宿往返深覺不便，遂商之慕寓房主，匀讓一間，以爲置榻地。本係亭榭，頗爲軒敞，門對花圃，滿植牡丹。主人謂七、八十年矣，開時數百餘朶，燦爛盈目，今非其時，枯枝敗葉，蛛網覆顚，盛時富貴安在耶？爲之喟然！

十月十日　晴。

午在喬翁家來鶴樓飲宴。翁乃石林侍讀嫡裔，樓其先世之遺蹟也。相傳石林生日有鶴來集，因以名其樓云。

前從陳畏人處借得吾邑《龔庭椿詩稿》一册，詩雖不佳，以其鄉里文獻，擬錄存之。會來安宜，促促未完，今以震兒歸里，遂幷日抄成，字跡殊草率，亦不復計。而取原本使齎歸還之。

十月十二日　晴。

看《盱眙縣志》稿，光緒時王蘭生所修，頗雅贍有法。分纂有高延第、徐嘉、李鍾駿、陳玉澍、段朝端，皆一時作手。湖壖僻邑，爲之增色不少。

夏間家居，從陳畏人處借抄王小史先生詩稿，中有與盱眙人倡和之作。茲檢人物中有龔震，字詠耕，一字峙崖，號蔚林，有「春從遊子吟中度，身在慈親夢裡行。」之句。其他傳作甚多，與山陽吳進、清河王永熙唱和云云。因錄於此，異日當注諸《小史詩稿》中也。

十月十三日　晴。

看《盱眙縣志》。盱眙，傍山濱淮，爲古來南北咽喉，凡幽、燕、梁、汴與東南吳、楚之交通，莫不取道於此，尤以宋代爲盛。及宋南渡，與金人以淮水爲界，其時，盱眙更爲重鎮。歲時，使節往來，皆於此迎送。且淮甸千里，莽莽平原，至此始見山巒，故米芾題爲「淮南第一山」。騷人詠歌，遷客題名，盈篇累牘，亦云盛矣。園林雅構，甲於天下。其後，富陵諸湖，匯爲洪澤，波濤壯闊，鬱爲大觀。文采風流，人才輩出，著述之錄於清人《四庫》者，凡數十家，若施匪莪、戚綬耳、李蒼存、王蔭槐、王效成、傅梧生尤其表表者已。其後，河流遷變，運道東徙，此地不復爲舟車所經過，湖山如舊，人事已非。於是，盱眙一地，遂變爲窮鄉僻壤，不能掛於士大夫之口，輕薄小生，至有不知此名者。不有志書爲之表彰，誰復知此古來之名邑耶？此志書之功，而有心者所不可不措之意者也。

下午，介眉來談其藏書被炸，頗爲惋惜，尤以外祖燕賓公著作竟付灰滅矣！公所著有詩、有文、有制義、有經、史、雜著。八十歲時，手寫清稿十二册，其後十餘年中續增二册，宗琪四舅曾錄副，攜至北京，擬付刊刻。旋燬於庚子之亂，今手稿又失，遂成廣陵散矣！吾縣文獻凋落，固由作者無多，然亦以頻遭兵燹，因而燔燬耳。不亦惜哉！

十月十四日　陰。

吾鄉有大盜魏三者，黨衆數千人，縱横淮南北亙十年，受其害者不可勝數。祥有同學某女生，言其家本素封。一夕，爲魏所掠，屋舍蕩然，母及弟並爲虜，時母方孕，盜惡其累，擊死之，弟亦病卒。女時七、八歲，爲魏所喜，認爲女。展轉兵間，爲官兵所蹙，欲棄之而不忍，乃釋一被掠者使護女送還其家。父驚痼卒，孤苦零仃，亦可閔矣。原魏之所以能如此猖獗者，則其時某公方主開擴大會議，反抗政府，召此類爲爪牙，使四出騷擾。既有名義，更不可制，是匪患之盛，皆養之者之過也。倘當局秉剿滅之決心，則雖有十魏三，亦不能立足。試觀王某爲專員時，其明效也。乃事變而後，吾鄉朱某昌言游擊，亦復假魏以放勢，且認魏爲徒，若洪幫流氓之所爲者，終已無成，轉貽地方之大患，朱某之肉，豈足食乎！頃聞人言，魏已爲新老四所誘殺，殊快人意也。

十月十六日　晴。

看吳增祺選之《舊小說》，聊以破悶，前人撰小說，必雜有鬼神、因果之事，意謂不如是，不足以昭勸懲。此類最爲可厭，雖以紀曉嵐之博雅，所撰筆記亦不免此累。世人無識，不能明辨其妄，多爲所眩惑，其害甚大。余嘗欲刪存其思想之不悖於理，絕無迷信意味者，錄爲一帙，庶不致眩惑觀者之志。則舊小說雖多，恐合於此亦罕矣！以此徵前人思想之謬妄不清，而世人猶多稱之，何也？

十月十八日　晴。

看《養一齋詩》。輒加評點，余向讀前人詩，每喜加墨，塵汙佳作，亦是一癖，終不能戒。惟有深藏其書，免爲人笑其妄耳。

十月二十九日　陰曆十月朔。**晴**。

寶應流寓極多，覓屋至不易。昨戚、洪兩生從淮陰來，無地食宿，求學之苦如此！今日下午，震從家來，攜帶棉衣等物，費去百數十元，行旅之苦如此。吾家生際斯世，尚能幸得支持，子弟亦未失學，豈可自暴棄哉！

十月三十日　晴。

同事王君亦然以所刻印稿屬題，卷首有彭武揚詩一首，因借其韻，燈下得五古十六句。此類應酬之作，本不欲存，然際此亂世，尚有此寄心風雅之人，且所刻頗有古璽漢印風味，斯亦不可多得。因錄諸日記，聊存此一番因緣也。

王子英敏人，貌古類奇石。結廬江淮間，詩書敦世澤。辨體遵六書，浙皖同一律。游刃恢有餘，落紙見深刻。俗工逞姿妍，病乃中肓膈。君摹古璽章，硅磔單刀入。萃聚孰前因，我耄倦游客。欣玩此一編，欲忘烽千尺。

十一月三日　晴。

看雜誌《大衆》，有胡樸安《莊子章義》。自序略謂：「《消搖遊》爲述自然之功用。《齊物論》述人我是非一致。《養生主》述死生觀念。《人間世》述入世方法。《德充符》述精神脩養。《大宗師》述理想之人格。《應帝王》述無爲而治。」七篇連貫。以爲「其義平易，其詞整齊者也。」余未覩全書，然其宗旨亦略可知矣。前人每疑《老》、《莊》等文字幽深，不敢以平易之理爲說，輒多方附會，益之以怪，愈令人不解所謂。雖以《墨經》之質實，猶復演爲虛誕，殊可笑哂甚矣！世人之好怪也。余前解《墨辯》，皆說爲淺顯之理，某君評爲「不過爾爾」。然則，詭誕恢廣，乃足以眩人耶？余注《周易》，亦以人事爲說，一掃向來消息、升降、支離之說。而胡君亦嘗以古史解《易》，與余同趣，惜余亦未見之耳。

十一月五日　晴。

舊曆十月八日，余五十生日。二十在鄂，三十在浦，四十在揚，五十乃在寶應，人生蹤跡固不可自料也。

擬賦詩述懷，得三首。意猶未盡，左牙忽作痛，不可忍耐，遂閣筆

年過知命更何求，傲骨銷磨王粲樓。偃蹇槿籬秋氣勁，飄蕭蓬髮墜簪羞。
河山破碎庸能整，雲水空明此暫留。幸託頑民歸物外，敢辭辛苦稻粱謀。
蒿目湖光黯四陲，浩歌天地滿旌麾。故園寂寞秋風遠，行客崎嶇蜀道危。
時見千山飛木葉，翻因五斗折腰支。黃花紫蟹頹然醉，那及忘機坐釣師。
墐戶潛脩三十年，無聞久已愧時賢。有誰青眼矜孤學，無恙黃花媚獨妍。
憂患讀繇通遠史，殷勤注墨異名詮。當薪覆瓿終何益，結習猶存老愈虔。

十一月九日　晴。

看宣茂公注《莊子》，專從文法上立說，似不脫明人習氣。然其貫通大義處，亦時有可取，不可盡疑其陋也。

十一月十日　晴。

連日牙痛未退，經牙醫吳君診治，今謂炎未消盡，尚未能逕治神經，因換洗一次，餘痛隱然，未知何日方可脫然，思之悶損。

發書包，得陳柱所撰《周易通說》，殊淺率，無甚心得，不知商務主人何以任其出版也。

下午，郁君文偕一芮君來，願從余講文，詞意諄諄，未便堅拒。當此離亂之餘，世不悅學，乃有此二士，不可謂非迂也。

十一月十三日　晴。

牙痛轉甚，決拔去之。上午，攜震兒赴醫家，爲注痲藥，鉗去病齒，聲硜硜然，心爲震悸，復以布浸止血藥，塞其空處，餘痛不已。下午，愈痛，遂解衣臥，展轉不得入寐，服鎮定藥片，痛稍止，小眠半時，頭目覺爽，乃起。雖尚有痛，勢已不似向者之甚矣！

十一月十四日　陰。

居晴白借郭紹虞編《論文》小册，中有《文筆辯》，歷舉衆例，終乏確界。六朝、唐、宋人所用，概皆含混不清。因悟古今學術，齦齦爭辯之問題，類皆用名同異之爭耳，苟知其意，何爭之有！

十一月十六日　晴。

下午，居、郁兩君來，承借《制言》十數册及《寶應新志》，又可消磨數日矣！

晚，門齒自落。先是余門齒已脫落兩隻，一齒中懸，左右無夾輔，久失咀嚼之用，搖搖然作痛，食時深感其障硋。至是落去，爲之一快。

十一月十七日　陰。

看《制言》。中有沈瓞民君《周易臆說訓詁》，有本足資參證。

十一月二十四日　晴。

下午，爲郁、芮兩君講《莊子・逍遙遊》（滋按：已載本叢書之四《莊子詁義》，文長不錄。）。

十一月二十六日　晴。

祝居晴白母七十壽聯

松醪介壽秋容健。蘭玉承歡晚景優。

又代朱子山撰聯挽其族叔

卹災濟困功在汾鄉，淮海多年宏教化。山頹木壞世傳素業，考亭遺澤振宗風。

十一月二十七日　舊曆十一月朔，晴。

爲郁、芮兩君講《齊物論》（滋按：同前不錄）。

十一月二十八日　夜半即雨，至晨不息。

看《養生主》（滋按：同前不錄）。前日爲蘇北學生講此文，未能透切。茲多讀數過，精義愈出。前人謂「研《經》者不須讀注疏，徒亂人意，只須玩索白文，精熟而後，自然明白。」今在此講莊子，僅有《王益吾集解》一種，別無參考。而讀之既久，豁然貫通，較之昔日參證多書者，反有進步。前人之說，不吾欺也。然此亦指訓詁、哲理稍有根柢者，乃克收效，初學爲之，徒增虛憍，愈益茫昧而已。

十一月二十九日　陰曇。

昨晚讀《人間世》（滋按：不錄），似有會心，乘興爲撰提要，未及半，忽來一傖，坐談誤事，遂未能成，今早續作，已非復昨晚之思緒矣。

下午，講《齊物論》，又得餘義數條（滋按：不錄）。

看《莊子·德充符》（滋按：不錄）。

十二月一日　晴。

講《人間世》又得數條（滋按：不錄）。

十二月二日　曇。

看《大宗師》（滋按：不錄）。

十二月四日　晴冷

看《應帝王》（滋按：不錄）。

十二月七日　晴。

看《歷史語言研究所集刊》第六本第四分，傅斯年討論《齊物論》爲誰所作一文。余正講《莊子》，見此甚感興味，亟讀一過。其意謂，此文非莊子作，乃漢、魏間人，誤以愼到所作羼入者。其證據：

（一）《內篇》餘文，無以論爲目者，而史稱愼到著《十二論》以齊萬物爲首（見《天下篇》）。

（二）《天下篇》稱愼到決然無主萬物皆有所可有所不可，古之道人至於莫之是莫之非而已矣。今《齊物論》頗有類似之語。

（三）《呂覽・不二篇》謂，陳駢貴齊（傅又別舉《荀子・非十二子篇、天論篇》有後無先，則群衆無門語頗難解。傅釋之曰「愼子不能探本追源以定是非，乃雜然並陳，以爲萬物皆可皆不可。群衆對此猶治絲而棼之，何所適從？」）。陳駢即田駢在《天下篇》中與愼到並舉者。

按：此三證，殊不足以證《齊物論》爲愼到作。似傅君對於《莊子》之《齊物論》所含要義，未能深究。蓋愼到之見，乃謂齊生死等古今（見《呂覽・高注》）是誠泯然齊物，置世事於不聞不問，誠與枯木槁株無異矣。故莊子譏之爲至於若無知之物而已，非生人之道而至死人之理，適得怪焉。而《莊子・齊物論》實與此迥異。其研究之初步，雖以齊生死等古今爲下手工夫，然莊子固不以此爲止境也。是非生死皆相對之說，而宇宙自有一無對之道在，名曰「無偶之道樞」。苟能得此無偶之道樞，以照世間生死是非之說，必有豁然貫通道術大明之一境。故曰「莫若以明」。莊子特舉「明」字以見道樞之作用，豈眞決然無主而已哉！且此無偶道樞，並非若堅白詭辯家所舉，不可理解之玄說也。莊子以此道樞，亦不過庸常之理而已，故曰「爲是而寓諸庸」。庸也者，用也。用也者，通也。（不曰主於庸，而曰寓諸庸者，見此庸亦應遣也。然遣除法執與不明法者，蓋有異矣。）其平易切實如此。而傅君乃舉以與愼道相亂。惜哉！

且《天下篇》中所舉愼到學術頗詳盡，其與《齊物論》同者，不過前舉數語，遂謂兩說相同，何其讀書之不細心歟！且愼到齊生死（見《呂覽·高注》），而莊子對於生死之觀念，見於《齊物論》者，謂「方生方死，方死方生。」乃生機流轉物質不滅之義。其詳更見《養生主》，豈以死為極致哉！

古之學者，樹義相似而實不同者，多矣。若墨家「兼愛」，儒家亦嘗謂「汎愛衆」，佛家「空諸所有」與「聲聞外道」，所差異亦有限。豈可遂謂其同哉？摘一毫於馬體烏在其有異邪？至於別家異說羼入書中，事所可有。若僞列子全收楊朱篇於卷中，約伯記捃入舊約，皆其例也。特不可以語於此篇耳！

苟謂齊物爲愼到篇名，莊子不應襲用。則養生固老子之說，而後世方士尤盛傳之，莊子固不囿於老子者，然亦不妨以養生主名篇也。傅謂「今謂《內》、《外》、《雜》之編訂，亦非莊子原本，蓋出於向郭所刪定。」然《陸氏經典釋文》謂其內篇衆家並同，則在魏晉時以七篇爲莊子所著，固世所公認。雖郭象對於考訂似非所長（此亦傅意，無他別證。），而思致玄邈固傳所承認，以思致玄邈之人，乃不別莊、愼立說之異，亦何以稱思致玄邈邪？

《齊物論》之要旨，固在道樞明物。而傅乃僅舉《郭注》數語（夫自是而非彼美已，而惡人物莫不皆然，故是非雖異，而彼我均也。），以爲頗得要旨。此正莊子下手工夫，非爲了義，則不別莊、愼，固不足怪矣。（傅君引「是若果是也，則是之，異乎不是也。」亦無辨。「然若果然也，則然之，異於不然也。」亦無辨。莊子明謂「是與不是，然與不然。」有異無辨者，謂不成問題，無待討論也。傅君疑無辨為無別，則《莊子》本文中兩「異」字，不大自矛盾乎？）

前人對於舊籍一味盲從，不知致疑，固是害事。今人勇於疑古，輕於立言，其害維鈞。

看《周易解題及其讀法》，錢基博著。中多常談，不論，論其異者。《周易》作者，前人多異說。錢君以為：東漢以前，儒者皆言伏羲畫卦，文王重卦，孔子繫詞，所繫之詞，即指卦、爻詞。今之繫詞，屢稱「子曰」，乃弟子所作。所據者，為《史記・自序》「伏羲至純厚，作易八卦。」。《日者列傳》「伏羲作八卦，文王演三百八十四爻。」。《周本紀》「西伯益易之八卦為六十四卦。」。《孔子世家》「孔子晚而喜《易・序、彖、繫、象、說卦、文言》。」。又「今本繫詞中累言繫詞焉」云云。明是指卦爻詞為繫詞，否則，孔子不應屢自稱其所自著之書，其說甚辨。然有一事不可通者，據錢氏說，是在孔子之前僅有六十四卦，三百餘爻而已，別無文字。而《左傳》所載諸繇詞，誰所作邪？余以爲卦爻詞非惟不出伏羲、文王之手，亦不出諸孔子。殆自古相傳之詞，其出諸太卜、史、祝諸人邪？孔子以其可以明道，玩索有得，以授弟子，當時未必著之竹帛。孔子既歿，弟子記之，故累稱「子曰」也。似此可以一空蔀障耳。錢氏之意，似亦不甚贊成象數之說。而又舉惠、張、焦諸書，毋亦遺之不盡邪？

十二月二十一日　晴暖。

前為郁君等講《莊子·內篇》既竟，嘗編其《章旨》，今為撰序（滋按：已載本叢書之四《莊子詁義·自序》，不録）。撰序未竟，遂不復賡作。別題一律

棲遲斗室讀南華，兵氣崚嶒照海涯。敢詑微言空向郭，誰輕器世閔蟲沙。

孤城寒意侵衣袂，促座溫談點荈茶。自笑名詮等蛇足，漆園義命別儒家。

十二月二十六日　晴。

續爲《莊子·外篇》作《章旨》，成《駢拇》、《馬蹄》兩篇。前人謂《外》、《雜》各篇多非莊子所作，今觀其文義，信然。然其中亦頗有精切之語閒廁其中，固未可一概刪棄之也。今分別辨正，而存其善者，庶爲讀《莊》者之一助。

十二月二十七日　舊曆十二月朔，晴。

《制言》中有《黃侃詠懷詩補注》。余前在宋村，讀曹、阮、陶、謝諸家詩，輒爲評點，《曹詩》已有清本，會事變流離，餘家皆未及寫定。今覩《黃注》，觸余宿好，因以一日力錄存之，以爲異日注阮之參考也。

十二月三十日　晨起小雨，地濕如膏，滑不留足，旋晴。

射陽故城懷古

射陽富湖澤，煙水涵空濛。扁舟昔過此，促促無留蹤。臧洪天下士，報主申赤忠。餘烈澌欲盡，葦苕鬱寒風。生才意有數，今古量不同。我今居安宜，周旋困蠛蠓。念亂思前哲，不見嬰城功。婑婑孔璋輩，遨遊兩帝中。落日射寥廓，極目東飛鴻。

十二月三十一日　**早晴晚陰。**

繙看《制言》，多有可錄者。沈瓞民之《卦變釋例》、章太炎之《周易易解序》。沈作《辨本義之誤》，章作《明後天方位之理》，均甚可觀。別有《李審言詩》、《吳瞿安詞》各數十首。李、吳在近人中極負時名，今觀其作，果非浪得名者。李爲興化人，嘗居秦南倉，朋遊中多其弟子，余未識其人。前數年死，遺書未刊，此詩乃其幼子某錄出者。吳爲蘇州人，教授南、北，著籍門下者更多，平生矜重，其作不肯示人，亦不肯刊行，此則錄示其弟子龍某者。二集皆經精選，故皆耐讀，因迻寫別册，備諷詠焉。

民國三十三年（一九四四）一月五日　晴。

看呂思勉《經子解題》，時有新義，亦多敷衍成篇者。論《易》則依違理、數之間。論《莊子》於《內七篇》未能發明其精義，轉稱《天地篇》為極精要，余所不解也（按：《天地篇》中。僅「泰初有无无」一段，似是古代之宇宙論，然亦常談，不見特點。餘論政之語耳，不知呂君何以認為「極要」？）。又，解《養生主》，以「指窮於」為斷句。謂「指」之義為方向，言「方向迷於變化」。不知「窮」字與「傳」字相對，言「薪雖窮，而火則傳，以證生命之相續耳。」。若作「方向」解，與上下文皆無關合。呂君此類，皆未深求而近穿鑿。

一月八日　雪。今冬多晴。至是初雪，氣候驟寒。

昔讀詩，予忖度之「忖」作庚韻。昨晤成君，謂應讀虞韻，頗笑其誤。今檢《說文》，心部無「忖」字，大徐列在新附，其非本字可知。心部有「怤」字，思也，从心，付聲。則「忖」必為「怤」字譌省，成君之言是也。可見平日讀書之疏忽矣！

潘郎結婚，為子山撰聯賀之

擲果才華譽流上國。辨琴淑質春滿瑤窗。

漢射陽石門畫像，本在射陽故城，土人呼為伯夷叔齊墓，此殆因畫像中有夷齊事，遂誤呼之耳。今存老子問禮圖一石，汪容甫取歸江都，其子喜孫又返之寶應，置畫川書院振秀堂百餘年矣。余來寶應，欲訪其石，僉云，已毀，或又謂歸海上，遂不可得見。

為賦五古一首，以誌其事

江淮地沮洳，往蹟百無一。射陽漢名區，石闕有遺勒。詔世立典模，問禮相拱揖。賢聖悲閔懷，皇皇如不及。名託夷與齊，圖此尤超特。中夜負之趣，通人一痼癖。幹蠱得賢郎，賫返邯鄲璧。墨本我舊藏，每思勘原石。何爲淪擅腥，翹首一水隔。球琳兼寶書，捆載隨海舶。搜剔窮縷絲，況此兩京刻。翻恨還石非，坐令舊物失。不如娑羅碑，化去歸龍室。

一月九日　晴。有風，頗冷。

或詢趵突泉之「趵」字音義者。按：集韻，「趵」有二音，一音豹，跳躍也。一音剝，擊也。皆與泉義不切，此應作「汋」。《爾雅》「井一有水，一無水，爲瀱汋。」《疏言》「井或一時有水，一時無水。」又，《說文》「汋，激水也。」此與泉義最近。趵泉間時噴涌，尤與瀱汋義合。汋讀杓、酌二音，與趵音亦近轉，則「趵」爲「汋」之譌，審已。

一月十五日　晴。

早起赴輪埠，承胡君送上船。夜半到家，家人皆睡矣。

一月十七日　晴曇。

檢出家中所藏《莊子》數十種，以備瀏覽。《郭注成疏》得其大意。宣、陸二家多明文法。章、奚等後起訓詁又出《郭氏集釋》之外。近人討論哲學，亦多補苴，足備參考。前在寶應，爲郁君等講解，惜乏書籍，茲當彙取各家，得其大通也。

一月二十日　陰曇。

訪陳畏人。畏人在淮又購得《王小史詩》二册，頗有前集所不載者。又以抄本《符山堂集》見假，陳翁誠雅人，深致謝意，亂世所不易得也。晚賦五古一首。

一月二十一日　陰雨。

補抄《符山堂集》闕頁，然陳抄本頗多刪節，七絕原目二十五首，抄本止十六首，似抄本所據爲別一刻本，與余所藏者不同。本思抄成重爲裝池，今既不全，遂暫置不復訂。又爲陳校出誤字不少，簽帖其上，更撰一跋，頗思賦詩紀之，未能成也。

一月二十二日　陰雨。

抄王小史《綠蔭堂詩》。晚撰長律，題陳畏人抄本卷首。

一月二十三日　陰。

泉生為余補作生日，口占一絕謝之

竹馬嬉遊今鬢霜，近年坎壈各佯狂。歸來猶得同樽俎，更喜欃槍漸斂芒。

一月二十五日　陰。

是日爲甲申元旦，早起祭祖賀年，一如往例，雖處亂世，未能免俗。兒輩往外家賀禱。乃知洋、津兄弟均爲某方捉去，事出意外，驚駭不怡。少頃，往晤泉生，相對無語可慰，亂世禍福，如是如是！每年元旦，皆賦詩試筆，雖流離不廢，今年心緒惡劣，詩竟不成。

一月二十六日　陰。

看章太炎《齊物論釋》。有兩本，重訂本徵引較詳，大體以唯識比傳。莊、佛兩家，本末必同，而經太炎訓故，文詞之工眇，遂能融貫如一，發人神志不少。

一月二十八日　陰。

津釋而洋仍未出，聞之悶悶。

一月二十九日　陰。

陳畏人以《許棨臣詩》及《日記》見示，謝天然以《孫嘯峰詩》見示。朋輩知余喜搜求鄉里文獻，皆以此類書見告。歐公謂「物嘗聚於所好」，信然也。《許日記》十餘頁，皆辛亥光復時事，聞、唐、二張等迎立蔣雁行爲都督，清吏楊慕時權任民政長，鹽官袁蘭生籌餉，睢寧人陳興雲、馬頭人李文藻之被誅，所記雖不甚詳，亦可得其大綱。《詩》多應酬之作，惟和中島雄七古一首，略見胸襟，亦可存當時一故事。詩錄別册。

《孫詩》清靈有餘，學養不足，錄數首以存其人。徐庶丈嘗欲輯《淮陰詩徵》久之未成，亦余輩後死責也。

二月一日

昨夜半，忽有叩門聲甚厲，家人皆驚起，不敢答。旋往叩鄰家，久之而去，後知爲請產科者。《曲禮記》「登城不指，城上不呼。」，恐驚人也。當此亂世，苻萑不靖，豈可於深夜妄叩人門哉？亦可謂無知之甚矣！

二月二日　雪不止。

數年來，無此大雪，麥苗得之，可兆豐稔。天之待人，可謂仁厚，而人心積惡不竣，不亦大孤天意哉！

二月七日　晴冷。

洋得釋，聞者莫不喜悅。

看《莊子》。家中所藏，有郭慶藩《莊子集釋》、王先謙《莊子集解》、陸西星《南華副墨》、馬敘倫《天下篇義證》、方人傑《莊子讀本》、釋德清《莊子內篇注》、王闓運《莊子注》、陳繼儒《莊子雋》、章炳麟《莊子解故》、《齊物論釋》、奚侗《莊子補注》凡十一種。而以《郭象注本》爲主，各家所注，或詳於訓詁、或明於大義，皆有可取，會當彙諸一編，得一定本也。

二月九日　晴。

下午，問建炎病。談詩甚暢，亂離得此，亦是一快。

二月十日　晴。

撰《莊子・外雜篇章旨》成（滋按：此書已於一九九二年在台灣刊出，是爲本叢書之六《藷硯齋襍箸兩種・莊子章旨及音》。）。

二月十一日　晴。

偶看《天主教教義》小册，似有意思，因屬滋兒從神父處借其文義稍精深者，遂取一書來，名《理窟》，作者李問漁，江西人。詞頗華贍，然於基督教理，亦未能多發揮，豈本無甚深處邪？

二月十七日　晴。

寄儕、博泉持須公信來，錄示沈母吳夫人遺詩。余近來作本邑藝文考，朋輩多以詩文見告者，可感也。須公信中又謂，林一告彼，侃如已作古矣。聞之感嘆，心中作惡。侃如爲人，孤高緼藉，究心古學，而世無識者，鬱鬱無所遇合，客死滬上，哀哉哀哉！

二月二十二日　晴。

昨由浦抵寶。整理寓齋書物。

讀《南華經解》。宣茂公以讀文之法注《莊》，世之學人，或以爲識。然宣謂「聖賢經篇，雖以意義爲重，然未有文理不能曉暢，而意義得明者。」此語卻是切實，亦尤漢學之先求訓詁者耳。故讀古書，第一明訓詁，次求文理，然後意義方可得而言，不然，總不免矇矓一世耳。今人多好談《莊子》哲學，連篇累牘，信口雌黃，其實於字義文理嘗未懂也。

二十四日　晴。

看錢基博、葉國慶所著《莊子類書》。時有新意，卻不甚深，近人著作大概如此，且多持懷疑態度者，皆未足信也。

二月二十六日　晴。

看朱桂曜《莊子內篇證補》，頗有新義，足補前人之未備者，因錄登簡端。《蔡孑民序》，稱其好學，早死。惜哉！

三月四日　晴。

訪郁齋，借得《食舊德齋集》來，讀一過。寶應劉嶽雲撰，凡二卷，上卷說經明算，多考據之作，下卷論政、論戰，多致用之作。卓然可傳，非虛詞聲帨比也。前從《縣志》見《劉傳》，未之奇也，今覩遺著，乃灑然異之。人之述作，豈可不刊布與人以共見，不然，有不令人疑其爲空張虛目邪！

三月五日

半夜，風聲大吼。晨起，飛沙滿空，映窗作深黃色。目不得張，鼻不得息，數年來未有之災異也。

彭武揚以所新購《邊頤公蘆雁》屬題。頤公原有絕句一首云：「秋風白雁下黃蘆，要作無人看處圖。廿載江湖邊塞客，於今衰鬢息菰蒲。」詩甚佳，畫非上品。

因依韻和之，兼送武揚移屯徐州

影落霜天傍短蘆，詩人寂寞寫秋圖。江南烟水遵千里，有日重來問渚蒲。

晚熙如等來問《說文》。

三月七日 晴。有風，頗冷。

看《維摩詰經》。《維摩示疾》、《天女散華》、《衆香說法》，皆見此經。而《衆香一品》，文尤華贍。惜佛語多難解者，未能明其義也。

三月八日　晴。

下午在郁君家講《莊子》甫畢，鮑翁植之來。須髮蒼然，大聲談文，雖無精語，亦利初學。繼而談鬼，歷舉所親歷以爲證。植翁之祖，花潭先生，皖人，督學江蘇，遂寄居寶應，可謂舊家。翁初從事商會，旋舉省議員，本不以學術鳴也。

三月十二日　陰。氣候極冷，甚於冬季。

駐師將開，四出拉夫，行人裹足。

三月十四日　陰冷。

寓廬中牡丹一叢，主人謂九十餘年矣。去秋來時，枯枝敗葉，狼狽可憐。頃已發芽，生氣盎然，日夕對之，彌增感喟。

三月十六日　晴。

看南京中大所編之雜誌，有周作人《論中國思想》，謂：儒家「仁」字即做人之道理，而以忠恕爲其下手入門之工夫。此其美點，惟最低在能維持其事畜之所需，倘並此失之，又將軼而爲大亂之源。說雖平庸，尚覺切實。

三月二十一日　晴。

早起喉痛，講兩課，痛遂劇，下午未赴郁君講書之約。旋郁君偕芮君來視余，芮君以《寶應新志》一部見贈。

三月二十三日　晴。

看《寶應新志》。以《道光志》校之，頗有增損處，以新志爲勝。偶有可補其缺佚者，錄之眉端。末有《推行新政》一卷，亦可見縣政大綱，惟與縣志體例不類耳。人孰不好名，能如此存心，亦愈於醜不知恥者。

三月二十九日　晴。

久欲註《莊》，未能著手，乃今命筆，名之曰《詁義》。

四月五日　晴。

自一日放春假，在家寫《莊詁》，遂畢一卷。夜半，房東家小孩殤，哭聲振耳欲聾。余方註《養生主》，秦佚論「安時處順」之說，爲之爽然。

四月十四日　晴。

續寫《莊詁》。

從熙如處借得《喬萊易俟》來，以史證《易》，近於干寶，其述義託象，多合事理，《易》類書中之通達者也。雖未必即得《易》之眞，然較他家之支離坿會者勝之遠矣。近人多稱道張惠言、焦理堂，亦徒震於其大名耳。實則升降、旁通、緻繞之詞，其誣誕與京房不遠，抑彼崇此，何其不知類也。吾鄉蘇蒿坪先生《通義》頗善，惜其對於卦象猶未埽除盡淨耳。寶應朱止泉以理學說《易》，著有《易旨》，聞亦有可觀處，與《易俟》並有名，會亦當求而讀之也。

四月十六日　晴。

爲熙如等講《莊子》已了，接講易經。易本不可講，而熙如諄諄相請，難卻其意，因爲之約略敷陳大意而已，不能深得其微旨也。

四月二十七日

連日晴和，牡丹盛放，遊人麕至，輒闌入寓齋，擾我注《莊》之興。下午，秦湘漁偕鮑翁植之、劉翁皖生來看花。鮑翁善藝，花尤善長，談聲如洪鐘。旋約往其姪園中看花，有黃、白、大紅、淡紫諸色，其品質高於芮宅甚遠。晚，燈下賦七古一首，以紀其事，半夜就枕，竟不入寐。

四月二十九日　晴。

絕早即起，送建炎、增良及震兒上船。震兒自幼皆攜在身邊，未嘗久離，此次遠征，未知何日方克歸里，臨別悵然不怡。

茲作一詩送建炎

竭來千里似觀風，風有華夷感異同。冬暖蘭言消九九，春新愁雨思忡忡。陟岡更展霜蹄騎，負笈隨飛比翼鴻。顧我衰遲無健翮，重將負託累濂公。（此次成嵐以病未能同行，比翼句不合矣，故不復寫示云。）

五月一日　晴。

熙如招中飯，坐有秦湘漁、王闓山、鮑植之、劉皖生諸老。闓老壽八十餘，豪飲健啖，詼調百出，闔座笑聲不絕。

五月五日　晴。

牙痛腮腫，不可咀嚼，遂曠課，在寓注《莊》。

五月十二日　晴。

牙腫稍消，尚未復原。

或傳潁、許間有戰事，震兒多日無信，甚念之。

五月二十二日　舊曆閏四月朔。

蔭老送手卷來，為題一絕，應酬之作，集中不存，姑録於此

湖靜雲飛畫角鳴，春風流水送君行。岸上忽聞歌古調，旌麾北去意縱衡。

五月二十六日　晴。

震兒走後，久未有信，甚焦慮。今來一信，係五月二日從蚌埠寄者，經今已二十餘日，當早已到潁上。在蚌遇王三太爺，想是叔相邪？未知何事北上，不日回浦，當面詢之。多日焦灼，爲之稍釋。

六月三十日　晴。

連日注《莊》，遂成大半。尚有《天下篇》未成，預計四、五日當畢矣。自覺詞義間遂無疑滯，爲之快然。

六月三日　陰。

講《易》畢，改講《墨經》。

《莊詁》成（震按：已於一九九八年以本《蘦硯齋叢書》之十《莊子詁義全稿》在台刊出。）。

六月十六日　晴。**亢熱**。

看《中國文字概要》。齊珮瑢著，國立華北編譯館印行。敘錄周詳，斷制有識，初學讀之極有益。分辨《六書》不爲許說所囿，而又不陷於新奇，是其長也。亦有過信甲文處，要不失爲近人一佳書。著者名字不爲人所知，而有著作才如此，知世人有學而不表襮者多矣。十室之邑必有忠信，然哉然哉。

六月十七日　晴。

秦南野屬寫齋榜曰「潛窠」，謂有慕於淵明也。

六月二十三日 晴。

校課已畢。早起到碼頭，購票上船，熙如、和師兩君來送。船甚狹無艙位，席坐舷邊，尚覺舒適。午過涇河，小雨，張傘局蹐，旋雨大如注，衣履盡濕，群避入艙底，悶氣不申，板縫漏水不已。髮上點滴，沿須霑頰，霑體如浴，非復人境。過平橋，或傳前有匪警，獨臂吳公時亦乘此船，即率其部二十餘人上岸迎剿，船則緩行隨之，匪退去。四時到淮城，雨又大注。又三時到浦，雨轉小如沐脈，即提包袱回家。是行僅攜祥返，滋兒留寶。家人已將夕餐，閒話怡適。知蕭增良已有數信來家，前在太和，承于秀峰介紹，爲省府服務，稍資衣食。而震兒竟無一信來，令人懸盼，亦其不知世故之一端。

六月二十四日 雨。終日蟄居斗室。

看《文字略》舊稿，稍稍刪訂之。

六月三十日　陰。

看《國故論衡》，取《制言》所載《沈國延校語》轉錄眉端，偶有所見，亦附筆焉。太炎此書，精論固多，亦時有偏宕者，學者宜知分別。

七月一日　晴。有風，稍和。

早入城訪史翁鑑廷，翁出聯屬書。

七月三日　晴。早起頗涼，禦夾衣。

繙《峭帆樓叢書》。皆崑山人遺著，小品也。中有《明懿安皇后外傳》，彭紀筠撰，文甚繁冗。首段記選嬪經過，全倣祕辛，似非實也。抑或明代事例如此，而楊愼庵遂以之坿會漢事耶？疑不能明也。

七月八日　晴熱。

續看《哲學史》。西人所論諸問題，與中土之關係頗少，故看之終覺隔漠也。

七月九日　晴熱，烈日如灼。

看《西洋哲學史》。多難了解，緣其說本玄深，且其譯筆支絀，不能達意之故邪？

七月十一日　晴熱。頭目為昏。

檢舊藏得《東方》之第二十八卷者二十四册，前數年運書出城，《東方海軍》等數百册均失去，此一卷蓋僅存者。

七月十三日　晴。

看舊《東方》殘卷。家中舊雜誌，雖斷簡殘編，而其中亦頗有重要論文。會當編一總目，或擇要編目，則區區舊籍，亦可收參考之用也。

七月十五日　晴，極熱，揮汗如雨。

繙《學衡》。中論佛諸文，仍多難了。

繙《太平廣記》第一篇《老子出神仙傳》，語多怪誕，本不足信。其載老子隨代易名，凡數十易，引《元辰經》云：「人生各有厄，會到其時，若易名字，以隨元氣之變，則可以延年度運。」後世文士喜造作，別號離奇怪僻，出人意想，蓋將以度厄運邪？亦何可笑！然末世多難，往往詭更舊名，以避偵邏，以便作姦，則又非《元辰經》說之所能該矣。甚哉，名之妙用也！第二篇《木公》，亦名《東王公》，蓋由西王母事，故造此以配之耳。可笑之至。

七月十八日 **晴熱**。

山妻赴鄰家磨玉粟黍爲粉，勞頓不支。亂世米貴，不得不忍受此苦，何時清泰，思之慨然！

七月二十一日 **晴**。**極熱**。

客談邑吏多來自東北，貪婪殘暴，非復人理。畝稅既增，而衡量又大於市制者十分之五。軍旅煩興，支派紛雜，皆無正餉，均仰給於居民，征糧征草，急於星火。民生如此，將何以堪，水深火熱，不足爲喻也。

七月二十二日　晴。

極熱，解衣盤薄，猶不能耐。下午，在醫院納涼，遇李允文、湯敦明，二、三十年前之同學、學生也。談北鄉禍亂極烈，聞之喟慨。

七月二十七日　晴。

震來一信，閱之稍釋焦慮。

祜歸，攜震信來。現在安徽臨泉李家莊十三號糧食行內，生活暫可維持，聞之喜慰。

七月三十一日　晴。

陳翁畏人屬書小聯，因撰句未成，久未下筆。昨晚納涼，偶觸機得句云「人逢桑海徵長壽，室有圖書益古芬。」稍涼當書之。

八月十日

本月以來，氣候極熱，昨夜回涼，方得酣寢。

保長來捐軍粮軍草，商之再三，餽以新幣二百四十元乃去。前縣府以各種粮草，苛細已甚，欲除民累，概併入地租，每畝徵麥十九斤餘，而罷免他稅。今租增而粮草仍不免，聞不久更有軍事附加稅名目，向民家強索，眞可謂無法無天。亂世擔負之重，出人意表，直謂匪世界可也。佛家有刼數之說，如此強索，不謂之刼奪不可也。可勝浩嘆！

八月十一日　陰，微雨。

看《學生》雜志。中有一文，述極星出沒之理。緣於地軸亦有移運之故，延長軸線交於天體是謂南北極。地軸既有移運，故極星亦隨時改易，曆法上之有歲差，即由於此。近代天文學家測知此地軸之動，凡二萬六千餘年而一周，七十二、三年而行一度。中國北辰之測定，當遠在夏、商之世，至孔子時歷數千年，已屢有遷變。《論語》所謂「衆星拱辰」者，絕非夏、商時之辰極可知。自孔子之卒至呂不韋之相，又二百二、三十年，當移過三度有餘，現象顯然。則北極之動，必已爲當時天文家所注意，不必待至晉時方爲人所知。惟以此應用於曆算，則自虞喜始，不可謂至虞喜方知此現象也。《呂覽・有始篇》「極星與天俱遊，而天極不移。」此語甚明晰。而《高注》謂「極星，辰星也。」引《論語》以證其不移，混極星與天極爲一物。然原文明明謂「一俱遊，一不移。」烏可混哉？王念孫知《高注》之不可通，不知糾正高說，乃轉謂《呂覽》有誤，改之爲「衆星與天俱遊，而極星不移。」並謂「呂氏之言與《考工》相合」。不知《考工》本是周末人作品，與呂相去時近，自應相合。但王之本意，自認《考工》爲周公遺文，則周公去呂時已七百餘年，極星之移已過十度，如此顯象，豈不爲天文家所察邪？王氏之說，近於臆斷。而蔣維喬君撰《呂覽彙校》，轉用王氏之說以曲護《高注》，既不合於天象，即於文義，亦不可通，殊可鄙也。《呂覽・雜家》，此篇當採自陰陽家《疇人世傳》，其學必有候簿。極星之移必爲所熟知，高誘注《呂》，不知博採各家，每折中於儒說。若此注之引《論語》，遂以致誤，豈可曲爲之護哉！以事實而論，則極星不移，而北極則隨地軸而移。古人不知地軸之有移運，而觀察天象，自見極星之移耳。故曰「極星與天俱遊，而天極不移也。」此雖古人之誤，然天體動靜，本由相對立說，則《呂覽》所說，亦未嘗非天象之一方面也。

八月十七日 晴。

一早，陳翁畏人來，以王小史先生手寫詩稿見示。中有同時諸公評語，移錄入抄本上。

八月十八日 晴。

校對《小史詩》，過錄其評點，遂畢一冊。

寄儈、碩儒來約入城。到人和巷老宅，晤章壯士、韓惠民，坐有潘某，詢之，名執玉，三十餘年前小學同學也。面目蒼老，不復相識，敘闊歡喜。

八月二十一日　晴。

下午，雨窗無俚，爲介矦刻石二方，陽文力弱，陰文較有進步。

八月二十三日　夜微雨，茅簷淅瀝有聲，晨晴，日光滿院。

閒繙舊藏地圖，外國暗射圖甚多，皆穉露在南高時所購。又有穉露所手摹《黃河遷徙圖》、《玄奘行程圖》等，皆甚有用，又爲穉露手蹟，彌可寶愛。

八月三十日　晴。極熱，與大伏無殊，體倦困臥，未能親卷籍。

偶繙舊書，有《教育統計學》一本，非甚高深之書，然卷末坿有一百以內乘數表、一千以內平方及平方根表，皆可備檢查之用。而《數理精蘊》坿有各表位數皆甚多，較坊間近出者爲完備。又有十萬以內質數表，尤爲有用，世多忽視之，遂不受其益，殊可惜也。

九月一日　雨，涼。秋豆放花，畏熱，獲雨甚宜，農人皆喜。

繙舊書，《高厚蒙求》。雖已陳舊，而其談天文、地理、測量、機械均甚有用，較文人所撰空文謬說，高出萬萬。且其時在清嘉慶間，去今已二百年，即能作如此之研究，不可爲非有益之書也。

《九數精詳》，屈曾發著，蓋就《數理精蘊》約節之者，無大發明，然於初學未嘗無益。

九月二日　晴。

繙《白芙堂算學叢書》、《算法統宗》。今世算學，皆取經於歐西，其實幾何即句股之變，代數即方程、天元之變。倘循舊術加以演進，未嘗不可有所創獲，惜世人多喜因循，無復自得中算之緒，遂以斬絕。倘有人貫通其說，發揚光大，則亦未嘗無可觀。如句股之條段，與幾何之規模不同，而別具巧思。天元之開方，任何次數，皆可以通法求之，皆其獨到之點。今世人皆棄置不顧，僅鑽研於西人之唾餘，毋亦數典忘祖邪！余於算術，未能深造，不克貫串其說以發舊光，而明算之士，又不能兼顧，致令中土疇人之業，廢墜湮沒，不亦惜哉！余頗思採摭《算學啓蒙》、《算法統宗》等淺近之處，參以《九章》、《十經》撰爲一書，皆用中土相傳舊說，明其淵源。雖不足在算林中獨張一幟，亦庶幾使初學者收溫故之功。自十餘年前即懷此志，穉露爲余購得舊算書不少，而奄忽未能著筆，遂至於今，不知何也日方酬此願也。

九月四日 晴，曇。

繙舊藏金石諸拓本，無甚佳者，惟故宮所藏《散盤銘》爲佳。

爲張石逸寫扇，摹龜甲文一小段。

從寄僧處轉來黃憇園一函，並所輯顧更生《復古編詩》一卷。近來友朋知余撰本邑藝文考，多有以所藏見示者。憇園不棄，遠道見貺，又附贈二律，可感也。

寄僧言，武霞峰師病卒，聞之驚惋。師自事變後，迫於生活，供職南都，內疚神明，外慚清議，而貧病交侵，卒至困死，哀哉！所著《再續行水金鑑》，僅《河》、《淮》二編印行，餘稿未知成否，君勉或可續成之也。

九月五日　夜雨，侵晨愈甚。

看《浙江圖書館刊》。有錢單士釐所輯《清閨秀藝文志》五卷，初未重之。其書以著者姓氏分韻爲次，各書皆不明所本，令人有無可質證之疑，皆其缺失。吾邑閨秀，惟《萬姆光繡餘吟》一卷，坿刻其父《曙樓詩鈔》後，流傳不廣，《縣志》亦未著錄，世無知者，而此志竟列其名，則搜羅亦可謂廣備矣。士鼇之夫，未審何名，有弟單不廣，頗負時名。士鼇年七十餘，有孫能世其學云。

九月七日 晴。

介矦遣姚順來取刻石，又爲韓仲三託刻石。

睢寧王繩之過訪，事變後六、七年，迄未見面，今春來浦任職，未遑奉訪，今枉駕敝寓，歡敘別情，留飯，堅辭而去。

九月九日 晴。

范承基任洪福鄉鄉長，肆行敲詐，今日下午，李正宏持其信來，借儲幣萬元，猙獰面目全露，令人恨恨。本當嚴詞拒絕之，但思亂世，豈可與人結怨，況是小人，烏可不敷衍之哉。不得已，仍託李正宏代爲接洽，不知費錢幾何，方能了此事也。上午，胡鄉長接事，來捐錢二百元，下午又有承基之詐索，亂離之世，強梁肆虐，良懦爲魚肉，政治不依正軌，民何以生？哀哉哀哉！此時人民，普遍有四層痛苦：鬼、一也。共、二也。匪、三也。而不肖官吏、假借中央名義，索粮索草，動輒拘人，是爲四苦。是以人民望治甚於虹霓矣！

九月十一日　陰曇涼爽。

李正宏爲承基過付與以儲幣五千元，始滿其望。此時生活艱苦，深自儉刻，慕在寶應，亦窘困萬分。而若輩一肆其毒，輒費萬千，能不令人憤憒！李甫去，孫五又來，持保長帖云，欲索規費，虎去狼來，應接不暇。奈何奈何！且前由李正宏施粮二石，而今又來，殊覺詫異，因使其向李接洽，孫五乃去。

九月十二日　陰曇。

寄僧以君勉《悼武霞峰師》一文見示，知武師以本年八月二十一日卒。所著書有《淮系年表》十四卷，坿圖百四十幅，《江蘇通志水工志》

稿七編，四十三卷，單行本名《江蘇水利全書》，《再續行水金鑑》。已印行者爲《江、淮、黃三編》。已成稿者爲《運河》一編。未成稿尚待編輯者爲《永定河》一編。近年河工人員本分新舊二派，新派得勢，舊派已漸失敗。武師所研究者，爲舊日工程歷史，殊不爲新派所重，震於先生之名，虛示尊崇，實不用其言。故先生研究水利，一生矻矻，而終老窮困，客死僞京，不亦哀哉！君勉爲先生弟子，獨傳先生之學，庶幾可以續其志，不負先生之苦心耳。

九月十三日　晴。

近來浦中遊兵散卒頗多，其恣睢不逞之狀，時有所聞。或晨興夕寐之頃，闖入人家，傾囊發匱，不飽其欲不去。近數日，輒有人來叩戶，詢之，則無應者，頗疑其此類人物忽來光顧邪？本晚，余方就寢，突聞叩門聲甚厲，靜聆之，則又橐橐向東去，懼不成寐。亂世何所不有，惟能謹守門戶，不予以隙而已，他亦別無方法對付之也。

居安續記

淮陰隨白子

三十三年（一九四四）九月十四日　晴。

大早即起，訪泉生託其照應門戶。遂挈行李偕祥赴輪埠，遇范士倫，請其代購船票，逐隊登船。艙中已人滿，無容足處，勉得一隙，與祥駢坐，櫈窄而高，至不舒適。窗小不盈尺，日光薰炙，氣息窒人欲昏。輪後附拖重載船十六、七隻，駛行極慢，至下午五時方到寶。周身酸怠，不可言狀。上岸，遇滋兒及正澄，代攜行李，遂到芮宅。見慕等歡喜，互勞。是晚，睡甚早，而遲遲不能入夢，殆由過倦也。

九月十五日　晴。

稍理書物，到校，遇同人周旋。歸途遇熙如歡敘，取《兩當軒集》來。又借新雜志數册，足以破悶矣。中有一則引《越漫堂日記》，甚可駭異。《日記》謂：越漫曾向丁壽昌乞儉卿先生之箸作，而壽昌固言「無有」，越漫遂詆壽昌爲「不肖之子」，且謂「儉卿鄉居，尤叢物議。」按：丁氏父子世繼其美，儉卿之被謗，由於辨練見忌於地方官吏，非有稔惡也。壽昌表表，學業、事功皆有可稱。當時不允越漫之求者，殆以越漫狂誕無行，恐其先人箸作爲所謊謡耳。而越漫即造語毒詈，眞可令人齒冷。惟李書既盛行，而壽昌名又不昌，則將蒙詬無已矣！余故略記而駁斥之，以明李之多妄語也。

下午，熙如攜《古文詞類纂》來。

九月十七日　舊八月朔。晴。

看《兩當軒詩》。《黃詩》極有名，家中本有一趙刻本，先祖父嘗加評點，余幼時即已諷誦。前在揚教書，攜以自隨，事變起遂失之。時時追憶悵惜，思再得一本以爲玩索之資，在滬時嘗欲購備，蹉跎未果，終未釋然也。夏中託芮君函買，久之未到，頃由郁君齋中取來，歡喜不已。此係仲則孫所重輯，較趙本爲備，又附有《仲則傳》及《年譜》，尤可供讀者參證。然繙讀各詩，雖如逢故人，而興趣已不如未得時之醲，更不如昔年初讀時迴環無窮矣！《黃詩》如故，而情意已變，天下事何獨不然？爲之慨然！

九月二十二日　晴。

寄僧前託余攜錢交此間王某，因未覓到，故未交出。今早寄僧來一信，言王某之款不必交出，即交出亦應索回。此則幸未交出，遂免索回之煩矣。余每次處理俗事向主速了，而笑他人延緩者，近於前清官僚之顢頇。此次則轉以顢頇之故，身受其益，因知彼輩延緩者亦自有其必要之原因也。爲之一嘆！

九月二十四日　晴。熱，不異夏日。

看《仲則詩》。詩雖爽健，然除牢愁之外，不能見人生眞際，終是文士弄筆之作，爲時所限，不能盡其才，可惜也。

潘養一《寶應劉烈女詩》，效樂府體，句法奇奥，全詩略分四層，兩兩相儷，宛似八股，殊非詩之上乘。而成歌言抄有此什，竟至不能句讀，疑其有譌脫，託熙如來校對。此固歌言之陋，乏理解力，然亦四農故作艱深，令人疑眩也。應以爲戒。

熙如出《韓文》，共讀《元和聖德詩》，中段寫族誅劉闢事，甚慘酷，無人理，殊不足稱爲聖德。後段稱頌天子，阿諛太甚，亦非正士所宜出。此詩頗負盛譽，實則疵累極多，不足稱佳作也。《平淮西碑》寫蔡人之欣悅，稍近理致，然施德布惠之觀念，亦與民治精神不合，宜爲近人所反對也。穉露對《韓文》極有研究，搜羅參考書甚富。今遺著有《韓文研究》一卷，凌雜尚待整理耳。余在揚州時，嘗以蘇州繙刻《世綵堂本》

（亦穉露所購）爲主，《五百家音注》爲輔，別錄陳景雲點勘《姚範筆記》於眉端，而圈點則用吳至甫說，頗用一番工夫。以戰事棄擲，深爲可惜也。

九月二十八日　陰。

孔子誕日，前人推得爲八月二十八日，乃陰曆也。自改陽曆後，苦其無定，時賢因移至陽曆之八月二十八日，此於學理雖不合，而應用極便，非智者思不及此。惜其時在各校開學之前，莘莘學子方在暑休，不及恭與祭祀，殊爲缺點。不知又是何智者，再將八月改爲九月，即今日是也。余因此又得一日之閒，不可謂非幸事。

兒輩借得郁達夫小說一册，中有寫黃仲則事者，謂其「在朱竹君幕中，恃才傲物，與同事不合，一怒而去。」此語見洪亮吉所撰《墓志》，當是事實。然謂「此人即戴東原」，且謂「竹君聽東原說，不禮仲則。」

按：《年譜》，仲則別竹君在乾隆三十八年之夏，是時竹君亦解任入京，是仲則之去，非因朱之不禮也。且是年之秋，尚爲朱作《豐山古梅歌》，有云「文人從此出顏色，幸是相逢有文伯。」其推崇之至，不減疇昔，郁氏之誣，不言可知。則語殊無據，未免厚誣前賢。又按：仲則有《挽李硎南詩》云：「吾道頻年氣死灰，海陽新冢亦成堆。」自注謂「戴東原」。是仲則對東原不但毫無嫌怨，且引之吾道之中，於死後深致哀嘆。今乃謂「東原讒仲則不學，而仲則亦嫉戴若讎。」何其荒謬絕倫也。後仲則入京供職凡數載，出入竹君、蘭泉之門，時與文讌，形之篇什，時東原亦在兩公門下，是竹君未嘗因東原之譖而疏仲則，仲則亦未嘗以竹君之信讒而遠竹君也。東原深惡宋儒以理殺人爲不近人情，而郁謂「仲則詬戴爲酷吏」，眞不知所云也。總之，無知妄作，故無往而不錯耳。《仲則集》中所與倡酬之友，若亮吉、容甫、文子皆長於考據，而郁氏乃襲隨園輕薄之說，以爲仲則反對考據之詞，尤爲可笑。當時竹君門下與東原互訐者爲章實齋，其事見章所著《文史通義》及其文集中，郁乃移之於仲則耳。仲則人雖狷介，然亦必不似村嫗之喜罵。今觀集中諸詩，雖間有嫉世憤俗語，而忠厚怛惻之思尤多。郁乃專欲寫成一褊淺小人，吾不知其是何用意也。至於風懷綺思，文人所時有，不必爲諱，然亦不必特爲表彰。郁之爲人本頹廢浪漫，遂不覺專於此中求古人耳。新學小生既多不見仲則原集，而郁之小說正盛行於世，一倡百和，吠影吠聲，使古人蒙詬不雪，不亦大可慨哉！時人多喜以古人舊事煊染爲小說，又無考據工夫，致失其眞，爲害甚大。盲翁負鼓，使中郎被謗千載，而《三國演義》之力，能令曹操鼻白、孔明衣卦，人皆知此類之誤而不知戒，何也？

十月一日　舊歷八月之望，陰雲布空，晚恐無月，負此佳節。

看《史記考索》，朱東潤著。綜其所考，凡得多條：

一，《史記》終於太初元年，而麟止天漢，二說皆不立矣。

二，《本記》重在科條，不限帝王；《世家》重其輔弼，不限諸侯；《列傳》重在功名，不必人臣。

三，本文與《贊》與《自序》每不合，殆不出一手。

四，漢初功臣事蹟，《本傳》多略或不立傳，幸賴《高祖功臣矦年表》，存其崖略。《史記》所據爲呂后二年所定功狀，《漢書》所據，乃文帝以後改定之功狀，異同甚多，諸呂猶甚。

五，從此表可見出，漢高祖平項羽後，以臧荼、陳豨兩役爲艱鉅。

六，從此表中，知楚、漢相距時，項羽曾據有代北，爲漢後患，而太公、呂后據豐、沛，爲楚東憂，楚、漢地勢綜錯，非東西劃分齊一也。

七，從此表知，漢得越人之力，全有長江南境，故羽不敢渡江。

八，太史公生於景帝中元五年丙申，即西元前一四五年，蓋據《自序》、

《正義》謂太初元年，遷年四十二歲也，餘說不足信。九，太史公之稱，兼談遷父子，蓋遷自題，說本臣瓚見《史記・武紀正義引》，亦若古人著書，自稱爲「子」、爲「君子」之例。餘若《考異》、《輯逸》諸篇，尤爲專門，皆有可觀。朱君不甚知名，而所著表表如是，是蓋黯修之士。何世無才，況當板蕩，彌令人神往矣。

蕭、劉二生來拜節，持其祖翰臣先生所贈《食舊德齋集》爲贄，媵以《碑志》三種。《劉集》前從郁君處借觀，已撰提要誌其景慕，一旦得此深爲欣喜。

近午，雨，向夕未止。得詩兩首

客中無月過中秋，風雨淒寒釀百憂。黯澹蟾光千里共，蹭蹬駒影兩年留。

深閨拜禱憐兒女，海國氛祲逼斗牛。強擁匡牀閒坐嘯，可堪南望解牢愁。

踽踽客館負清秋，掩面姮娥似離憂。滿眼白雲方變幻，橫空征雁尚淹留。勞生一任人呼馬，世事何時劍易牛。瓜果不陳憐物力，小兒也應悵然愁。

十月五日 晴。

從熙如處借得《學術界》三本，有某君所譯《柏拉圖辯證錄》。論《友愛》及《虔誠》兩段，文頗順暢，易於觀覽。近來譯者多聱澀不達，此譯頗無其弊。又有一文述美洲土著印加人文化，亦足資參考。又轉錄《中德月報·論吐火羅》一文，謂吐火羅即《漢書》所謂之大夏，而非世人所謂之巴克突理亞，巴克突理亞爲《後漢書》之撲挑國。其說頗有理致，非同臆說。此雜誌多史地文字，較他空虛者爲勝。

十月六日 晴。

聞人言，穎亳一帶，戰烽甚銳，友軍亦集，又將遭埽蕩之禍，引領西顧，爲之深喟。震兒多日無信，年輕孤旅，何以爲懷？道遠莫致，徒喚奈何！萬正澄從家來，攜有震九月十日之信，爲之稍慰，但不知其地保障如何，且又隔一月矣。現在情勢瞬息萬變，代其焦心，亦徒勞耳！

十月九日　陰曇，稍冷。

昨從熙如處，借來雜志名《中和》，瞿兌之主編。中多文史掌故之作，甚可觀覽。《續孽海花》亦載其中，惜無頭耳。本日無課，孤坐淒寂，閱之破悶。

十月十日　放假，又得一日閒。

看《中和》雜誌載鄧孝威、程璲詩各一首，皆詠寶應喬雲漸釀酒事。注謂「雲漸與石林爲叔姪」，而檢《縣志》未得其傳。《陶澂傳》中曾述及雲漸，而無專傳。此人既與鄧、程爲友，又石林族人，亦必有可稱者，志乃遺之，何也？按：劉廷璣《在園雜誌》載各地名酒，有寶應之喬家白。劉乃清康熙時人，故《程詩》亦謂雲漸善釀也。今《寶應志》亦漏此事，似可補錄入物產也。

十月十六日　陰。

看《雜誌》（此即以此二字爲名，一文史之刊物也。）載去年春，日軍在南京雨花台掘出玄奘頭骨石函。相傳黃巢亂時，師塔被掘，端拱元年有僧可政往終南山，得師頭骨，奉歸建寺瘞之。據此是宋時事。然石函上銘又有明洪武紀年，函中藏錢三十二枚，有洪武錢，豈明初曾爲人發掘一次乎？聞政府諸公將於展覽之後重爲改葬，並由兵工廠別鑄合金新函，刻有新銘云。去年在報端曾見此事，未知其詳，觀此稍得眉目，前曾作詩一首以記之，中多誤傳之語，故備載其始末於此，以爲更正耳。

十月十八日　雨。

看顧元《高中天文學・西洋曆數常識》，大概具備理、法兩方，詳略均適，而文詞亦簡鍊明晰，讀之絕無沉悶之弊，洵天文學中之佳書也。而顧元不甚知名，聞在蘇州中學教書多年，因知績學之士闇修不彰者多矣，可勝嘆哉！此書商務出版，原備高中教科之用，以人才消乏，高中多不設此科，則此書之銷行必不廣，而他科粗製濫造之書暢銷於世，獲利倍蓰，此中可覘世道焉。

十月二十四日　晴。

連日看《中和雜誌》，頗多新說可取，擇要錄之。

（一）孫作雲《蚩尤考》謂蚩即蛇，故音讀蛇，如佗。蚩从㞢聲，㞢，古音亦讀舌，蛇舌也。尤與九丩同字，謂蛇形盤曲，蓋此族以蛇爲圖騰。南方卑濕近海，故尚龍蛇。閩蠻皆南方族也，均从虫也。黃帝爲西北族，西北多山，獸類甚多，故稱有熊。熊亦黃帝族之圖騰。羌、姜同爲西方族，从羊，亦獸類。東方民族取象乎天，如：高陽即太陽。太皞、少皞即太皓、少皓。以日爲圖騰。天空有鳥，故又以鳥爲圖騰。少皓氏以鳥名官，是其事也。郯國正在東方，是爲古代圖騰社之三系統。《山海經》多窫窳之紀載，窫窳即蚩尤也。中國天文星座中有旬始，徐廣謂，即蚩尤。《子虛賦》有騰遠，司馬彪謂，騰遠，蛇也。郭樸謂，其能興雲霧。騰遠與蚩尤雙聲，蓋即蚩尤之音轉而字變者。蚩尤之故墟，應在河南魯縣滍水一帶，今河南魯山縣有滍水，古稱泜水是也。蚩尤雖爲黃帝所敗，餘威猶不衰，後世尊爲戰神。蹴鞠之戲，今稱踢毬、鞠毬，皆蚩尤二字之急讀合音。蓋黃帝勝蚩尤，取其頭踢之以爲厭勝，且以表功，後世漸失其意，流爲游戲矣。蹴鞠爲舞，而其樂則爲《咸池》，咸之甲文作、，金文作，皆从戉，象形用爲動詞，則義爲斫。《尚書・君奭篇》「咸劉厥敵」，《周書・世俘》解「咸劉商王紂」，《漢書・曆律志》「咸劉皆滅」，皆用爲戡字，字亦作虔劉。池讀爲佗，即蛇字也。咸池猶言戡蛇，猶言殺蚩尤耳。蚩尤雖敗，而其族屢起反抗，於鯀、禹之事徵之。鯀爲

魚，禹為蟲，皆可證其為蛇圖騰之族裔。鯀、禹相繼治水者，即蛇族戰敗，為熊族所罰使為苦役也。以其本居東南，習於海事，故使之治水。《土經傳》所載「禹之勞身苦役，至於腓無胈，脛無毛，生子弗克視。」雖聖王憂勤，亦何自苦如此？知其為亡國奴虜，則無足怪異已。鯀為共工，禹為司空，皆謂其執工役。《經傳》又謂：共工與高辛爭為帝，怒觸不周之山，天柱折，地維絕，為顓頊所誅。禹平水土，受舜禪，然舜終死蒼梧，二妃不從。蓋鯀之反抗不成而死，禹終覆舜而得天下，皆蛇族與熊族交爭之史蹟也。後世所傳魚龍曼衍之戲，即禹告成功之舞，而大夏為其樂。經歷殷、周，蛇、熊兩族乃漸融合。然東南猶有吳、越，斷髮文身，作龍、蛇之形，是蛇族之裔之流風餘韻也。西北則有仇由，字亦作仇猶、內緜，緜延至戰國之初，方為智伯所滅，是蛇族蚩尤之名之可考者也。全文證例繁夥，創見極多，較時人顧某謂「禹為蟲類，非人。」之說，為平實近情，雖新奇而實近眞也。

（二）謝剛主《陳則震事輯》：「則震名夢雷，初陷耿藩之幕，商之李光地通款清廷。李乃賣陳以自邀功，陳獲罪幾死。」李在清初，以理學名，而凶險反覆，眞可謂爲小人之尤也。

（三）鎭洋盛大士，子履，在山陽爲教官，著有《蘊愫閣文集》，與吾鄉萬松巢先生交誼頗厚。今閱《中和》雜誌，知先生尙著有《靖逆記》六卷，記嘉慶時林清之亂。蓋先生計偕北上，道途間耳目所親見親聞者，故所記多可補官書之不及也。

（四）明季華人流寓日本者，有：朱之瑜（舜水）、隱元、戴笠（曼公號獨立山人）、陳元贇等。《舜水傳》「儒學仕，水戶藩爲國師，以尊王、重禮、尙實之義振導朝野。隱元，以黃檗名僧，開宗扶桑，門下龍象輩出，媲於唐之鑑眞、宋之道隆。戴笠，則以書法、醫術沾溉士林。元贇以一布衣，其東行，視三人爲獨先，以詩文、書法、製磁、武術縱橫活躍於多方面，影響之大，視三人無多讓。元贇，字義都，杭州人，生於萬曆十五年（西元一五八七年），應舉不第。天啓元年（日本元和七年）曾隨閩帥使人單翔鳳往日本，議遏止倭寇事，江戶幕府不悅，留三月，不得要領而歸。時明政不綱，流寇紛擾，遂於崇楨十一年（日本寬永十五年）再到長崎，時年五十二，旋遷江戶，寓城南之國正寺，以武術授徒，爲後來柔術之所出。名古屋藩主毛利義直客之，元贇往來師都、名古屋間，與詩人唱和，著有《老子通考》、《虎林詩文集》、《長門國志》、《昇廣詩話》、《元元唱和集》等。日本寬文十一年（康熙十年，西元一六七一年）六月九日卒，年八十五。子名元明，倭婦所生。元贇書法松雪，又善製陶，手自書畫，陶工效之，稱元贇燒，又曾創製一種茶食，名板元賓云。」

（五）清初平台之功，皆由姚啓聖一手布置，並力保施琅率水師，後琅不奉其節制，冒險攻台，幸得成功，爭先上告，得五等封，而啓聖竟無賞，史書亦不載之矣。然啓聖雖有發蹤指示之績，而導夷覆華，遂使衣冠之族無復孑遺，毋亦內疚神明邪？琅之反噬，更不足道。琅有子世綸，即俗所傳《施公案》之施大人，雖有孝賢孫，不足蓋其愆也。

（六）李光璧《封神榜考》謂「作者爲陸西星」，即著《南華副墨》者。所據者僅無名氏之《傳奇彙考》，本作疑語，何足徵信？光璧雖推廣其例，亦不足以證成其說。《封神榜》極崇道教，而雜以如來然燈接引，似不審佛、道之別者。《副墨》雖非《註莊》上乘，亦時有精義，似不至如《封神》之陋，《李考》殊未可信。

（七）蔡申之《清代州縣故事》，雖採集而成，頗便觀覽，文繁不錄。

（八）《萬年少傳評》與吾鄉文獻有關，當錄別册，茲不詳。

（九）燕谷老人《續孽海花》，文極溫厚雅馴，足稱說部中上乘。正集尚有魯莽恣睢，刻畫過甚處，此皆無之，亦因此遜其潑刺矣，且眞事過多，無耐人尋味處，亦其失也。

略錄九點，餘可取者尙多。編者瞿兌之喜談方志，又以其先世爲清顯宦（似是瞿鴻禨之孫），故多與遺老爲緣，其好談北京掌故，亦以此也。（北平建都，歷遼、金、元、明、清，幾亙千歲，其建築自多價値。然謂「是中國文化所寄，建都必應在此。」則所見不免拘泥，純屬北人見解耳。）

十月二十五日　晴。

晨八時，有大批飛機由北而南，旋聞南方有巨聲，未審何祥也。

下午看報，知王伯沆先生於陰曆八月十日逝世，歐濟甫爲撰哀啓。文格甚俗陋，不足以見先生之學養，且並子姓年壽亦不詳，何也？

十月二十九日 晴。

看《同聲》，乃龍沐勛所辦，專以詩詞爲主，頗有可觀。俞陛雲之《宋詞選評》尤好。

十月三十日 晴。

前數日有飛機過境，後知係窺九州者。今日上午又有機聲嗡嗡然，綿亙數小時不已，不知又是何祥也。

十一月二日 晴。

覆看《潘詩》，意味彌永，擬選其佳者別抄加評註，庶可爲家塾之讀本。《潘集》由通甫、稼軒諸公遴選極精，然尚有可汰者。而集外所傳如《金壺浪墨北行日記》，未嘗無好詩，故余欲更選之也。

十一月五日 陰，冷。

下午作詩二首寄蘇躍衢

射東惆悵送歸船，射西儃佪又數年。九死輪囷肝膽在，半生濩落性情堅。
披襟舊涴峰頭雨，緘虜新傳海外天。舞應雞聲窗欲曙，退餐苜蓿且周旋。

薦黃霜葉一天秋，照水蒹葭已白頭。掩卷起窺粱盎罄，捋髭迴味茗甌稠。
幾番拂逆原乘運，七載蹉跎不自由。遠道枉書君意厚，恨無好語可相酬。

十一月九日　晴。

《學海》中有楊沂孫解干支一文，雖未必全是，亦略有可取。謂「丙」象火形，鐘鼎作，火華也，即炳字之初文。「病」之从丙，謂疾來如火之焚。「怲」之从丙，謂憂心如惔。「更」之从丙，謂火滅更燃。惟「柄」字从丙無火義，疑本用秉、棅字耳。「己」以詘形為本義，餘皆假借。「庚」為兵之正字，兵為斤之重文。庚辛字應作，金文皆如此象。庚庚垂實，許氏所說之義，指此形言，假為干支之名。庚、兵疊韻，

故許書兵下有重文俠，可證其爲一字。許書「壬」作，葵菜作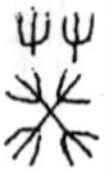，其實葵菜字當作，揆度字當作、，古分兩形兩義，其音則同。作者，象菜葉披紛形。爲民間常茹之菜，南謂之青菜，北謂之白菜，「八月烹葵」即此物也。其葉四布，衛其根不見日，故曰葵，能衛足也，與向日葵不同。古聖重民食，故特製一字以象之，後與字相掍，故又加艸以爲別。又譌以爲可通癸字，故加艸成葵，俗字也。而、難於作隸，故葵字獨行。許書「冬時水土平，可揆度之。」，說此、之正形正義。古者度地以矢，矢之長短有定，天下古今所同，故其揆一也。籀變爲「癸」者，象展足按矢而度地也。以癸爲干名所據，故又加手耳。當於艸部葵下出古文，而改部爲癸部，下加，古文癸，或體揆，則部居正矣。彝器文「丑」有作者，从兩手，象兩手相紐，故有紐義。紐、杻皆「丑」之分別文。「寅」，彝器文作，此最

初之形，易艮其限，列其夤注「夤，夾脊肉」，此最初之義，蓋象人全體形背面也。上象腦項，中象要呂，下象夸股。「要」象人前，故中虛，匈腹虛也。「寅」象人後，故中實，脊呂實也。習用為支名，故別造䐔以分別。更譌為夤。夕，即肉之泐也。「卯」、「酉」字應以為正字，象艸木冒生。為開門之形，借為支名耳。「未」象果裂，可嘗以知味。不象木重枝葉。「申」即「身」之正字，為全體象形。如要、寅、𦥑皆从形，此非兩手之臼，象兩脅形耳。諸人身之字，皆從「申」字生出，取「申」之左而為身，取申之右為而為月，變而為、，右乀而為臾，左丿而為。古文之，亦象身形，與呂相類。籀文之，所以會屈申之義。電之古文作，與、气等形同類，後人與「申」混而為一，故失其義耳。「亥」以根荄為正義，象形字也。二者，地也，者，根荄象也。與之、止、長、耑同義。艸木枯萎而存根荄，由根荄而

復生萌芽，故亥有始生之義。亥者該也，該者備也，故亥有滋生之義。亥者核也，核者隔也，故亥有隔閡之義。又，實也，故亥有核實之義。亥者咳也，咳即孩也，故亥有幼稚之義。二首六身，乃借文紀數，以亥爲豕，乃由形譌，皆非本義。

十一月十三日　晴曇。

連日思緒紛錯，夜靜尤甚，不能入眠。宜收視返聽，以求清淨心田，雖不能遽達禪定，亦可不至頹廢也。

小報號外，載汪精衛於本月十日崩於東京，柩已回首都。

讀《千家詩》，有一首云「周公恐懼流言日，王莽謙恭下士時。設使當年身竟沒，一生功罪有誰知！」人皆以長壽爲福，若新莽者殆以早死爲福。

又讀《五代史・馮道傳》，當時有聖人之譽，蓋戰禍頻仍，生民塗炭，道能隨時匡救小民，受惠者固不少，史家一味苛責，義雖嚴正，按之事實未免太過。

十一月十七日 晴。

偶得本年七月七日華北新聞一張，載今年春間，玄奘法師靈骨運至北京，新建一塔於北海九龍壁觀音殿舊址以瘞之，主其事者爲王揖唐。此所謂靈骨，不知即去春南京所掘之頭骨否？法師之骨何累爲人所播弄耶！

十一月十八日 晴。

去夏在家曾作《本史述贊》，以韻語敘述史事，略仿《史記·索隱》及家蔚宗之體，與舊作《本國史大綱》詳略互補，以供學者讀史之一助。譔至民國初年得百餘首，近事未具，今夏攜稿來欲再賡續，遲遲至今又得若干首。截至「七七」事變止，抗戰以後別爲一書，詳加歌詠，以盡宣揚表章之用。且方略未布，亦無從著筆也。清繕時當參考《通鑑輯覽》擇要爲注，清代事尤關緊要，則應取材史稿。民國以來耳目所及，珍文遺事極多，據事直書，不爲曲筆，更可備異時之史料矣。

十一月二十一日　晴。

大昕早即聞機聲軋軋，震耳欲聾，覘之，向東飛去，凡歷一小時餘方盡，約略其數，當過百架。前數日聞人言，南京、上海皆被轟炸甚烈，此次又不知何處遭殃矣！

下午寫小聯一付，集山谷句云「抱器心自許，忘言物已齊。」送汪俊忱。汪能畫，慕嘗託其畫山水，久之不應，故以此換之也。

十一月二十四日　晴。

絕早即起，到西門。購票者擁擠不堪，以三百數十元得黑票上船。倡女歌淫曲，不堪入耳，索去五元。身無餘貲，枵腹危坐，天黑乃到浦。過閘而雨，叩門，家人疑懼，不敢遽啓，呼之，乃開門。歡笑索食，一天疲勞盡豁矣。

十二月四日　晴。

午飯時，日人偕繙譯脩某來查戶口，大翻藏書，令人不怡。

十二月六日　陰冷。

初意回家購油措款，耽閣七、八日即可返寶，而日人禁運，素油不克帶去。天又陰雨，令人悶悶不已。思先回寶再商，而輪船忽停。其間又下雪數次，氣候酷寒，爲近數年來所未有。回里時，僅著絨袍，竟不能支，遂御慕裘，周身稍暖。而袍面耀灼，易遭人指目，裹足不敢出戶，天稍回暖，遂換去不復著。幸有舊藏衛生衫及厚棉褲，方不致受凍，生活艱苦如此！

聞錢景山被捉入官中去，此眞令人駭詫。景山日爲人醫瘍，盡心職務，又非富有，何爲遭此意外邪？泉生入城，爲之奔走，亦無眉目。雖不至有何危險，而飢寒之患，亦非可堪矣！遭逢亂世，何以爲周防哉！

民國三十四年（一九四五）一月二十六日

山妻爲余雇定一車，到河下，車胎迸裂，不得已換車。車價本言明在家付給，而此次所換車夫又當付費千二百元，屬原車夫帶一片返，使家中少付此數。然人心難測，倘仍索全數，家人又不知此情，雖日後可以辦追，未免囉唦矣。一路盤查，尙不甚煩，過涇河後，每處索一、二十元不等，共費百餘元。下午四時到寶，車夫索錢無以應，又不肯到東門，從津達處借七百元與之。抵寓，家人皆喜，互談別後情況，又復喟然。

一月二十七日　即舊曆十二月十四日。晴。

換衣御裘，皆去歲服用舊物，舒適合體，爲之一暢，此古人所以重返初服也。

一月二十九日　晴。

到寶忽復四日矣，光陰眞迅捷也（滋按：時淮、寶不靖，其間十數日未記，不知何日離淮及途中情況。）。

看《養一齋詩》，此次回里晤陳翁畏人，以《養一齋詩話》賸稿見示，凡二十餘頁，百有餘條，多評鄉里人詩，無甚精粹語，刻稿時芟之宜也。陳翁謂「將付刊行」，鄉賢手澤固宜葆愛，然刊行似可不必。昔須公得《通甫文》刻之，然皆糟粕，恐非通甫所願示人者。吾意後人輯刻前人文字，應有兩本，一求其備，不妨瑕瑜互見，一求其精，必當多所割愛。世人每每僅知從一方面致力，遂令前賢遺集時爲後生所指摘，皆不知備具兩本之故也，會當於《柯山集》試行之。

一月三十日　陰，曇，有風。起甚遲。

抄《史述贊》，前年家居時，曾就舊編之《本史大綱》撰爲韻語，得數十首，會來安宜遂爾閣置，今秋取原稿補其後事，又以歸里停頓。茲乃補畢，抄謄清本，聊供兒輩閱讀之資，不足以問世也。（滋按：手稿已於文化大革命中，毀於紅衛兵之手。）

二月二日　中夜風聲壯厲，若萬馬騰踴。

看太虛講窺基《法苑義林・唯識章》，稍有入處。《唯識學》甚難了然，讀之既多，終當有豁然之一日，要在鍥而不舍耳。

下午氣候愈寒冽，筆端集霰，不可以書，遂廢研誦。

二月五日　連日甚冷，滴水成冰，未親筆硯。

僅看太虛法師之《唯識學》，頗有所悟。唯識之理甚精深邃細，不易領略。二、三十年前，余即購《相宗八要》等書，閱之不能解，是後隨時繙讀，仍無了處。十餘年前在揚州時，暑假未歸里，小樓獨住，讀《因明大疏刪要》，梅光羲輯，乃稍稍懂因明之義。回觀明人所註，皮傅影響，此所以令人不解也。今太虛所述，頗能深入淺出，諸專門名詞通以今語，豁然冰釋，然後稍稍通唯識大義，文字巧拙不同，而宗旨之隱顯別焉。余之能入唯識，其太虛啓之邪？初以太虛奔走宣傳，趨名逐勢，類俗僧所爲，意頗輕之。而尊歐陽竟无，以師友中若柳、若繆、若景皆與竟无近，受其指授。然竟无所撰《唯識抉擇談》，文字甚晦澀，不能引人入勝，遜太虛文字之明豁遠甚，是以徒慕而無所得。今轉從太虛門徑，昔日輕視之心，眞罪過也。太虛書有講《三十論》、《八識規矩》、《因明》等尤爲簡要精當，俟天回暖，當抄藏之以爲玩索之資。餘篇亦當擇要錄存，異日再進讀《華嚴》、《楞迦》、《深密》、《密嚴》諸經，一本《十支》諸論，更進而讀《性宗》諸經論，庶幾於佛法爲有本之學邪？

二月六日　陰雲滿空，氣候甚回暖，若將釀雪者。

昨從丁生淼處借得《墨子集解》一部，張純一撰。純一前有《墨子札記》，余已採其是者入《疏證》（滋按：《墨辯疏證》，先父耕研公撰。

民國二十三年商務印書館刊行，台灣商務印書館於民國五十六年十月刊台一版，六十二年一月刊台二版。），時《集解》尚未出版，今讀之無甚過人處。然其採錄各家之說尚不少，余舊欲為大、小取作註，苦無借手，今有此書，又可有所取資矣。然大局既俶擾不定，而個人生活幾不克支，則此微願又不知能達否也！

二月九日　晴冷，幸有太陽尚能命筆。

從熙如處借得《地藏菩薩本願經》，經凡三卷。佛說地藏本願之大，蓋地藏發願為罪苦，六道眾生廣設方便，盡令解脫，而後自身方成佛道也。經中謂：稱說菩薩名號及供養地藏像及經，皆得福利。尤其在人方死時一七以至七七日，其功德為更大。今世俗，每七日即大會眾僧，諷誦經典，殆由於此。又稱地藏過去生中為國王女，而母以惡業墮鐵圍山，誦此，母得升天，故此經又為《佛孝經》云。此皆小乘，為鈍根說法。然所發願，謂須俟衆生盡成佛，己方成佛，則誠能仁大慈悲閔之懷，非凡夫所敢冀。人人能秉此念，則舉世何非至樂哉！此所以令人持念此地藏名號之故也歟？

二月十日　晴。

看王力《音韻學》。《音韻學》與《唯識學》皆甚難了解，而王力之書與太虛之注，均能深入淺出，引人入勝，昔日疑義多覺豁然。年終歲底，無意中得此二書，殊覺可喜。今日稍暇，因擇王力書中《音表》錄登別册。

二月十二日　晴。

本日爲舊曆之除夕，每年於是日多有詩，今年心緒不佳，詩竟不成。

仍錄《音表》。看《大乘五蘊論太虛註》。

二月十三日　元旦　晴和。

食湯圓，未能免俗。寶邑居民喜恬爲樂，爆竹之聲四起，若不知斯世之有烽烟者。房東家燃松焚鏹，婦子欣欣，計其所費，殆將盈千，其愚至此，曷勝浩嘆！

看章太炎《文錄續編》，中有通達之論，曾益人智慧不少。黎元洪《碑贊》有云「嶽嶽之鶴爲主殺軀」者。當黎死時，所畜孔雀二，以無人飼養，毛羽摧殘而死。南北各報競載其事，加以文飾，以爲殉主。太炎亦用爲點綴爾，非事實也。黎妾，危後竟別嫁，人各有志，本不足爲黎德累，而拘者亦以爲譏云。又，章此文頗爲段合肥周旋，而府其獄於小徐，豈春秋之義爲尊者諱邪？抑章論史中所謂曲筆者邪？章別有《壽段七十序》，語尤阿曲，宜從芟薙。至段氏諸罪狀，則載《程璧光碑》中，史文固有互見者，此類是也。

二月十四日　晴。

看《太炎文·記李自成梅花詩》五首，謂其「有補史事」。按：詩必出後人附會無疑，與《石達開詩》殆同一例，皆不可信。太炎素精考訂，此類事豈不知其僞？然以其有好奇之癖，遂不願割愛耳。至於論自成出家於澧州皀角鎮，名順天和尚。事或可有，然亦不必審，而太炎遽信之，且以《明史》書「自成死於村民手」爲可疑，不知史文互舛，每每有之，作史者疑以傳疑，豈可遽以此，遂謂史不可信邪？總是好奇一念誤之耳！太炎著作，每犯此病，不可不戒。又，記梅伯言，謂其仕洪氏爲三老五更，事無明證，僅舉南京人相傳之說及梅《癸丑諸詩》。但傳說每不可信，而韻言隱約，本非質言，亦不足爲證，而太炎鑿鑿言之，亦好奇之過也。士當鼎革之際，其出處有難言者，或爲家口所累，或爲勢所逼拶，一汙僞命，終能展轉自脫，即無虧於大節，而論者責人無已，殊非雅道。太炎身處清季民初，雖非升平太平之盛，而天地尚未崩坼，端居弄筆，以苛責昔賢，無乃過歟！至論伯言仕洪，足以幹蠱，易貶爲褒，然同爲不合情實耳！

二月十七日　晴。

抄《因明注》。《王季同注》切實，惟用佛語太多，令人難解。《太虛注》淺俗，亦有足補王說之缺失者。參觀兩家，乃益了然。是夕抄畢。

二月十八日　晴。

看《八識規矩頌》，抄《六離合釋》，皆太虛註，深入淺出，令人易於領略。

二月二十二日　連日晴和。

讀《清史》施琅破台事及英夷窺上海事，爲之慨喟。

二月二十四日

抄《唯識三十論》，太虛有兩注，合觀之頗能得其大意，心生歡喜。

夜風不息，氣候轉冷，旋雨淅瀝，打窗有聲。晨起視墻隙積雪，是日零雨不已，景象淒慄。獨坐小齋，寂然不怡。

昨日下午熙如攜《易旨》來，未及看，今日無事，端坐誦之。書凡上、下兩卷，各分上、下，是共四卷也。寶應朱澤澐著。朱字止泉，清初諸生，寢饋宋五子之學，有名於時。著書甚多，有《朱子學案》數十卷，爲其一生精力所寄，伏而未顯，最近方由唐文治刻成。唐亦理學家，與朱同志。此《易旨》乃道光時寶應葉世倬所刻，姚椿爲之序。其書大旨以程傳爲主，朱義爲輔，蓋亦易學中說理之一派。而於正心修身之工夫言之尤切，不愧易學中一佳書。所說《十翼》，緦理分明而不附會於象數，此其勝處。然學者既欲說理，大可自著一書，不必依附《周易》，此朱子所以難程子者，今止泉亦犯此病，惟尚非支離空疏可比。其中不少嘉言妙緒，會當擇要錄入拙著中，惜旅況蕭條，謀生不給，尚有何暇從事翰墨邪？著述大業固非貧士任耳！

二月二十五日

昨夜降雪，向明即止。晨起積雪盈階，氣候頗冷。

續看《易旨》卷上之上，爲總說及各卦大象。卷上之下及卷下之上，分說各卦爻詞，卷下之下，解十翼。朱氏本究心理學，故以宋儒之説爲基礎，以謂易有心易、書易之分，書易所載者法象也，心易所重者性命也。法象、性命二語，雖爲宋儒所習用，但惟有象、性、命三字明見《周易》中，而「法」字則《周易》中無之。且朱氏所謂之象，實即佛典之「相」耳。是則朱氏之書，名爲儒而實佛也。向嘗見姚椿爲止泉、孫古愚作贊，謂其「陽儒陰釋，天德王道。」，疑其譏毀。今觀《易旨》，則此兩語頗得其實。蓋朱氏解各卦，皆先言法象，即所謂天德也（即自然現象）。後闡性命，即所謂王道也（即國家政治、個人脩養）。惟其說理極清晰，與他家徒繳繞於玄談者不同，是其所長耳。

二月二十八日　晴。

抄《八識規矩頌》成。

晚，有人從清江遞到祜一信，謂清江曾受虛驚，未言其審。因令滋到其人處取物，並詢知駐軍搶劫商店，此所謂虛驚耶？

入夜雨，案頭有淅瀝聲，披衣起移書。旋風雷間作，殷殷震震。俗謂「正月雷，徧地賊。」，今賊久徧地，更益以雷，不將愈熾哉！思之增憂。

三月一日　雨猶未止，陰闇悶人。

爲煥成書聯，即用黃季剛集南北史語云「心術既形，英華乃澹。文章易作，甬陗難爲。」下句爲溫子升語，原作詩章，今易以文章。豈季剛別有所本，抑誤記邪？不可知也。甬陗義爲好貌，蓋即今所謂波峭也。

三月二日　晴。

續抄《義林》，頗生意趣，惜客中難致內典，否則，所得當更多也。

三月四日　陰冷，令人不怡。

看《同聲》雜誌，有張孟劬《論中國文化》一篇，頗有可取。

三月七日　晴。

抄《義林・唯識章》竟。熙如昨攜《相宗八要》及《成唯識論》來。昔年看《八要》，全不了解，今再取閱，頗覺豁然，則以先閱太虛諸文啓之也。《成唯識論》太虛亦有科判，雖無述記，亦當可解，當互參以讀之也。

三月十日　晴。

重讀《三十頌》一過，以明僧《明昱解》校對，又有增益，錄眉端。

三月十一日　陰冷有風。

前從熙如處借得《學海》雜志，第五册中有《莊子》、《管子》、《文史通義》等筆札，皆專著，可備參考。

又近人譚澤闓錄《何子員日記》，中有謰語數則錄之：婚聯「新詠玉臺聯雪硯，重闈蘭饍約春籃。」，壽聯「竹林快接蓬山路，蘭饍欣添穀日春。」，雜聯「天地有情如此海，江山何處著五舡。」。

三月十二日　陰曇。

中午在熙如家飯，座中有鮑執之、秦湘漁、薛煥成。煥成乃舊學生，今在此行醫。鮑翁有正直名，凡官斯土者，多就商政事，翁亦時有建言。然其思想甚迂舊，猶繫念昔日書院制度之善，以謂尊師若神明。實則昔日書院山長徒糜廩糈，每月僅看試卷一次。山長一缺，僅供地方官吏周旋同年之用耳！何足羨哉？於此可知對教育眞義毫無所知矣！承賜其先世墓誌三分，皆諛詞，不足觀。

三月十四日　舊曆二月朔，雨頗大，風亦淒厲。

看《觀所緣緣論》、《百法明門論》。

秦南野談柘塘老人辦團練事。當髮逆既陷京口，揚州鹽商江某狃於前數年款英軍事，欲重賂以求免屠殺。時淮紳方持兩端，亦各醵金將爲迎款謀。會揚賄既輸而屠殺不免，淮紳乃翻然爲城守計。時河督某已倉皇欲北遁，柘塘老人乃遣諸生分守城門，遇官眷欲出城者，嚴遏之。河督怒，召山陽令顧思光責讓之，顧謂『此可詢丁某解之。』柘塘因陳利害，謂『在城，固大吏，出城一步，尚何威邪？身且不可保，況其餘乎？』督不得已，遂與共守。淮之未被荼毒，柘塘功也。惟其斂財訓軍，不無賈怨。又果於殺戮，阜寧有積匪梁某，當柘塘辦練之始，即越境取而殺之，其黨羽聲言報復，柘塘不爲動，匪亦終無奈何。又有弁某，誤其令者，即殺不赦，因此怨者極多。車橋鮑某在勝保軍掌文案，亦以出捐事怨柘塘，乃嗾人搜集款匪各蹟，控之琦善。琦善乃拘繫柘塘於江北行營，勢叵測。幸柘塘子壽昌，官京都有聲，乃代父鳴冤。而曾文正與壽昌進士同年，以此誼故爲之解脫，得免於禍。其事之曲折如此云。

下午，風雨愈甚，間以微霰，迸跳如珠。向夕不止，階砌盡白。仲春如此，亦是異事。

三月二十日　陰。

代房東作誄挽陳鳳文云：「盛年問學東瀛，歸來宏教育，甌窶滿篝，十載淮壖勤稼穡。當日結鄰南畝，逋播避烽烟，客窗易簀，三春寒雨厄龍蛇。」陳，鎮江人，民國初元即長清江第三農校，亙十餘年。農校有腴田數百畝供試植，所穫不報銷，因此積貲不少。然其人嗜雅片，及亂起，二子西去，陳避居寶應，窮老而死云。

三月二十二日　陰。

看《莊子・齊物論》篇，增注一、二段，皆用唯識義。

四月一日　晴。有風。

前數年看《湛甘泉集》，曾撰年譜，惜未得其卒年。茲觀馮著《哲學史》，知其卒於嘉靖三十九年，即西歷一五六零年也。異日當補入舊稿中。

四月五日　陰冷，旋日出稍回暖。

抄《說文部首》，擬爲兒輩講之。

本日清明，本地人大燒長錢，每斤價逾千元，戶燒二斤，全城萬戶，即二千萬元矣！迷信之損失，如此其鉅也。

四月八日　晴。

看《起信論》。蕅益、桂伯、華圓瑛三家注合觀，稍有入處。梁啓超辯此論非出馬鳴眞諦，乃我國大德調和當時各派之著作，爲後來華嚴宗之先河，雖不出馬鳴而無損其價值。其說是也。

四月十日　晴。

牙腫消痛減，如釋重負。

《起信論》謂「衆生心攝眞、妄二門。」，唯識家謂「異生心，唯是妄。」，故兩家互諍。太虛謂唯識家說，菩薩心眞、妄兼有，則《起信論》乃菩薩位人，以己心所證立論者，以此爲調和之說。蓋相傳馬鳴固八地菩薩也。然今人已證知此論出中土大德，則此大德亦必在菩薩位矣。

四月十二日　舊曆三月一日，晴。

劉介眉談昔年王振鵬之被殺，乃喬伯瑤長縣事時，賄釋匪首三人尋仇所致。赦刑已非，況以賄邪？喬之罪豈可綰哉！

四月十三日　晴暖。

抄《百法》，遂得十五頁，明日可畢矣。當繼抄《觀所緣緣論》，則相宗書有六種矣。

四月十五日 晴。

《百法》抄成。續抄《緣論》，此論有釋，譯文奇嶮難解，故僅抄本論，乃明昱注。

爲兒輩講《左傳》。當時霸者晉文公忽薨逝矣，所幸晉國六卿得人，霸業不衰，非齊桓比也。

四月十七日 晴，曇。稍冷。

抄《緣論》及《三支比量》成。

看馮友蘭《哲學史·隋唐佛教章》，頗好。

四月二十日 晴。

馮著《哲學史》引《原人論》，以玄奘唯識宗爲大乘法相教，謂其認識爲身本。馮氏申之曰：「此宗立一相續無間斷之阿賴耶識爲身本，比小乘教爲進一步，然有困難。另有大乘破相教，破法相之執，以爲相宗，既認所變之境爲妄，能變之識豈眞？故破相教謂一切皆空。然尙不如一乘顯性教之爲了義。此宗以本覺、眞心爲一切根本，即天台華嚴所講也。」以此判教之高下，實則唯識宗本謂「若執唯識眞實有者，亦是法執。」固無勞破相教爲之破也。且空宗之爲滅執，已爲唯識家所破，何能破唯識耶？唯識家本主雙空、二取契合，中道以觀，唯識性爲究竟，不同餘宗，離實心等有實，常法名曰「眞如」，則性宗之中眞心，正唯識所破之實常法也。何以能勝唯識宗耶？蓋奘、基繼逝，識宗之義漸晦，雖宗密已不能了，益以性宗、禪宗申己抑人，故爲曲說。實則典籍具在，烏可誣唯識爲滯於空有哉？馮氏述其誤說，不能是正，亦違論學之正規。蓋馮氏屬實在論與唯識家固格不相入，聞性宗之言自然訢合，遂不覺揚其頹波耳！初學閱之，幾何不步入歧趨也。

四月二十一日　晴。

抄《起信論》。

階前牡丹有三、五朵含苞欲放，下午遂開，餘蕾多甚小，當更待數日，方能璀燦也。

四月二十二日　晴。

牡丹續有開者，惜花頭小，顏色又淡，全無鮮艷之姿，緣去冬酷寒，花遂受損耳。

四月二十三日　晴。

佛說《阿彌陀經》，謂「西方有極樂世界，念佛可以往生。」。然佛家本謂，三界唯心、萬法唯識、心外無境。何來淨土？苟有淨土，豈不同於法執？頃讀《觀無量壽佛經》，佛說十六觀，「每觀中作一種想」，可見淨土即是人心中理想境界，並非實有。《阿彌陀經》當同此旨。世人迷信，認爲眞有，未免滯着也。

四月二十四日　晴。

抄《起信論》，已至《發心章》，漸能了悟。

四月二十五日　陰。

今日正爲兒輩講《左傳》，霸者晉文公爲踐土之盟，域內衣冠之倫咸集，惜以遠隔不得聞其消息，異日讀史，猶當想見其盛，況身與其間者乎？

四月二十六日　晴。

晴日滿庭，花光照人。靜坐寫經，身心怡悅，幾忘亂世矣。

四月二十七日　晴。

比觀《起信論》，梁、唐兩譯。近人多疑此論非馬鳴造，章太炎即以有兩譯證其爲眞。任公謂此並僞作。今比觀之下，文句多同佛經，一種數譯者，其間必有詳略同異之處，如《二十論》，梁、陳、唐三譯，各有勝處，不似此論，雖名兩譯，毫無異義，蓋即出一人手。太炎之說殊不足為證。

四月二十八日　晴。

庭前牡丹已凋謝枯萎，令人有好景難長之感。

讀《西洋史》，中世蠻族遷徙，有斯拉夫人南下，日耳曼帝國因之殘破，昔日威盛如泡影逝，哀哉哀哉。

四月二十九日　晴。

抄《二十論》。以唐譯為主，魏譯為輔。一精一詳，正可互參。陳譯簡澀，祇存其偈，遂成八張。明日努力，即可完矣。

四月三十日　夜雨甚疾，簷瓦有墮者，向晨不已，令人愁悶。

牡丹凋落殆盡，僅剩枯蕚，憔悴枝頭，全失前日光豔之態，徒令人深厭。此佛家不淨觀也，從此可以悟道矣！

五月二日　晴。

抄《二十論》成。中有一頌，謂檀、拏、迦等三國以仙人瞋心之故，盡成空寂。此雖天竺寓言非實，然意業罪重過於身語，則其理良然。今德意志國朝市灰燼，蒸黎殄滅，非由希特勒一念之差，造此意業之大罪耶？雖由蘇、英滿此惡果，但僅是增上緣耳。其引業之力固發自希特勒也。哀哉！今禍災四至，欲逃無所，匿身地窟，不自引決以謝國人，種瓜得瓜，自食其報，當無所恨。然人民何罪？驅之死地而不卹？黃髮垂髫，同歸命盡，此其愈可哀也。願弘佛法以消大劫，書此法願。

五月三日　晴。

報載希特勒死、墨沙里尼正法。並世兩魔，同時伏誅，固快人意，而世人受禍，固已烈矣！彼同惡相濟者，不知作何感也

五月四日 晴。

偶繙《辭海》，見其解「三墨」，漏舉《聖賢群輔錄》。解「不學亡術」，謂其「無術智」，實則謂其「不明經術也」。「世及」，謂「世代相傳」，實則父子曰「世」，兄弟曰「及」。可見編《辭海》者亦多陋儒也！又「中華」條，謂「華，言有文化」，實則「華」義諸家說解甚多，此並不舉，亦陋之徵。

五月五日 晴。

抄《莊子音》。去年撰《莊子詁義》成，即擬續撰《莊子音》，以稿本爲郁熙如借去傳抄，耽閣至今方抄成見還，乃克作《音》。

看《成唯識論》。熙如來談《二十論》。

五月六日 晴。

抄《莊子音》。下午訪熙如續談《二十論》，多有滯義不可通處，由於譯文險澀，兼所說理深細，非可驟了，且多舉地獄，餓鬼，仙人作證，亦非中土人所習慣也。

五月九日 晴。

三弟婦挈三、四兩孩來。因浦中匪徒索賄不遂，劫趙媼去爲質。家人懼散，山妻同祺暫避祜家。世道如是，奈何奈何！

五月十二日 **舊曆四月朔**。晴。

家中無信來，令人焦盼。連日悶損，竟未看書。

五月十五日 晴。

連日看《首楞嚴經》，經凡十卷，詞義華贍，賢宗大德，世奉爲圭臬。解者數十家，今所讀者爲《達天指掌疏》。昔人對此經頗有疑其爲僞者，開元《釋教目錄第九》言：「譯人懷迪，因遊廣府，遇梵僧，賫此經共譯，其僧傳經事畢，不知所之。名字未詳。」《續古今譯經圖記》則云：「沙門般刺密諦譯，房融筆受，而懷迪證譯。」《貞元錄》則分爲兩種譯本。《長水疏》房融入《奏蒙鈔》，證爲虛構，即筆受殆亦不實。梁漱溟謂，經文之可疑者，如硫璃誅釋陷入地獄之事，清辯論師眞性有爲空之比量等最著。余按《餘經》皆言六趣、三善、三惡，此獨言七趣，增入「仙人」一趣，處善惡之間。經中歷舉十仙，皆鍊丹、服氣之流，中土盛傳，而非西土所有，何勞如來加以駁斥？且所述雖無眞如、生滅覺、不覺之名，而暗與起信相合。又三細、六粗、衆疏，亦每用以傅會。末數卷敘禪定著魔，亦起信所引而未發者。此經殆即起信家之詳文。起信爲賢宗所崇，故此經亦爲賢宗所重。起信既僞，則此經亦恐是中土大德所造，而託名佛說耶？偶有所會，故略記之。（唐、宋、元、明藏書，皆未收此經，其僞審矣。「觀世音」乃舊譯，玄奘謂其誤，改譯「觀自在」。今此經特別發揮「觀音得悟」之義，其僞可知。）

五月十七日　晴。

下午繙閱《辭海·書目答問》條，注謂「穉露《補正》甚有條理」，遺著得世人佳評，不負弟苦心矣。周作人君所撰《書房一角》亦引弟此書，謂其有益初學云。

五月十九日　昨晚雨，今晨止。路猶溼，氣候轉冷。

家中仍無信，令人悶悶。下午，山妻託華康匯錢四萬來，坿祜一信，殊不詳審，未知趙嫗事果如何也。

五月二十三日　晴。

介眉言，浦中情形愈壞。家中仍無消息，爲之潸然。

五月二十九日　晴熱。

家中尚無信來。震來一信告平安，焦煩之中，得此稍慰。

六月八日　連日晴熱。農稼望雨，而毫無雲霓。

昨鍾大娘來說，趙媽已脫險，花去三十萬，若輩猶以爲未足云。

六月十一日　晴。

三弟婦一早乘汽車歸浦去。

六月二十四日　晴。**悶熱，難受之至**。

寫《說文部首》成（震按：已於一九九五年在台灣刊印。爲本叢書之八《說文部首授讀》。）。復檢甲文、金文，補苴餘義。

六月二十六日　晴曇熱。

昨熙如借得《成唯識論述記》來，讀之盡一册。雖未能盡解，然較前又稍有入矣。當再玩索，或有了解之一日也。

六月二十七日　晴。**氣候稍和，不似前數日之酷熱矣**。

續看《述記》，盡第二册。《述記》，基師所撰，親承奘師指授，又兼取竺土十家之說，故解說唯識最得眞義。元季以來，佛法衰敗，此書失傳，故明、清諸大德說唯識者多不能了。論中駁難、外道、小乘諸語，《述記》皆徵引翔實，讀者乃知其命意所在，不則，人將疑其無的放矢矣。直至清季五百餘年，石埭楊居士東游日本，從南條上人游，獲覩斯本，歡喜奉歸。復有金陵沙門松嚴、揚州沙門觀如，募貲刊刻，廣爲流布，中土唯識之說於是復振。歐陽竟无、桂伯華、王恩洋、呂秋逸及太虛等深究「相宗」，皆受石埭之影響，有功佛門亦大矣。余故略述其因緣如此。

六月二十八日　夜雨晨止，旋小雨，時輟時作，氣候悶絕。

昨熙如攜示《正字略》一册，王彔友輯。就前人《辨正通俗文字》一書增三百字，又略移其次第，故易此名。依據《許書》而亦不大戾世俗，乃顏黃門《干祿字書》之嗣響。龍翰丞，字學舉隅之先河也。然亦有誤處，如謂：「夬」作「叏」，非。按「夬」，本从「中」、从「又」，則作「夬」者，轉近正也。朮隸變作「朮」，而彔友別作「朩」，似無根據。又謂「用」音琮，孔也，未知所當作「艽」，音交，藥名，亦未知所當作「劦」，即「劦」之譌。彔友分為二。說文有「況」，無「況」。彔友謂：「況」，寒水，从「冫」，未免牽就於俗。又謂：有从二之況，更不根矣。康甯字作「甯」，彔友謂從「必」，作「寗」，似非也。「夆」本从「干」，此作「丰」，似是筆誤。彔友，說文專家，不免小失，何也？

七月一日　晴熱。

下午，祺從浦來。中途遇雨，行李霑溼。同行者有華樸，承其照應，一路平安抵寶，談家鄉事，相與慨喟。

七月三日　晴。悶熱，極難受。

熙如、和詩、震亞來，同讀《離騷》。

七月四日 晴。蒸熱。

看《九歌》。二十餘年前嘗與穉露共讀，聚得楚詞類書數十種左右，參考寫成《楚辭衡注》四卷。事變時從揚逃歸，遂失其稿，今書既散佚，僅得《王逸注》數種，祇翫本文，亦頗發現新意，稍記之於此云。

一 《九歌》中所記者，皆天地、山川之神，即《國殤》、《山鬼》亦非人間所得祀。知為楚國政所用之歌詞也。

二 巫覡之制，其來甚久，其所歌舞多男女相愛悅之詞。蓋古人以鬼神不外人情，故祀男神則以女巫，祀女神則以男覡，不以為褻，而以為敬。《九歌》中多淫詞，以此也。

三 巫以樂神，亦以巫飾為神狀，故巫兼有尸之用。《九歌》中所謂靈者，時或指巫，時或指神，以此也。

四 《九歌》蓋楚國通行祀詞，然屈原既為當時文學之士，或亦經其修飾，如漢武求方國聲樂，而使相如等爲之詞也。故前人以此歸之屈原，不爲無故。近人競欲奪歸方俗，又何爲乎？

五《東皇太一》，祀天帝者也。「吉日」四句，卜日祭天，而上皇盛飾也。「瑤席」四句，布筵也。「揚抱」三句，奏樂也。「靈偃」四句，巫舞以樂神也。

六《雲中君》，祀雲神也。「浴蘭」四句，巫盛妝也。「蹇將」四句，神來享也。「靈皇」四句，神去也。「思夫」二句，神去而思念之也。「猋遠」三句，專切雲說，餘皆敷衍人神相愛之詞。

七《湘君》，祀湘水神也。舊說謂祀娥皇，似非也。「君不」二句，神留不來也。「美要」六句，巫盛飾往迎也。「駕飛」六句，迎之水中不見神也。「揚靈」四句，神不至而憂思也。「桂棹」六句，見絕於神而抒怨也。「石瀨」四句，嘆交不忠而見絕也。「朝騁」四句，絕望也。「捐予」六句，望神之念既絕，聊遺下女以自寬也。（「石淺龍翩」，似宜可合，然而不合者，交不忠而期不信也。「鳥次屋上」，言無人也。「水周堂下」，言不可及也。）。

八《湘夫人》，祀湘水神之妃也。舊說謂祀女英，似非也。「帝子」四句，神不來而生愁也（「降兮北渚」，非帝子眞降，巫之願詞也。「秋風葉下」，言時暮而神終未來也）。「白蘋」六句，神不來而怨思也。「慌惚」六句，遠往迎神也。「聞佳」二句，聞神欲來，喜而赴之也。「築室」六句，言神居之壯麗也。「网薜」八句，言神居陳設也。「九疑」二句，神忽遠去也。「捐余」六句，神既絕去，聊遺遠者以自寬也。

九《大司命者》，司人間生死之神也。「廣開」四句，神從天降也。「君迴」四句，神就巫也（「九州壽夭」，專切神說，是點題語。）。「高飛」四句，巫隨神也（「御陰陽」句，又點題。）。「靈衣」四句，神顧巫也（「壹陰壹陽」，猶言絪縕元氣也。舊謂晦明變化，是以一解壹也。似非。此句亦是點題語。）。「折疏」四句，惜別也（「垂老而疏，應上壽夭。」句，亦是點題）。「乘龍」四句，神歸天上也。「愁人」四句，以命自寬也（亦是點題。）。

十《少司命者》，司人間禍福之神也。「秋蘭」六句，勸神來就巫也。「秋蘭」四句，神果來就巫也。「入不」四句，幸其與神合也。「荷衣」四句，巫與神遊樂也。「與女」六句，神戀巫也。「孔蓋」四句，神歸天上也。

十一《東君》，祀日神也。「暾將」四句，日將出也。「駕龍」四句，日將上也。「羌聲」五句，奏樂也。「思靈」四句，巫舞也。「應律」二句，神降也。「青雲」六句，日行天上，向夕而降也（射狼，喻日行之疾。淪降，謂日中而昃。冥冥，謂入夜也。）。

十二《河伯》，祀河神也。「與女」四句，游河下流也。「登崑」四句，游河源也。「魚鱗」三句，神所居也。「乘白」三句，神所行也。「子交」四句，巫送神去也。

十三《山鬼》，祀怪獸也。「若有」四句，巫喜山鬼之慕己也。「乘赤」六句，巫往迎山鬼也。「余處」二句，山鬼語也。「表獨」六句，山鬼來就巫也。「采三」四句，山鬼去，而巫怨思也。「山中」三句，由怨而疑也。「雷塡」四句，山鬼去，巫望絕也。

十四《國殤》者，祀死國事者。「操吳」四句，始戰也，決死敵也。「天時」四句，戰急也。「帶長」四句，死敵也。「身既」二句，死而爲神也。此首無祭祠迎送、愛說之語，與他篇不類，疑集者誤收之也。

十五　《禮魂》者，常祀也。或曰送神也。「成禮」三句，巫舞也。「春蘭」二句，望神再來也。

七月五日　連日陰雨。到處霑溼，可厭。

看《九章》。

一　《惜誦》。誦者，言前事之稱。惜誦，悼惜而誦言之也。通篇皆直賦其事。詞最懇惻（「指蒼天以爲正」，「正」同證。「折中」之「折」，讀折獄之折。「鄉服」之服，讀若五刑有服。「壹心而不豫」，豫，猶豫也。「思君其莫我忠兮」，言忠君者莫我若也。曰：「有志極而無旁」，此原告厲之詞，下「曰」字乃厲答原之詞。「矰弋機」四句，謂黨人張网羅，而己無處可避也。「辟」同「檗」，机也。文中無遷逐之感，是初見疏時之作。）。

二　《涉江》。蓋頃襄王復遷屈原於江南時所作（南夷當是斥湘、沅間夷而言。舊或謂指楚，似非。自「來鄂渚」至「而承宇」二十句，所遭迴之地皆在今湖南境。古所謂江南也。卑濕幽晦，故下文以謂獨處無樂也。「重華」，喻懷王。此追敘見信任時事。）。

三 《哀郢》。蓋屈原被放時，適遇江水泛溢之災，人民奔迸離散，而原亦在行，故作詞哀之，因以自傷，知其爲水災者。因文中兩言陵陽，《戰國策》所謂「陽侯之波」是也。前人或以爲襄王徙陳時事，然秦之拔郢，襄王二十一年。楚東徙陳，更在其後，去屈原之放爲時已遠，似非一事。文中東遷，謂百姓南渡，則原自謂，舊皆指原，遂不可通（「憂與愁，其相接」，謂己之被放與百姓之逢災，故兩用憂愁字，而謂其相接也。「九年」謂放逐之久，無生還之望，故追寫始放時百姓流離之苦，而哀襄王之不悟也。亂言、鳥反、狐死之喻，皆思歸不得之詞，故尤念念於郢而哀之也。）「上洞庭而下江」，言將上湖抑下江邪？自商量之語也。

四《抽思》。此蓋懷王時初放屈原之作也。「心鬱鬱」十二句，言己雖見放而猶懷忠貞，欲一陳之也。「昔君與我」八句，言昔嘗見信任，而怨其中道棄捐也。「願承閒」八句，言欲自白而不敢，終見怒而不聽也。「初吾所陳」十二句，陳善於君也。「少歌」四句，言懷王之自矜。「倡曰」一段，述己見放，思歸不得也（前人謂屈原初放於北，以此爲證，是也。或謂「鳥」指懷王見欺入秦，迂曲難信。）。「亂曰」一段，重申憂煩之意（「狂顧南行」者，謂己被放於北，欲南不得，故又謂聊以娛心。知其非眞能南返也。此文無一語道及湘、沅者，知其時尚未南遷。則此文之作當在《離騷》前矣。）。

五《懷沙》。屈原決死之志見於此篇。言己不以放逐易志，而小人蔽賢，無知我者，故決死也。

六《思美人》。「美人」，謂君，思君而不能自達，又不肯變志，死而後已也。

七《惜往日》。（吳至父曰：曾文正公謂，此篇不類屈子之詞，而識別其淺句，今更推衍文正之指。蓋他篇皆奇奧，此則平衍而寡蘊，其隸字亦不能深醇。文正之識卓矣。「受詔」、「明法」等句，明用《史記》語，其非原作而出後依託可知。「君會怒以待臣」等語平衍，不類屈作。「遂自忍而沈流」，屈原死志雖早決，然亦不必前知其沈水。今乃徑言「沈流」。下文又有「不畢詞而赴淵」之語，則不待作《懷沙》而已自沈矣。於事理殊不可通。洪氏謂「子雲《畔牢愁》，所仿自《惜誦》至《懷沙》。」然則《懷沙》以後不盡屈子詞矣。此篇當是後人擬作。）。

八《橘頌》。文中無憂愁幽思，故前人以為屈子少作。詞意與餘篇不類，當是誤收。

九《悲回風》。吳至父曰，《九章》自《懷沙》以下，不似屈子之詞，子雲《畔牢愁》所仿，自《惜誦》至《懷沙》而止。蓋《懷沙》乃投汨羅時絕筆，以後不得有作。《橘頌》或屈子少作，以篇末有「年歲雖少」之語。《悲回風》，文字奇縱而少沈鬱譎變之致，疑亦非屈子作。所謂「佳人」，乃屈子也。「眇志所惑」，則作者自言，蓋諫君不聽，任石何益？即眇志所惑也。然則，此殆弔屈子者之所爲歟？按：前人褎輯舊文，往往坿錄擬作，若王本《楚詞》後錄諸篇是也。特今尚知其作者主名，故未掍歸屈原。《悲回風》等，其作較早，失其作者，列在《九章》之末，人遂誤以爲屈原作耳。吳至父別出之，是也。

七月七日　晴熱。時有陣雨，蒸溼惱人。

三弟婦昨從浦來，今早乘郵船赴揚。

七月九日　晴。連日悶熱令人不快。

讀《招魂》、《大招》。王逸以來，皆以《招魂》爲宋玉閔師之作，《大招》則屬之屈原或景差。近人又以此爲楚人通用之詞，不可定其主名。其說皆非，宜從吳至甫語，以《招魂》爲屈原招懷玉之魂而作。據太史公《贊》及劉勰《辯騷》爲證。揆之詞意，亦頗相合。《大招》則似是楚國王室招其已死之君之詞，故多言行賞發政諸事，且末段述四方所至，正與楚國國境相合。終之以尙配三王，三王者，楚之先君，若《離騷》中所謂三后純粹者是也。王注謂「禹、湯、文王」，亦誤。

《九辯》。舊皆以爲宋玉作，無疑詞。吳至父亦歸之屈原，其說據《釋文》，次《九辯》於《離騷》之後，《九歌》之前。《王逸注九章》，每言「解在《九辯》中」，是王之次第，蓋與《釋文》同。且《離騷》、《天問》中，兩言《九辯》、《九歌》，是兩者皆古樂章，取以爲題，明是一人之作。且子建《陳審舉表》，引屈平曰「國有驥」云云。洪補注亦載此語，則子建固以《九辯》爲屈子作也。吳說甚是。近人多喜懷疑，遂令屈子所作，僅有《離騷》、《天問》，餘皆被奪，乃無有疑此篇而奪諸宋玉者，何其厚於宋而薄於屈也？吾故寧從吳說焉。

《九辯》分章頗不一，今定爲九段。「悲哉秋」至「蹇淹留而無成」爲第一段，當秋而悲也。「悲憂窮」至「心怦怦兮諒直」爲第二段，遷逐思君也。「皇天平分」至「步列星而極明」爲第三段，當歲盡而恐己壽命之不長也。「竊悲夫蕙華」至「仰浮雲而永嘆」爲第四段，思君而不得見也。「何時俗」至「馮鬱鬱其何極」爲第五段，世無是非，但當高隱，而己以感恩，不忍使絕君而去也。「霜露慘」至「而不得見乎陽春」爲第六段，守正不改所志也。「靚杪秋」至「蹇淹留而躊躇」爲第七段，嘆老也。此段詞意多淺率。「河氾濫」至「下暗漠而無光」爲第八段，傷讒邪之蔽忠也。詞亦淺露。「堯舜皆有」至「還及君之無恙」爲第九段，傷亂欲隱而遠遊也。

七月十二日 陰。

早起影寫《藏書記事詩》一頁，家藏是書缺首半卷，故抄補之也。

七月十三日 陰。

二十餘年前，稺露託放鶴在蘇州購家刻七卷本之《藏書記事詩》，書賈以靈鶼閣六卷本應，而放鶴不知辨，又失去首半卷，其愚闇如此，稺露大不懌，其後輾轉求得七卷本，而棄六卷本不顧矣。余惜其殘缺，思抄補之，久之乃從郁君得此書，因影抄之。世亂時荒，未知得成否也？

看《續古文詞類纂》解悶。

七月十九日 雨。

看《魯迅全集》。雖思想多深切，而文詞不免失淺，世譏其不脫紹興師爺習氣，有以也。

七月二十日　晴。

寫聯數付，殊不愜心。

《魯迅集》中有爲其友撰墓表數篇，文詞簡雅，極似六朝碑板。倘援近人懷疑之例，謂《九歌・遠遊》非屈原作者，則此數文體格、思想與魯迅絕遠，必僞作矣。不亦妄哉！

九月一日　晴。

前此一月有餘閣筆未記。一因天熱，二因局勢緊張，無閒心及此。此四十日中大事則有：八月十日日皇投降，閱五日寶應鬼子全部退去，翌日城被圍，至二十二日遂收復安民。當時砲火紛飛，毛宅中兩彈，屋漏爲穿。余偕滋、迪屏息不敢動，幸未遭殃。次日，聞喬老被逮云。

贈聯郁念純

十雨五風歲則熟。左圖右史身其康。

當圍城日，表姪程舜祖慨然以白米見假，深可感念。前數日，馮立生兄亦贈米二百斤，亂離中，賴以度命。

九月四日　**陰**。

《寶應縣志》謂漢射陽石刻在畫川書院，昨遊其間偏覓不得，豈爲炮火所燬，抑鬼子識寶運往海東邪？前年作詩曾有此疑，今竟諗矣。惜哉惜哉！

九月六日　**舊八月朔**。

先是毛澤東於二十八日同周恩來飛渝，商團結大計。二日報載，新四軍軍長陳毅下令，對於友軍勿可引起誤會。是和平有望矣，人民之幸也。

九月八日　**晴**。

報載，團結之空氣頗濃，小民之幸也。

九月九日　陰。

夜間戒嚴，恐兩淮潰兵滋事也。聞人言，淮陰於六日解放云。

九月十日　陰。

或傳淮陰戰時炮火甚烈，雙方死傷頗衆，老百姓亦多罹殃者。山妻及祜皆在圍中，毫無信息，傍偟焦慮，奈何奈何！劉四嫂謂呂紹來回浦，不久仍來，當可得確訊。然恐是凶訊，又將奈何？人當此際，頗思一得消息，但又懷懼，不敢逕問也。

九月十一日　晴日滿窗，天氣甚佳。

聞人言，清江兵燹，尙不甚鉅云。

九月十八日　晴。

呂紹來說寶瀓家平安，心爲少慰。

九月二十日 中秋。晴。

繼題於《居安續記》扉頁（震按：亦只知九月，遂置於此。）

先生戩易絕韋編，消息盈虛視此年。莫怨蛾眉遽哂笑，江河霞霧正迷天。

（震按：抗戰勝利，寶應縣城未靖，戚友紛紛南去，生活日艱。）

十月五日

大早起身，攜祺、胤乘郵船回里。局促一天，夜半方到，無挑夫，大為狼狽，不得已，覓客棧，久之，乃得入門，行旅之苦，無過此次矣！

十月六日 晴。

絕早，雇人攜行李到家。山妻方病瘧，憔悴，家有軍人借居，殊不便也。

十月七日 舊九月朔，晴。

到水渡口老宅取針藥，山妻瘧未止，顛頓返家。

十月八日　晴。

下午，山妻再注藥，病得止。

十月十一日　晴。

蔣毛會議得圓滿解決，毛飛延安，宣布議決原則十二條。國共團結，永遠和平。中國之幸，世界之幸。軍部發號外誌喜。

十月十三日　晴。

大早動身，船迫人多，較前次尤爲局促，半夜到寶，宿飯店，失眠。

十月十四日　晴。

大早起身入城，夾小包袱竟不能膀。到寓，旋訪熙如，遇晴北、振亞、煥成，談團結事皆喜動顏色，可知人心厭戰而望治矣。

十月二十四日　晴。

前數日群氓爲江某乞釋，聚衆近萬，聲勢洶洶。當局認爲此中必有操縱之人，故此舉於江竟無益有損云。江爲漢奸，實無可諱，然在漢奸中，實能愛民，則較彼殘民以逞者，其罪固當末減。今則若輩惡貫滿盈者，多逍遙法外，獨坐罪江某。則刑罰未免失中，是在法家當必以有平是獄也。

十月二十八日　晴。

下午訪吳愼因，借得《淨土津梁》四册來。有天親所造之《發菩提心論》，蓋《起信論》之先河也。起信發明三細、六粗，義甚玄邃，非初學所了，爲談心論性者所依託。此則專重六波羅密切實工夫，誠相宗所宜首讀也。

十月二十九日　早大霧，久之乃開。

復看《發菩提心論》，僅舉六識不及七、八，固是小乘，非大乘也。抑豈爲迴小向大之菩薩所說邪？再考之。

十月三十日　晴。

淨土一宗念佛往生，雖爲凡愚開方便門，然其一心專注，深信不疑，亦不易到，而祈向既定，不入旁歧，亦爲他宗所同。唯識家說，在闡明所以無我之原理，以求大圓鏡智，其歸宿仍在淨土，故念佛亦所不廢（念佛有四種，一，念佛實相，二，念佛法門，三，念佛相好，四念佛名號。今世人念佛皆屬第四，取其便易，但非殊勝。）。基師本唯識龍象，亦曾爲《阿彌陀經》作《贊》，可知兩宗之相通矣。惟世之念佛者，迷於淨土之實有，未免落常見一邊。不知《無量壽經》明言「十六觀」是淨土，本存在於人念中。正是萬法唯識之一端，豈可以世人之迷誤，而斥其妄，致落斷見一邊哉！余向來不甚信淨土宗說，玆讀基師此贊，因爲兩家溝通其義，庶幾一醒世間念佛人之迷耳。基師之釋「極樂世界」，其言曰：一、釋名世者，可破壞義。界者，境分齊也。樂，即能居者。第六識相應樂受也。二、出體極樂者，即至極樂受也。世者，即有情、無情法。不堅，可破壞。而立世名，即色心上假立界者。四塵、五塵爲體，雖聖境無坌惡，義是塵土之類，故亦呼爲塵細。四相遷亦名世界。三、辨假實，若是化淨土，而但是假，是定果，色去者。有情未除穢種，未能變得淨土，但是變心，如三變土、田等，不乖唯識。四、漏、無漏料揀，若是佛本質淨土唯無漏攝，若往生有情及菩薩所變淨土，唯是有漏，謂第八識果轉非因故。五、位分別者，極樂者心所收世界者，即色法攝。六、三科收攝極樂者，即行蘊收世界者，即色蘊攝，十二處中極樂法處收世界即色處攝，十八界中法界及六境中攝。七、釋妨難者，問「十方佛國快樂皆同，何故偏指西方？勸人生彼？」答「良爲凡夫業重，處處生貪，若不偏指一方，即不繫心專注。所以《法華經》云：『衆生處處著，引之令得出。』又，『西方淨土，主勝願強，偏勸往生，疾成聖果。』所以偏指也。」又，經云：「舍利佛不可以少善根、福德、因緣，得生彼國。」基師《贊》曰：問

「十念彌陀，頓生淨土。據斯所說，果著因微，何故少善因緣，不生彼土？」答「十念得生淨土，接引懈怠衆生，卻談多善因緣，乃被精進勤學者，或廣或略理不相違。」按此，則念佛往生，不過為勸誘凡愚之權說，非眞正了義，善知識者豈可自安凡愚，不思勇猛精進邪？又，基師《贊》「持佛名號一日乃至七日，一心不亂」句，引《觀佛三昧經》云「此念佛三昧，欲使成就有五因緣：一，持戒不犯，二，不起邪見，三，不生諂慢，四，不恚不嫉，五，勇健精進。」按此，則念佛以外之工夫正多，而愚夫、愚婦專欲以此諵諵沓沓，即能往生，何其妄也！基師此《贊》，全本唯識，故與餘註不同，足以糾正愚闇。約錄於此，願與世之皈依淨土者一商略之也。

十月三十一日　夜半小雨，早，密雲布空，頗冷，向午轉晴。

看《淨土津要》竟。此書正、續兩編，選錄經論十一種，頗能發闡念佛精蘊，一破向來凡鈍之謬見。其中以天親之《發菩提心論》、窺基之《阿彌陀佛經贊》、《梵網經》、《心地品菩薩戒疏》三種爲尤要。商務出版，價一元餘耳，異日當購置也。

十一月三日　晴。

連日報載，磨擦事甚烈。此間謠言孔多，人心爲之不寧。

十一月六日　晴。

喬老得釋。慕往視之，下午余偕慰農往視，面貌豐腴勝舊時。因感昔人訟獄之困頓。決非今時開明所可比也。

十一月九日　晴。

下午，山妻從浦來，送錢及油，胤兒隨來，事出意外，爲之歡喜。

十一月十二日　晴。

山妻擬歸里，臥不寧，半夜即起，坐以待旦，辨色即出城。輪舟有差，不售客票，改乘郵船去。

十一月十六日　晴。

看《馬哥孛羅遊記》，泗陽張星烺譯，中有「清江城在邳州南二日程」，似即今之清江浦邪？惟清江浦之得名，由於陳煊開此浦，元時不得有此稱。且今清江浦在黃河南岸，逼近黃河，而《馬羅》書則謂「清江城在黃河之北三日程」，則又似非今之清江浦也。且原文之音爲「清州」，而張氏譯時橫增「江」字，果何所據邪？以地望考之，似是宿遷，但音絕遠。或者是清河縣，清河軍正在邳州南黃河北。惟清河亦逼近黃河，與所說日程不合。或《馬哥》誤記邪？惟譯以清江則大謬。張氏之父相文，地學名家，張氏又爲研究《馬哥》書之專家，乃有此失，殊出人意外也。

十一月二十日　陰雲滿天，氣象愁慘。

芳炎以逸民所作詩詞各一首見示，並屬和韻。

西河　淮陰懷古，和逸民韻

迷烟浦，還望故園，何許？崎嶇澤國感蹉跎。萍漂絮舞，長街十里，憶塵蹤，幾番龍虎蟠踞。　問遺子，心惻楚，殘英冷蝶隨處，妖氛幸靖盼雲霓。人思慈母，漫疑遊釣困王孫，異世誰盼狗兔。　捲書已恨歸時暮，窗正曉驟翻風雨，天外耑尤重豎。對蒼生，誰忘和平語？海山底怪濤聲怒。

附原作

清江浦，隋隄柳色，如許。烟波浩淼畫桅稀。兩三燕舞，市橋殘壘，有餘腥，窺江胡馬盤踞。　弔淮水，懷漢楚，王孫乞食何處？未央宮裡殺眞王。報虧漂母，翠華廢跡撫高陵，難爲功狗狡兔。　亂笳四動雉堞暮，誰分曉翻覆雲雨，醜虜降旌空豎。問當時，誰記蒯生語？城望淮陰秋風怒。

十一月二十二日　晴。

芳炎以所抄逸民擊楫詞一卷見示，凡二十餘首，多慷慨激楚之音，蓋其身世使然也。

下午從愼因師處借得吳芝英書《楞嚴經》，字甚秀勁。

十一月二十九日　終夜雨甚大，至明不止，景象愁悶。

秋懷二首呈芳炎

不是空懷宋玉悲，秋來爽氣苦堆眉。連朝風雨頻欺客，如此江山欲問誰！

塞上哀笳驚好夢，域中急劫鬭殘棋。莫憑恩怨論萁豆，終竟和平大可期。

知君飲興本遄飛，孤負霜螯竟不肥。此日只宜謀淺醉，人間尚未解征衣。

瓊贏蜃市翻憂喜，空碧狗雲幻是非。只苦民生憔悴甚，莫忘垂暮挽餘暉。

十一月三十日　晴。

還和詩書十册，遇和詩夫人在門口買糖，即面點交之。

十二月八日　晴。

下午從愼因師處借得《妙法蓮華經》梵夾本甚重滯，不便利也。

十二月九日 晴。

讀《法華經》，盡兩卷。《序品》第一。《方便說法品》第二。《譬喻品》第三，火宅、三車之喻即見於此。《信解品》第四。佛書文字煊染處多，雖已四品，含義並不多，不似儒書之謹嚴也。

十二月十日 晴。

慕擬圖南，連日無船。頃遇子矦，約明日可行云。

十二月十一日 晴。

子矦之約，又將遲一日，別無他舟，只好俟之。下午，慕辭立生，決明日行。

十二月十二日 晴。

大早，送慕出南門，佇視其張帆去。

十二月二十八日 晴。

晚隣人胡立春從南來，持有慕信。慕自十二日動身，次日到郵，翌日到鎭，無甚機遇，幸晤顧瑤圃約往無錫矣。

再題於《居安續記》扉頁（震按，亦只知十二月，補置於此。）

約略心情盡此編，萬端涕笑誤華年。年終又向揚州去，數點梅花釀雪天。

（震按：江蘇省立揚州中學於戰後召先父前往任教。）

三十五年一月二日　晴，有風，頗冷。

途遇介眉，談昨有人從浦來，周公望、李玉書、黃子矦皆伏誅矣。漢奸收場如此，足爲警戒，相與慨嘆。

一月八日　晴。

駐軍於昨夜盡開拔，城中無兵。楊媽從浦來送錢。祜有信，速余等歸，詞甚迫切。殆山妻聞人言，寶地不安也。然清、寶相較，則寶尚較佳，且又易於圖南。故決計不從山妻語，並屬浦中人可遷此地也。

一月二十一日 晴。

晚接到慕信，朱兄約余仍在舊校教書。初患到揚無居停處，得此信，心乃釋然。

居邗日記

民國三十五年（一九四六）二月四日　即陰曆丙戌正月三日

由寶動身回浦，攜祥同行。出城雇車，到淮安換車，下午三時到水渡口仁慈醫院。山妻尚未來，晤寄僧，知病尚不甚劇，因入城到家。祜、祺等頗現張惶之色，因中醫謂疾頗重故也。

山妻聞余歸，甚喜，精神稍旺，略談家事。晚，醫院張先生來打針，夜間睡頗安適。次早，擬入醫院，又以病體虛弱，恐不禁顛頓，躊躕難決，往問寄僧，謂無妨礙，遂招高氏兄弟抬往醫院，經過甚良好，留祥侍疾，七奶奶作伴。次日，稍能進飲食，余心稍安，家人皆喜。自是，日見減退，精神漸長，七奶奶遂去。旋滋、迪從寶來。

去歲事變以後，田租未收，日食不敷，加以貧富之爭，居民心懷恐懼，山妻之病亦由此類事焦愁所致也。欲賣田，無人敢受，器物既不值錢，且家中亦無餘物可賣，生活起居，陷於困境，加以患病，用款增多，奈何奈何！祺在家中搜檢雜物，廉價出售，吃虧不少，聊濟燃眉之急。此次，寄僧、博泉、駕六諸公幫忙甚多，可感之至。泉生、藍田皆懼被鬥，避往異鄉。泉生家且被查封，雖欲相助，無可爲力。

余家居十數日，山妻病日有起色，已能吃爛飯半碗，余乃放心南下。

二月十九日

早到中洲乘小輪，下午到寶。收拾行李，辦路單。

二月二十日

乘郵船，晚到高郵，住御馬頭安樂飯店。

二月二十一日

黎明，乘快船赴揚，下午三時到黃泥壩，進天寧門到校。一路甚是平安，傳聞之險，全非事實。入城時，軍警亦極和煦，未曾留難，眞大幸也。此次攜滋、迪同行，入學揚中。

三月一日 雨。

到揚數日，連遇陰雨，蟄居北樓，不克出門，悶損何似。重遊舊地，人物全非，百感叢生，不能自已。且物價騰涌，而脩羊益瘦，父子三人，餐饔幾絕，兒輩讀書，在在需錢，囊空見底，何以應付？敵寇雖退，艱難愈甚，誰實爲之？至於此極！雨窗枯坐，聊書所感，異日勿忘在莒時也。

晚接到滬、鎭來信，震兒亦有一箋。自去秋來即未得震信，至此乃知其已到慕處，深以爲慰。

三月十日

先是谷馭麟來告，山妻病復翻，頗盼余及震欲求一面。乃發電滬上，呼震來。旋祥亦由寶至，聞此訊，堅欲回。乃於今日攜震、祥同行，三天到家。則山妻已於陰曆二月六日（陽三月九日）逝世，一棺在堂，頓隔人天。回憶去冬，山妻送款到寶，留三日別去，景況猶在心目，哀哉哀哉！追悔何及邪！伉儷整三十年，助余理家。尤以抗戰而後，留守故廬，支持門戶，憂危困苦，不可名狀，卒以致疾，終至不起。倘無倭難，則山妻雖甚孱弱，亦不至遽至此也。加以倭難甫平，共黨又起，既憂生活，又愁鬥爭，病軀當此，不死何待！哀哉！當彌留時，僅祺攜胤在家，祜亦來照料，各事皆未預備。余既到家，而陰雨連綿，匆促擇定陰歷二月二十三日安葬，壙即傍先母墓。以祖塋遠在洪福莊，地方未靖，未敢往，故仍就先母墓傍權厝。葬時小雨沐脈，若助人之悲哀者。

喪葬既畢，即籌備南下。雇得一船，祜、祺、祥三人整理衣物，凡二十餘件。山妻既歿，祺、祥無可依恃，祜在孫家亦孤立，難於安居，於是，舉室南下。

四月三日　陰曆三月二日，雨。

今始上船，時正大雨，余以延遲已久，決冒雨上船。船小物多，臨時又捐棄數件，兒輩爲之惋恨不已。然亂世身外物，豈足惜哉！幸下午雨止開船，到淮城泊，晚宿岸上。

四月四日　雨。

下午三時即到寶。屬弟婦收拾衣物，添雇一舟。

四月五日　陰。

一早上船，時陰雲密布，西北風甚厲，張帆南駛。下午三時即到高郵，晚宿岸上。

四月六日　晴。

仍順風，舟行甚疾，一路無阻，四時到揚。余偕祺、祥、胤、武先入城，宿校中。

四月七日　晴。

屬校中工友二人，到東關發行李，凡雇十車。入城時，又遇警察索詐，費去五千元，乃得放行。暫抵校中，弟婦及祜則暫居谷寓。四出租屋，多不合適，終得徐燿周之房兩間，月租萬二千元，不可謂廉矣。

四月十四日　晴。

今始進宅，無牀無桌，家人皆臥地上，窘狀可見。至今已四、五日矣。起居漸慣，現所焦慮者，物價昂貴，將何以應付日食邪？加以大局混沌，東北戰事猷熾。土人相傳，共黨有攻揚之說，則流亡如我輩者，將何以堪？惟望國府能毅然推進，以消兵禍，否則，聯合爲政，亦可苟安旦夕。吾家破人亡之餘，若驚弓之鳥，固不堪再經變亂矣！

四月二十二日　晴暖。

連日向人借家具，每不能得，寓中臥無榻、坐無橙，令人有客地傍徨之感。

四月二十四日　夜大雨傾盆而下，早起雨止，陰雲密布。

偕須公到徐府檢書，須公檢出一籃，而我之書積壓箱下，無可下手。

四月二十六日　晴。

慕攜弟婦及祐、胤、武往上海去。

五月二十三日　晴。

自來揚州，忽復數月，生活逼人，胸懷鬱結，詩思不作，久疏吟詠。頃讀《通州家伯子之集》，思深詞峭，全屬宋人面目，與余素所主張者不同，然其佳處，固自不可掩也。因仿其體，聊成一章，殊不能肖。

揚中補行復校典禮，余以垂老之身，得躬與其盛，感念今昔，紀之以詩

腥風海上來，晨鐘歇清響。素質抱忠貞，天涯各孤往。敢忘百年計，人才儲篠簜。隔江弦誦聲，同心通肸蠁。余身蕩洪波，提挈歸淮上。中間竄澤陂，時時虞伏莽。頗遭脅誘兼，斂采遠譽謗。兢兢懍薄冰，何由得舒放。平生所力學，斯時用自壯。盈虛反覆間，聞捷令神王。晦庵英敏姿，舊基比新創。豐碑立路衢，高文入老蒼。臣亦返屠羊，三旌非所望。旅食日萬金，艱難困生養。不偕綦巾人，甘苦孰相賞。努力效明時，勗心自奮強。執手集群髦，新知多俶儻。亦復念素心，掩涕哀黃壤。或滯巫山深，欲歸江水漲。鮑叔皓須眉，矜式世無兩。右史困黃巾，崎嶇脫羅網。不意中興年，能作生還想。開窗納遠山，依舊氣寥爽。南樓歌嘯情，歡聚憶疇曩。噩夢一瞬間，始信天地廣。楙績保前脩，持此謝吾黨。

五月二十五日　晴。

學生來屬作級刊發刊詞，姑作小詩一首，聊以塞責

諸君咳唾落璣珠，轉向疲駑問道途。情性萬端須砥礪，文章一例等嬉娛。

憂天有淚傷龍菹，垂老無能割鳳吳。翹首雲霓豈虛望，清時儲學濟艱虞。

讀須公詩詞稿，因賦長句奉贈

何須劭式矜前史，彊達交情世應稀。三覆井窗眞氣滿，八年兵劫夢痕非。栽成松檟雙來鶴，坐看風雲一釣磯。我已破家逃物論，羨君尙得賦清輝。

六月十日　晴。

前立法院議決，改善公教人員待遇，而行政院堅不肯行，紛議多日，乃略增少許，而省方又將米貼取消。此眞狙公朝三暮四之技兩，欲求政治之清明，豈可得哉！

東北事，久未定。惟自長春克復後，共黨氣燄少衰。中央乃許其停戰十日，以便商討。周、陸等飛延請示，今已回京矣，不知前途能有光明之望否？國難幸平，內憂未已，社會兀隉，生活維艱，生丁斯世，奈何奈何！

六月十三日　雨。

牙痛，請假未上課。

看《通鑑輯覽》，剌取五胡十六國事，列之爲表。

六月十四日　雨。

取昨所列五胡事繪爲直線表，各國興亡久暫，一目了然。惟地勢張縮分合猶不能顯，當別取徑以示之也。

六月十七日　晴。

看黎某所撰《先秦史》，敘述較坊間教科書爲詳，亦時有新義，而不盡持懷疑論調。初學讀之，似屬有益。惟薄薄小册，索價八百元，眞買不起。

六月二十日　晴暖。

慕來信，謂子仙頗願爲吾及須兄介紹上海教書。余在揚州，前後二十餘年，已覺厭倦，而脩羊羸瘦，同於雞肋，能作南圖，亦是佳事。即覆信謝其盛意。

六月二十一日　晴。

盛靜霞偕其夫蔣君過訪，小談而去。皆在中大教書，共殷殷以舊學爲問。年少誠篤，深可嘉嘆。

六月二十四日　晴熱。

祥到觀音堂救濟站領麵包，甚潔白，又可供半月食矣。

政府對復職人員本有救濟之款，聞者色喜，旋復寂然。近來，省方公教人員力爭，乃有發放之說。凡在抗戰期間，不汙僞命，並曾服務中央六月以上者，即可分潤此金。余在八年中，服務未曾間斷，惟證件未備耳。即發兩信，請子仙、穉山爲作證明，別發慕一函。

六月二十八日　陰雨。

從勤老處借得《止叟年譜》、《休庵文集》兩册。止叟生於清咸豐七年，卒於民國三十一年。余當時曾有詩挽之，惟未詳其行實，祇渾作哀悼之詞耳。今觀年譜，乃稍知其爲人。譜乃叟所自訂，光緒五年，二十三歲，舉於鄉，累上春官不第。三十六歲，分河南候補，歷任各縣。四十六歲，晉道員，仍在河南，參與鑄錢、開礦等新政，頗獲時譽。後又曾在廣東、奉天服官，有能吏名。改國後，於民國二年，任江蘇民政長。次年夏，調安徽巡按使。次年八月，解職家居。對於本省水利、賑務，盡力頗多。民國十一年閏五月，再任江蘇省長，時已六十六歲矣。民國十四年四月卸任，凡三年，中經齊、盧之戰，奉軍南下之紛擾，支持諸武人之中，亦未能有所建樹。是後家居，盡力水利。晚遭倭寇，流轉澤國，頗受虔劉，終以死拒，未汙僞命，晚節有足稱者。《年譜》之末，謂曾力和國、共之爭，未有效果，終釀黃橋之變，引爲深恨，則此老胸襟，固可識矣。

綜覽一生，加以品第，則「能吏」二字，足以盡之，陳陶遺輩，私謚「勤恪」，誠可當之無愧。

休庵者，江都陳賜卿也。文學桐城，頗能近似，詩亦雅潔不俗。惜其人熱中仕宦，又斤斤然不忘遜清，稱之爲「本朝」。文中於民國紀元，皆書甲子，殆自比靖節耶？可謂荒謬之至。晚遇倭變，不甘寂寞，出任地方法院院長，身汙僞命，尚何足道！而詩文均近雅，僅觀其文，絕不能知其爲人之卑汙。須公謂：「舊日文士，胸中貯有佳文千首，見成語調，供其驅遣，是以所撰文詞，全不由肺腑流出，何以見其性情之眞耶？」然則，古文、古詩之不足貴，不但以其詞之不合時。亦以其意可僞而不眞也。世之作者，其知戒哉！

六月二十九日　晴熱。

看《韓止叟永憶錄》，即其年譜之注腳也。

六月三十日　晴。

中央與共黨商和停戰十五日，又延八日，至今日止，仍無眉目。中央本令共軍退出蘇北等地，今共既不退，而中央亦無進軍之表示，流亡何日得歸哉！不和不戰，勢成僵局，人民之信心不免減殺，奈何奈何！

七月一日　晴熱。

慕來一信，謂子仙將介紹我到中正中學教書。

看章嶺編《中國歷史》，材料雖多，惜乏剪裁，無甚可取。

七月九日　晴熱。

看《通鑑輯覽》唐代事。藩鎮割據，與後世對照，多令人生感者。

七月十五日晴，連日熱極。

揚州難民麕集，當局放急賑。吾家九人，惟三孩與例合，得七千五百元，數甚戔戔，何濟於用？

連日飛機過城，曾散傳單，聲討共黨，殆有推進之意。時又有傷兵從仙女廟來，則前綫想已接觸矣。北來人言，共黨當局令知法院，輕釋重死。又在沭殺士紳三十餘人，運糧背往山東，皆足證蘇北將有戰禍。遠瞻故里，憂心如搗。

八月十四日至九月三日

從揚動身，十五日到滬。進中正中學，住興亞新村二十號樓下數間以爲枝棲。無牀無桌，諸多不便，如是又數日，方稍稍就緒。人地生疏，總非舊遊之地可比。幸校中同事有宋村陳鑑泉、海秋叔侄，故友重逢，足以寫心。而教務主任王又瀛君，興化人，雖非舊識，而氣味相投，凡事皆可就商，便利不少，不然，則深悔此行矣。

爲諸孩辦轉學手續，聞可免學費，否則，窮措大難以勝任。蓋每人須金二十五萬，五人盈百萬，加以制服、書籍，如何得了。現在教育，專爲富人也，可嘆可嘆！但歷來能受教育考取功名者，亦以科第舊家爲多。貧民崛起，雖非絕無，亦最少數，不變制產之方，終無救耳。

新居樓上沈姓，化學工廠經理，生活富裕，出入皆汽車，男女僕役三、四人輪流供奔走。措大與之同居，甚形寒傖，彼此本可不相過問，無如房屋結構不可分離，水、電、煤等皆合用，彼之用煤，既不愛惜，而使吾與之分擔，甚不合算。慕乃設計，自安電爐，或將止煤不用，以求節省。惟不審果相宜否，試用以後方能決定也。

震自皖隨軍北上，困於臨城，幸得解職來滬，進上海臨時大學先修班。今夏投考大學數處，成績頗不佳，軍醫校發表，取於牙科，雖非本願，然有公費，較便於窮晙之士。九月二日收拾行李進校，余送至江灣路軍醫校汽車站，竚立目送其去。因思其母不及見，爲之悵然不怡。

初意欲謀暨大教授，既升格，薪又多。中由陸鐵城兄介紹，李壽雍君口頭答應，迄無聘約。李本政客，向來皆以位置爲人情，今雖辦學，依然舊習，將來成否，仍不可必。或謂託有勢者作荐書，當可有望。余意中正薪已可敷衍，又何必強作求人之舉。因遂聽之，成固可喜，不成亦無所損也。

九月來，天氣極熱，過於溽暑，世所謂秋老虎者，豈即此邪？寓屋雖頗精麗，而窗向西南，下午日光斜射，滿室蒸鬱，頗不能耐。則窮閻淺屋，其困苦更將如何？思之慨然。

九月五日　晴熱。

鑑泉談蘇躍衢去年死，爲之慨惜！蘇在早年從周越然兄弟學英文，自修甚苦，終能有成。編撰英文典籍甚多，有益初學，而不善交際，世無識者，窮困窘迫，加以戰禍，遂夭天年，哀哉！戰前在揚中同事，同住樊園，戰事起，又在鹽城、淮安相遇，交誼益密。最後，以敵人掃蕩，君歸蕩東，余遷安宜，猶復詩簡往還。不意勝利既到，而君已逝，終不可復見，哀哉！揚中同人，逝者頗多，而君及侃如爲最悽惻。黯修之士，終老牖下，桀黠之徒，飛揚跋扈，令人悵悵。

王又瀛談，顧祝同有書三萬册，將借與中正，惟須中正供給其管理員二人之薪給。此亦佳事，總比無書好也。

九月八日　晴。

下午，殷懋仁兄來。南高同班同學也，相別二十八年矣，今亦在中正教課。

九月十日　晴熱。

本日爲舊歷中秋，客中逢此佳節，念清輝永閟，心神悵鬱不怡。

途遇薛君炳南，江北師範同學，三十餘年不見矣。面目蒼老，不先垂呼，已不識矣。就養滬上爲封翁，今其子赴美，送其孫來入學，不似措大之窮促，尙困守青氈不釋也。

九月十四日　晴。

慕在臨大時，借住上海醫學院，在徐家匯楓林橋，以開學在即，日來催遷。曁大本允有屋可住，而遲遲不將關約送來，故亦不願逕往。遂於是日早晨雇大卡車，搬家來虹口，尙有餘屋可分住，整理傢具，布置床榻，擾攘半日，乃就清順。

九月十七日　晴。

報載國軍由徐東征，克復宿遷已歷多日，昨克泗陽，分兩路，一向沭陽，一向淮陰。向淮陰者已達三棵樹，距城僅三十餘里耳。惜高、寶未通，猶難還家，不免悵然。

九月二十五日　舊曆九月朔，晴。

報載兩淮均已收復，國軍進攻車橋，共黨已退向鹽、阜一帶。惟高、寶未克，運河不通，仍難回鄉耳。

九月二十六日　雨終日未止。

接到須公一信，其《通鑑學》之稿已售與開明書局，得價六十萬元，蓋以每字五元計算者，較戰前已增千倍，然物價則有不止萬倍者，仍是貶值廉售也。

十月二十七日　晴。

須公寄聯來，集山谷句「不與俗違眞道廣，能明吾意久無人。」

本月三十一日為蔣主席六十生日，喜賦長句

神州積弱百年餘，天降賢豪振溺胥。越海終摧熊襲膽，殊勳長照馬遷書。息烽客赴盤敦會，還里人驅檻褸車。敢以歡娛忘在莒，嵩呼正當中興初。

十月三十一日　晴。

本日爲蔣主席六十大慶，全國上下一致慶祝。中正學校亦放假一日。

郵局發行紀念票六種，一套七百元。虹口公園開放，任人遊覽。

十一月一日 舊歷十月八日。晴。

是日，爲余生日，晨食湯餅。

接到曹寄僧兄來信，清江共軍退時，殺人千餘，張子穀、楊和竦輩皆死。而張少白亦與其難，深可哀閔。老宅門鍵，爲亂軍所毀，存物零落，幸藏書未動，頗用自慰。

十一月八日 晴。

趙志賢來一信，謂吾家對門畦樓炸燬，吾家屋亦受其影響，惟未述其頹敗至何種景象，今已召匠修理，屋中雜物，盡被搬移，則其間必多損失，奈何奈何！吾與慕爲職所羈，不克分身返里，諸多事務，不能辦理。因此，追思先室逝世，苟非然者，則收租修屋，彼所優爲，必能早日歸鄉料理，不用吾之焦慮。今則叢脞如此，爲之悶然不樂。人之材不材，相去亦何遠也！

十一月十二日　晴。

孫中山生日放假。過四川路博物館，參觀陳列古物及中山遺墨、古物。中有周口店原人骨、石器、鐘鼎、甲骨文、古錢、古玉、古瓷、清代衣冠等。措大見之，亦擴眼界不少。

十一月十六日　晴，有風，頗冷。

祥抄《莊稿》（滋按：已於一九九一年在台灣刊印，是爲本叢書之四《莊子詁義》。），余亦抄《焦年表》（滋按：已於一九九二年在台灣刊印，是爲本叢書之七《江都焦里堂先生年表》。）。

十一月二十七日　陰雨。氣候轉涼。

吳佩崑來訪。吳在抗戰期間參與和運，又當其任僞教育局長時，拆毀其邑孔廟，爲人所控，潛在滬濱，暫不敢歸云。

十二月八日　晴。

震來，談昨晚火藥庫爆炸，去醫校一里許，頗爲震動。

十二月三十一日　晴冷。

余自夏間挈家來滬，忽忽數月，物價日昂，脩金不益，生活之困，日甚一日，雖求易地，而良機難得，祇得守此一氈，奈何奈何！所幸家鄉光復，雖屋頹物損，而藏書猶存，山妻維護之功未至全隳。祥歸省其外祖母病，稍彌其母之憾。便中又可少索田租，以資旅食窮愁，措大得此，亦不敢更有他望矣。

本卷日記，原題「居邘」。茲已來滬，應易新名，當時因頁數太少，不能成卷。今屆歲終，本卷即止於此，明日別分一卷，當名「遵海」也。

遵海日記

民國三十六年（一九四七）正月元旦　晴。

去冬，國民大會所審定之憲法，由國府正式宣布，全國各機關放假三日慶賀。民國成立以來，迄今方有憲法，誠宜大慶，惜共黨及其他一部分人士竟未參加，未免美中不足。

報載省府會議，慕事通過，即發表。（滋按：指先二叔紹曾公被任戰後首任淮師校長。）

一月二日　晴。

看《性心理學》，潘光旦譯。文字尚暢，又附注中土文獻以為證，此法極善，譯書者皆應如此。惜世人尚少用此法者，何邪？

一月二十日　陰。

看《蛋生人》，乃人類發生學之通俗書也。

二月二十日　多日以來，心緒惡劣，未遑記事。前數日黃金暴漲，物價因之騰涌。生計前途，岌岌可危，此非個人殷憂，實關國族至鉅，秉鈞諸公，何憒憒也！

三月二十一日　晴。太虛法師圓寂於上海。師俗姓呂，浙江人，卒年五十八。佛家失一龍象矣。

三月二十七日　昨今兩天皆陰雨，有風頗冷。賈廷瓏喪妻，屬作挽詩，久之未就，茲以考試稍閒，撰成五古一首，聊以塞責

高沙賈玉鏘，孤學秀白屋。當年揚楚遊，歌嘯欣一握。一別二十年，板蕩

傷景俠。崎嶇蜀隴間，棄家走僕僕。室有萊婦賢，內顧絕謠諑（或傳玉鏘在蜀別有所識者，婦絕不信之。）。千里遠見君，兒女森嶽嶽。禹域幸重光，閔嶠放歸舳。歸來年正富，綺窗敦靜睦。一旦土伯煎，喪妻境何酷。吾未識君婦，遺畫想淵穆。讀君悼逝文，如聞長沙哭。上悔別離多，下傷人命促。搴幃念來茲，餘生隨轉轂。蔗境不同甘，牛衣憎影獨（玉鏘文中有謂「使境日蹙則思益切，使境日裕則思益深。」此兩語寫悼亡人悲懷，最爲深切。）。無負君房孫，語切徵情篤。我亦鼓盆人，舊夢寤蕉鹿。卅年同糟糠（先室歸余在民國六年，而其卒則在三十五年二月，正三十年。），黽勉勤育鞠。何意遭淪胥，畏約愁巢覆。門戶賴支持（抗戰八年，余奔走於外，門戶全賴先室一人在家獨力支持。），憂危瀕禍毒（鬼子、密探、鄉保長等時來索詐，先室竭力應付，其用心極苦。）。終令肝腎摧（先室以腎炎病卒。），聞捷命不續。遄歸冒赤鋒，一棺慘在目。從此挈諸兒，江海長栗六。客地逢郊島，互訴淚盈掬。愁多貌轉腴，勝我顏衰禿。欲慰泉下魂，屬我寫清淑。親疏時聚散，浮休有淹速。達人貴大觀，君家曾賦服。何爲念恩私，拳拳繫塵俗。況復大難平，流亡遍九牧。君仍滯海濱，抛書勞案牘。攜殯返高沙，窀穸經時卜。念我淮上墳，空歌彈逐肉。作詩慰同病，擲筆痛心腹。

四月六日　晴。

昨晚有亭湖舊生沈某來訪，沈在暨大讀書。今早有揚中舊生喻恆兄弟來訪，兄在滬教局服務，弟在暨大任職。不忘舊師，情意何厚。花園口決口合龍，距初決時，已亙九年，自去歲修築，直至此時方告成功，亦可哀已。

四月十一日　晴。

慕來信，問家中存物，此事全由山妻經手，費盡心思，保存不少。自山妻故後，雖祺亦不盡知，僅就記憶所及，總不完全，加以鄰人房客，從中攘奪，全無對證，孤負山妻歷年以來維護之苦心。人之云亡，邦國殄粹，哀哉！

四月十八日　連日皆晴。

報載國府改組，取消一党專政，罷紀念周，大有革新氣象。

讀《唐書・罷宋璟而用張說》。未知兩人有何優劣，則群黎之屬望，未必深也。古今之事，不過如此。惜哉惜哉！

四月二十七日　夜雨，早霽。

殷溥如屬撰輓聯

誼深管鮑，術擅岐黃數十年，幸同罇俎，待我何殷，藥鐺茶槍勞護疾。業付箕裘，志承堂構二三子，秀競芝蘭，羨公有後，素車白馬痛知音。

前在揚州十年，撰聯若干付，時有佳者，當時錄存一冊，頗用自喜。

亂後失去，不可追憶。此後又有所撰，即載日記中，未別錄專册，約略計之，又數十聯矣。倘有閒暇，當輯出之也。今人於辭章聲律，多不究心，且每存鄙夷之意。不知此雖小道，頗有意趣。祭文篇幅爲鉅，形式鄭重，此則較簡。詩詞格律謹嚴，此較解放。然須講求對仗帖切，故亦非漫無限制者可比。是以歷來應用不廢，亦自有其原因。今文藝界，群起歐化，借口思想自由，憚於拘束，典章掌故，一切吐棄無餘，雖欲撰聯，亦苦無下手處。則此道必將日就衰歇，無復能爲之者矣。可慨也！

四月二十九日　陰涼有風。

看《世界文庫》。前在揚時，本購有此書，亂後失之，半爲舊籍，半爲新譯，雖多名著，然亦無甚意味，故出至十二本，即自行停刊。舊籍中，唐、宋人詩詞集僅是備數，至於唱經、散曲尤多惡套，而世人群焉表彰，誠不知是何心思？《三言》、《二拍》，中土久佚，其實精騎已選入

《今古奇觀》中，茲又從倭邦採回，詫爲異寶，不知皆前人吐棄之餘，何其顛也！此種風氣，稍久必將厭倦衰歇，而當此狂潮正漲時，又不知遺誤多少後生矣。惜哉！試思變文經卷如何？奘譯、基疏、小說話本如何？蘇海、韓潮，優劣之去，何翅霄壤？而瞑目妄言，恣爲邪說，此正可證人心之浮蕩，無有眞知灼見切實用功之士也。惜哉！

四月三十日　晴涼，夜竟雨。

前人讀《易》，皆發揮象數義理之說，其說繁多，不可數計。然皆注意於陰陽之變，而於表示陰陽之爻，何以必如是作？則未有能言之者。近人始稍注意及此，或謂土塊所作，一奇二偶，以表陰陽。此說由於「卦」字从土，因而附會，何以名爻？則無所解。或謂土、圭測日影以辨方位。陽卦純陽象，日影最長，坤卦純陰象，日影最短，餘卦間在兩者之中，則錯綜其爻以示意。然陽爻之「⚊」何以見長影，陰爻之「⚋」何以象短影，說亦勉強難通。此說由於「卦」字从圭，本古人用以測晷影之器，不知「⚊」、「⚋」與晷影關係甚疏，此點難通，則餘說難以成立。余偶讀龜甲拓片，見文字之外，尚有多種斷紋。細辨之，可分數種：一、甲身本有之接縫，大概有固定地點，不難辨識。二、爲卜時灼裂之痕，又分二種：一自然裂痕，二裂後復加彫刻，使之深顯，其錯綜交互，頗無規律。約略別之，則有正交若直角者、有斜交若銳角、鈍角者、亦有斷續不盡交者，前人所謂「方功義弓」之兆也。甲文「卜」字本作ㅓ、卜諸狀，正象兆形。《周易》筮法，承商人龜卜之後，雖爲術不同，然自必蒙其影響。余意爻分陰陽，殆由兆分吉凶中演變而來，「⚊」、「⚋」蓋象兆之交或不交，斷或不斷耳。而所以取名於爻之意，亦可明矣。至於卦之取名，前人多從「圭」字字義上着想，不知「卦」字本從圭聲，何必別加穿鑿耶？

看穉露聽柳師講文筆記，極有趣味，暇當整理謄清之。

五月七日　連日陰雨，氣象愁悶。

物價昂貴，米每石三十六萬，如脫韁之馬，不可控摶。盛傳某某巨公暗中操縱，欲以倒閣。政客爭權，小民受害，無怪許行徒黨騰其口說也。

五月十二日　晴，氣候稍稍暄暖。

繙檢舊時日記，自抗戰來，每日載筆未嘗間斷，並在建陽、時楊兩年餘，已錄清本，又在蛇峰、寶應數年，亦具存。而其中三十一年至三十二年，自時楊返里，轉至上海，凡一年半，原稿盡缺，其間事蹟亦頗多，竟難追憶，未知遺在浦中抑竟失去，深爲可惜。

五月二十日　舊四月朔。連日晴熱。近午雲聚，雷始發聲。

各地學潮甚烈，當局有嚴辦之表示，鬧者稍斂迹。聞又有潛掀工潮者，則其影響必將更大。

五月二十四日　連日陰雨，氣候轉涼。

看《世界文庫》，中有《拍案驚奇》。今世平劇中有《玉堂春》，初不知其所本，茲讀此書，乃知出於此中。又《剪燈新話》中有《芙蓉帳》一文，因知《今古奇觀》實從此書採擷，明人此類小說甚多，自爲《今古奇觀》採錄之後，往往失傳，世人皆慨惜之。今佚書復出，然除《奇觀》所採之外，多神怪不經，如西山一窟鬼，或情節簡單，如樂喜和順。因知精騎已歸《奇觀》，餘雖失傳，亦不足惜，而好事者必搜求傳布，可謂別有懷抱。

學潮澎湃，初由吃光變而爲搶救，再變爲反內戰，於是造成慘案，而題目更大，前途未知何屆。

近米價已超過四十萬，說者謂，將來不久當過百萬。大勢如此，奈何奈何！

五月二十九日 晴。

在滬大半年，苦無書讀，校中所購皆淺陋者。頃借數種，聊以遣悶，不厭鄙望也。《第二次世界大戰史》，儲玉坤著，永祥圖書館印行，空論多，事實少，不足備參考。蕭一山《清代史》，商務出版，呂思勉《中國通史》，開明出版，敘述清朗，然亦無甚新解。

六月七日　晴。

近來，物價飛騰，公教人員薪給已有調整辦法。中正私校，既不受物資供給，而校方僅允六、七兩月加成。同仁殊覺失望，擬推鑒泉與當局接洽，而屬余撰書稿。鑒泉及余皆屬新來，似未便進言，且出諸文字，亦太落痕迹，遂將此意託友瀛代達。今早，山谷約同仁中飯，意在疏通。問題癥結在於經濟，酒食豈足以間執人口。其實，私校經費，全恃學生所繳，本無不足，即有不足，苟能完全公開，或於開學時全購實物屯積，或全部給與同仁，則此後雖有不足，亦無可怨懟。今既不爾，左支右絀，亦屬自取其苦，人之不諒，未嘗無故。前人謂，辦事應秉公誠態度，語雖近腐，實有至理。

七月十八日　舊六月朔。

看《新史》完，不談道德，專談生計，不據正史，專據短書，昔人所謂之賢人、君子，均被譏斥，而奸猾、盜賊，概從平反。立論取材，迥不猶人，謂之爲新，詢屬不媿。然亦祇能自成一家言耳。旣有所偏，終不足稱爲完史也。

八月十六日　七月朔。晴。

戰前在揚，藏書盈六橱半，已燬失，存徐府者亦損失不少，僅餘兩箱，轉置須公處，頃須公遷寧，無人可託，祇好取來，其實滬上亦非久居之地。平日喜購書，亂世轉成贅物，當揀其可賣者賣之，亦可稍補日用，則不但不復爲累，轉成儲蓄之資，惟急切難得售主耳。浦中尚有存書不少，皆先室費盡心血搬運保存者，殊非易事。然在他人，則等閒視之，毫不爲意，或且幸其散亡，轉笑先室之勞而無功。人之賢不肖，相去何如哉！思之彌深悲悼。

硯齋日記

淮陰范耕研伯子

民國三十六年（一九四七）八月十八日　晴熱。

晨震從揚歸，同學周先樂伴之同來。書箱兩隻尙未大損，爲之喜慰。少息，迪、胤分工啓箱，取書列牀上，紙屑紛飛，緣曾有鼠竄宅其中，齧壞不少。檢視之餘，《全文》損三册，《說文》損一册，而《明史》、《六十種曲》等各闕一册，尤爲可惜。幸餘書完全，惟當時存在揚州者，徐府兩箱、兩網籃，僅存兩箱。樊家則存兩箱、三網籃，尙有散未裝整者，今並不存。茲存者不及原有十之一，思之惘然。寓中室小，又乏架閣，祇得分置案頭、牆脚。一年來無書可讀，忽驟擁多册，宛如貧兒獲金，顧盼生喜。

八月二十四日　陰。

看《周易闡微》，徐世大著。徐，未審伊誰。報載其以人事說《易》，與余意合。因亟購來，盡一日力讀畢。其排除舊說，專述人事，頗有可取。又謂《周易》重法輕禮，倡導俘奴革命，攄平民之苦，與儒家異端，爲三晉人思想，其言詞甚湛新。至謂斯書作者非出四聖，四聖之說固甚穿鑿，允宜反對。而徐氏別考出一人，名中行明，字光爲，晉荀林父之子，出使爲狄所留，又因戀女爲犧、拘囚望救等事，而《周易》爲其報告，書自敘傳，思掩人之耳目。借當時晉人筮書之卦，以爲分章別節之識。則所說未免支離附會，模糊影響，自陷於荊棘之中，殊可笑哂。《周易》爲卜筮之書，事甚顯露，無待旁證。當時社會有此事實，乃能付之卜筮，則卜筮謠詞，切於人事，自無可疑，豈必出於一人之身邪？徐氏亦知其然，故又謂，於報告自敘之外，別有人生哲理。吾未見一人著書，公私雜糅如是也。其解各卦，可取者多，然亦有謬妄者，如：以「頤」爲象梭形，訓之爲織。「夬」爲勇躁，以形容晉靈。「萃」爲宰牲。「豐」爲愚暗。皆甚不安。吾意徐氏勇於疑古，思想嶄新，是其長也。然轉益深求，矯枉過正，遂不免鑽入牛角尖耳。舍短取長，是在識者。

八月二十六日　晴。

看《國文月刊》四十六期，有楊樹達撰《曾運乾傳》，謂曾長於小學、音韻，又攻《莊子》，引其論《逍遙遊》、《齊物論》之說，頗有所見，因錄存之。其釋《逍遙遊》曰：「人皆謂，大鵬善逍遙，而蜩與鷽鳩不爾。又或言，蜩與鷽鳩各適其適，亦能逍遙。其說皆非也。凡能逍遙者，必無所待者也。列子御風而行，莊生謂其猶有所待，而於乘天地之正，御六氣之辨，以遊無窮者，則以其無所待而贊美之。彼大鵬必搏扶搖，一待也。海運必以六月，二待也。九萬里之積風，三待也。背負青天，莫之夭閼，四待也。其所待者四，尚何逍遙之有乎？」其釋《齊物論》曰：「莊生居戰國之世，群雄爭利害，處士爭是非，其旣也，以利害爲是非，假禽貪者器，授盜跖以名，而人將與人相食。於是爲《齊物論》探其本。於未有天地以前，不計利害，先遣是非，以爲天本自然，物咸獨化。上自日星雲雨，下至草木昆蟲，各效功能，成此宇宙。各呈其性，故秋毫大於泰山。各任其分，故殤子不晞彭祖。物出不能物先，故天地與我並生。異物託於同體，故萬物與我爲一。泯除差別，妙絕時空，此其綱義也。是非原於成心，成心咸其自取，則譬言天籟。是非原於小成，小成生於彼此，則譬言道樞。是非原於名實，名實亂於離合，則顯示兩行。是非彰於成虧，成虧原於憎愛，則顯示以明。是非原於同異，同異出於名言，則重明、主一、無適。是非原於言辯，言辯出於智慮，則終明天府及葆光，成心除而靈明發，斯物可齊矣。德總乎道，故齊文野。物異其宜，故齊正閏。推理直前，故齊利害。以化爲體，故齊死生。兩無可正，故齊彼我。聖無可待，故齊凡聖。由是而忘年、忘義，是爲天倪。罔兩與景，咸各獨化，故齊人天。齊物之至，至於天人爲一，物我兩忘，尚何爭之有乎？故莊生之齊物也，所以止爭也，所以寢兵也。彼以浮屠性相、或遠西愛智之學解莊生者，皆皮相也。」曾之論《莊》如此，與余意略近。余前作《莊詁》，頗多糾正舊說之處。然於《齊物論》，尚未能軼出太炎性相之外，會當打破此關，別造新詁。再全書應有宗主，前人多謂道家隱士退讓，無進取精神。吾意老、莊生亂世，民生痛苦，而兵力、財力，咸握於貴族，平民無可憑借以資反抗。則隱居不仕，正是其消極抵制之法。今觀《老》、《莊》書中，憤世嫉俗之語甚多，安可謂其頹廢哉？

九月一日　晴熱。

德之襟兄，戰前即移家蜀中，經過大劫，尚未歸來。女盤榮，肄業中央大學醫學院，隨校復員南京已逾年歲，今暑放假，頃來滬，由其兄鼎森偕來，相見歡喜。抗戰十年，兒童盡皆長大，劫後重逢，更增欣慰。特先室逝世，不克躬與良晤，實是美中不足，倘能在世，同此海濱，不知又將如何愉悅也。先室與柏生姊感情最好，越在千里，每用為憾，今隔人天，痛恨奚如！盤榮，安祥樸素，絕無時下女子習氣。對於學業，尤知注重。德之夫婦，僅此掌珠，足慰老懷。

九月十三日　晴。

昨日報載，商學院及暨大新生名單，祥又在暨大獲取，考四校得雋其三，亦云幸事。立信決不去。師專雖有公費，局面終不光大，因更舍之。決入暨大。

九月二十八日　晴。連日炎熱，不異夏時。

繙閱《說文》，改補《文字略》若干處。此全出於趣味，雖勞亦覺其樂也。

須公寄庶老《墓誌》來，韓紫石所撰，即據須公所撰行狀爲之。庶丈於民國元年曾任鄉邦縣長，誌中謂被迫使然。此語非實，蓋老輩每以出仕民國爲恥，故著「被迫」字，爲丈脫卸，實則無須云爾。且紫石亦躬自爲蘇省長，亦出於被迫邪？似宜斟酌易之。又，誌載丈水利主張處不多，似宜略增。前武師爲丈撰壽序，曾錄數文，當可取材於是也。

十月七日 **多日晴朗，今日陰霾，似欲雨者。**

須公來一信，旋又寄《學林》（震按：已於二零零一年在台灣刊出，是爲本叢書之十二。）來，久之未復，甚歉。頃發一函去，提及《詩徵》及《辨物志》，亂世尚留心文獻，不免迂拙也。

十月十九日 **晴。**

徐子長來，多年不見，面貌豐腴。今在提籃橋創一私小，占用敵僞房屋，與人涉訟半年，終獲勝利，不能不服其幹才也。子長與穉露極相得，今穉露久逝，而子長復遇於滬上，不能不生人琴之痛。然子長能如此，亦不負穉露昔年提倡之熱矣。

十月二十七日　晴。

繙閱《說文》，補正舊稿，興趣環生。現已盡四卷，約得全書四分之一弱，預計年內或可完成，亦是一快事。五、六年前，鬼猶未退，在浦成初稿，以無書參考，閣置家中，忽忽多年，去年正月攜到揚州，今夏震又從揚將《詁林》取來，乃得互相比勘，繼續改訂，不可謂非幸也。憶在家抄謄初稿時，先室猶健在，軒窗對坐，情事宛然在目。今則流徙海上，生活困人，而故人何在？思之泫然！

十一月一日　晴。

訂正《文字略》稿已盡四卷。

教育協進會開國文科討論會，復興舉我與居州爲代表。居兄，句容人，客氣甚大，亦無可商酌。十一時乘趙鼎新之汽車，到八仙橋青年會，乃知此會係廖君茂如所主持，助之者，顧寶珍、陳魯成，皆南高同學。均憔悴衰老，非復當年白晢少年矣！覿面竟不相識，互道姓名，乃恍然歡敘。又晤姚仲任，今夏離揚來上中者。午飯由會招待，西餐頗豐盛，且飽口福。旋議事毫無新意，今世聞人舉止胥如是，勿可奢望之也。吾知明日報章，又將渲染得如火如荼，可笑可閔。會後，居兄自去，余亦踽踽而行，直過白渡橋，乃登電車而回。

十一月五日　**夜間有雨，早起大霧塞空，氣候頗涼。**

為生徒題手冊，偶得七絕一首，襲文潛意

故園蘦落滿黃埃，又向江干海澨來。不管烟波與風雨，載得離恨到天涯。

十一月二十一日　**連日寒流過滬，氣候甚冷。**

舊曆十月八日，爲余生日，祜攜外孫來。幼者愈可愛，惜其外婆已逝，不及見此也。

今秋中正新聘陳君子展，教國文，長沙人。初不知其爲中大同學，今晨出詩見示，乃知之。詩乃題魯某《殷曆譜》糾譎者，《殷曆譜》乃董某所作，皮傅不根，舛誤頗多。而傅某爲其作序，譽爲空前絕後之作，以爲絕無人能糾其謬。其語狂妄，絕可笑哂。魯某撰文斥之，凡十餘萬言。余前在某報曾見其緒論，未覩其全書。子展所題，爲魯張目，譏調董、傅，不留餘地，詞或太過，然亦董、傅誕妄有以召之也。余意，甲文雖不盡可信，然其中亦有其價值，誠如太炎所說「數器相較，彼此咸協者，自可相信。」餘文既無師承，馮臆立說，難免鼠璞燕石之病。而羅、王信之太過，著書立論，自成系統。新學小生，利其易於傅會，輒爲推挹，儼若破甲、殘骨備於蒼雅者，更進而爲歷史之研究，虛造之說愈多，董某所定之曆尤爲誣罔。此類余皆不信，與子展意合。然子展並其可信者亦抹殺之，似屬過正，世少通人，安得洨長爲之一理董之邪！

十二月一日　晴。

淮陰旅滬學生開會，震、祐、祥均赴會。

十二月九日　晴，有風，頗冷。

柳師來函索稿，謂可代印，並屬向滬上書店探訪館中佚書。惜促促少暇，未知何日方可繕清寄呈也。

十二月十一日　陰，有風，頗冷。

成志校友招讌，約王繩之同行，遇姚兆昇，赴孫光宇家，在銀行界服務，居處壯麗，非措大比。席間晤高季可、張雲谷、李崇淮、張國權、石抗鼎、劉紹忠、馬國林、陳征鴻等十餘人。季可提議，在滬辦學校，爲李先生作紀念，僉無異詞，約下週再會。直至十時，乘崇淮車歸寓。

民國三十七年（一九四八）一月元旦　晴。

祺臥疾兩月，時發寒熱，體氣衰弱，焦急無策。楊祚璋先生介紹康歐洲醫士，專究肺病者，其父拾義發明咳嗽藥水，久行於世。其子歐洲，留學德國，今設診所於四馬路增壽堂樓上。即與祥訪問之，接談甚謙和，約三日往診。幸祺寒熱不作，精神轉好，自恐顛簸，欲俟更健春暖再診，遂又停止。家中乏人照料，大姊來，稍可助理。

每年元旦皆作詩試筆，今年無好懷，遂罷。

一月十日　陰。

祺自十四歲時，大病幾殆，幸得曹寄僧兄醫治，得以全愈。中間反復數次，皆得挽回。此次復發，較前數次爲輕，惟在客中窘鄉，先妻又逝，無人看護，是以倍覺艱困。賴祜歸寧照料，便利不少，天公殆亦憐措大窮迫，故不再困阸之也。

自大票發行，物價競漲。白米一石已至百四、五十萬，則寒曆年關一過，不愁不到二百萬。紗布本未增涌，乃近來亦漲八、九成，戰前每尺八、九分者，今買兩萬餘元，實屬駭人。而公教人員薪給，幾經頓挫，方得行政院通過，以三十元爲基數，餘則減至百分之十，依生活指數增倍。余月俸三百二十元，折成五十九元耳，增六萬倍，不過三百餘萬，與物價較之，直是滄海一粟，思之不寒而慄。

一月二十一日　**陰**。

祺病忽好忽歹，令人憂痗。昨晚頗思赴第四醫院診斷住院，今早，祥到院探問，知不收肺病者，祺失望生恚，熱不退。晚又失紅，現象頗險，不得已，請林先生開方，林亦焦灼。黃校長知之，贈針藥一支注射，聊以救急。

一月三十一日

不幸珊祺終於三十日晨六時餘，即陰曆十二月二十日大去。逝時側臥如入睡，狀頗安祥。前夜大吐大喘，神智漸不清，呼家人至其榻前，一一告別，哀哉！二叔、三爻均趕來，相對吁嘆無策。其情其景，銘刻心曲，何時能忘邪！祺幼而聰慧，爲曾祖父及祖母所憐愛。不幸於十四歲時嬰此痼疾，纏綿至今，深可哀閔。

二嬸、大姊、珊祥等人服勞多日，終獲此果，哀痛何極！劉冠聲表姪、王哲夫表姪孫幫忙辦理火葬手續。非我忍心，亦取其便於攜帶。延至本日十時，運赴靜安寺公墓，二叔、震、祥、滋及趙媽均在照應。安置神壁龕中，極其潔淨，聞之心稍慰。短短壽命二十七歲，從此眼前無此女矣！哀哉哀哉！龕之列號爲 T28，後人當永記憶，隨時省視之也。

二月二日　晴。

此一月中，心懷惡劣，嬾於記事，且事皆不如意，亦何暇記哉。陰曆年關遂於此中匆匆過去。去年雖甚寂寞，然祺尚能歡笑相對，今則眼前少此一人，何時能忘其痛邪！

每日翻閱舊書，或加鈐記，聊以送日。

寄僧、須公、泉生等均來信唁祺之喪，念曾且助金二百萬。諸人之情何厚，然亦何足以減我之悲邪！

連日看《明史列傳》已盡，對於明代情形愈益清晰。

看時人所譯俄人所撰之小書中，述歐洲文字演進情形，頗通俗。然亦嫌簡陋，且偏於西方，無中土事。其實中土文字演進之蹟，極有可述，而世無述之者，則因明乎此者多屬舊學，此輩每不善作通俗文字，且亦不屑爲。新學小生則又對此事多無研究，雖欲爲之，無以下筆。遂妄疑中土文字淺陋，無可述，轉而歆羨西文，不亦大可笑哉！余喜研文字學，頗欲於此有所造述，而促促少暇，生活又迫人，未知何時方能了此心願也。

三月二十八日　雨。

偕慕到滬西，赴同鄉會及卞振華招飲。晤朱德軒、王慕陽、馬靜軒、潘聯馳、石抗鼎、陳征鴻、劉冠聲、劉伯珩、王哲夫、倪化南數十人，鬨飲甚歡，迄夕乃散。

四月二日　晴。

寄僧將段翁《題符山堂圖詩》抄來，百忙中作此閒事，可感可感。十年前，大戰甫作，在清江冷灘購得《符山堂集》一册，紙色渝敝，而字刻良好，的是力臣手寫初印之本。心甚喜之，常欲作詩以賦其事，促促未成。偶從下河回浦，寄僧示我段翁《椿花閣集》，匆讀一過，憶其中有題此集之詩，頃在滬重訂此集，因去函託寄僧抄示。乃知非題詩集，而係題圖之作，惟詩中曾道及遺集耳。余所藏集，留置浦上老宅，即縣志中所載范家井所在地也。亂中舉家避居於是，先室萬松生君攜祺女及餘三兒，支持困苦，前後八年。勝利既至，共黨騍張，先室憂危致疾，奄忽逝世。余攜祺女由揚而滬，未及兩歲，祺亦遽卒，哀哉！當亂離中，累受禍患，此集幾失，而終得保存者，皆先室及祺珍弆之力。今兩人均逝，而斯集猶存，裝訂既竣，爲之泫然。

四月十八日　晴。

是日爲陰三月初十日，祜三十生日，震、迪、胤皆去祝壽。回憶三十年景象，猶在目前，祖父垂老，得重孫女，舉家歡喜。今則流離異地，飢寒困頓，加以先室、祺女近又逝世，老境悲懷，在在增憂，雖遇此日，亦難解顏，徒呼負負而已。

下午，寄僧來，執手道故。以段翁《椿花閣詩集》見贈，前曾託寄僧抄其《題符山堂圖詩》，此次即攜其集來，盛意可感。翁詩雅健，不愧作手，諷誦殊有意味。寄僧頗耆風雅，未可令其割愛，稍遲，仍當還之也。

四月二十九日　晴。

久未接須兄來信，正切思慮，校工送來一函，即須兄和詩也。錄之於此，庶見兩家往復低徊之意

冷齋一椽當右个，飽飯甘眠充晝課。院閉不知青春深，墻高豈識山城大。偶翻郡叟詠三賢（從上虞羅氏《雪堂叢刻》中見之，亦載《山陽詩抄》中。），景行使我正襟坐。卻憐洪水耗南東，不少清門桑井破。符山年輩似田何，三賢才比梁丘賀。出入塗泥公得之，況有曹陳作參佐。拊掌已動井窗塵（二十九年得手書，即以孤本歸兄為幸事。），搜腸敢逐椿花和。自古聖賢天不憐，丘軻顛蹶伯夷餓。君家仲女溫文姿，曇花促景芳菲過。五噫久傷琴絕弦，十口猶煩研生貨。放眼乾坤更驛騷，我輩孤危竟何奈！珍重斯編慰獨遊，把簡如吟屈生些。極目祇恨雲龍低，南冠那惜塵沙涴。

七月四日　多日以來，心緒惡劣，無暇命筆，遂曠絕未記。

前湘人張介公者，本黃埔軍人，頗著功績，而不願仕宦，來中正教

書。一妻一妾而無子，語言亢爽，憤世嫉俗。嘗自畫一像，屬吾題詩，久未成，頃已放學，抽暇為五律四首

滬濱人似海，傾蓋遇橫渠。爽氣堆眉宇，勞塵黷袖裾。即今征戰亟，何意宦情疏。解劍歸來早，琴書樂遂初。

聞說慈能勇，君才實足多。山川餘戰蹟，歲月積悲歌。塊壘消難盡，風雲氣若何。中原猶霧塞，那得老巖阿。

畫師饒健筆，寫出振奇人。頰上三豪老，胸中一段春。憂天寧自苦，懷寶未爲貧。染翰題長句，前塵孰是因。

躍馬憶南湖，狂奴興不孤。傭書禿千筆，垂老失玄珠。海上逢君日，清言愈我愚。敢將寥廓意，相許證眞吾。

八月十二日

此兩月中重要事：

一、中正人事傾軋，有人興風作浪，勢難合作，不得不別謀棲身之所。幸其人多行不義，被罷去職，蕭某繼爲校長。實權仍在黃某之手，託人致意挽留，遂暫作馮婦。駑馬戀棧，可笑可閔也。

二、滋、迪、胤皆畢業，各需升學，連日奔走，報名投考，花去二千餘萬。今迪、胤皆已錄取於師專附中，可以告慰。而大學發案，不知何日，滋事未定，令人懸心。

三、生活日貴，幾不能支。白米每石竟達五千餘萬，較之月前增高五、六倍，餘物稱是，而薪金有限，徒喚奈何。所幸兼課復興，乃市立之校，隨指數計算，貼補不少，不然，將索我枯魚之肆矣。

四、三弟婦遠居廣州，生活不易，精神身體，兩俱不支。來信頗有思家之意，情殊可念。長此旅居，亦非正法，因匯一千萬去。並勸其來滬，滬寓雖狹小，亦不至不能容之也。

八月二十八日

三弟婦竟於二十四日卒於廣州矣。先母、先室均未安屯穸，祺女客死滬上，遺灰亦未能歸里，加以槭喪，令人憂急。而無知之人且欲借此肆擾，又令人憒憒。荀子謂「人性惡」，馬克司謂「社會完全是矛盾，互相鬪爭。」平生所遇之事，正足證明兩家之說。孟子性善之說及宗教家勸人信天，皆虛誕騙人耳。人生世間，惟有奮起以力支持，豈可頹然自喪其有者。擲筆一嘆！

九月二日

幣制改革，公教人員愈吃虧。息金減低，存款遂更無益，將來生活未知如何。

九月十日

余前為《符山堂詩集》曾題七古一首，承須公相和，頃邢耐寒表兄亦

和一首。中以三弟婦之死，擾攘逾月，未及抄錄，茲記於此

離亂朋儕存幾个，伊誰更理閒中課。石湖獨紹舊家風，文獻搉遺誠遠大。
吾鄉老輩推符山，一語吟成輒驚座。展卷低徊復咨嗟，幽懷惓惓籓籬破。
數罹刼火依經笥，幸矣此編當致賀。憶從洪澤泝江淮，謬向戎軒充祕佐。
戟門午夜刁斗寒，惟與霜螯索酬和。庋藏歲歲付漂零，靈海空朽苦饑餓。
南趨閩嶠北蔘城，暗裏流光掠人過。每覩牙籤意悅愴，萬金一葉貞奇貨。
蟫魚食字困叢殘，自哂雕蟲殊無奈。荊榛敗絮想當時，欲以騷心寄楚些。
孤本歸君寧偶然，青箱珍守莫輕涴。

九月二十一日

昨有陳生振藩來訪，揚中校友，六合人，現在上海楊思中學教書，專研管子。搜輯參考書籍六十餘部，頗有述作之意，聞余對管子曾經從事，因來詢問。實則，余僅有志，未嘗著手。遂贈《呂稿》一冊，未足塞其望也。舊生中，多究數理，偏嗜國學者殊少。盛錦霞喜文學，其婿亦喜訓詁，在揚時，嘗一再見過，近不知何往。又有寶應郁熙如，亦知愛好故書，惜所造尚未弘耳，假以時日，不自荒怠，亦必有成就，餘則未多聞也。

九月二十五日

昨日寄金圓二百到廣，合法幣六億。還夏府所墊棺費，並告以滬地寄柩之所已找好，隨時可以啓運。因夏已他調，不久離粵，不能再稽延也。

中正校長問題，擾擾數月，終落宣某之手，派鄭某來主辦。昨聞鄭某以當警職時貪污案被控，逃匿通緝。校事又復虛懸，無人負責。軍人辦學，兒戲如此，可嘆可笑。

周子興來，出一詩見示，知其著有醫稿三十餘卷，亂後失去。又喜文字，有陳伯壎之遺風，蓋亦有志之士，與俗醫不同。今依韻和之鎩羽江南乞一枝，難禁風片雨絲絲。餐珠爨桂家無計，起廢鍼膏國待醫。入座故人同一概，爭城新鬼試三思。中原北望猶烽火，淪䒾南樓在異時（此詩擬兼寄須公，故有南樓之語。）。

十月四日

上海居民群出購物，呢絨日用各品，頃刻售空，公司店鋪不得不提早打烊。打烊者，上海謂天晚收門，停止買賣之謂也。殆因近來戰事不利，連失名城，人民對於金圓又抱不信任之心邪？此非好現象，打虎將之前功將盡隳矣！奈何奈何！

十月十一日

連日上海人搶購之風極熾，金券信譽爲之全失，公教人員生活又將奈何！

十月三十一日

昨在暨南上三課。程度並不勝於中學，而聽講之誠，則較好。

十一月二日

物價開放，驟長三、四倍，昨晚各鋪猶均空空，今早忽然充斥，商人相與歌頌於市以慶勝利。打虎將發告市民書，自稱其策之不誤，亦強顏矣。地質學者、科學管理家均再三辭職，焦頭爛額至於此極，國事敗壞，小民蕉萃，而彼輩流氓資本家，依然立於不敗之地，正在暗中竊笑。不知皮之不存，毛將安託？思之徒令人憤憤。

十一月三日

昨日美國大選，杜魯門獲雋。前數日局勢，以杜威占勝，終乃歸杜魯門，實出人意外。蓋中立人士以杜魯門不主戰，多右袒之，或謂華萊士自知無勝之望，因以其票讓之，未知孰是。中國頗冀杜威勝，可得其軍事之助，今則惟有賴己之力以更生矣。

十一月八日

國事如此，多有主張籍沒豪門者。然某要人謂，中國只有大貧小貧，何來豪富？又一要人謂，富者之財，亦由其智能辛苦所得，非同盜劫，如竟籍沒，則與共產何辨？由此二說，知偷富救貧之舉，絕非此刻所宜行矣。

自限價取銷後，直綫上升，升之不已，今聞人言，白米每石須金圓卷六、七百，且不可得。市長、局長鑒於小民之艱困，已面勸各商不可多漲，其用意可謂慈愛之至。主張低價是愛民也，不用禁而用勸，是慈商也，兩面兼顧，斯眞善於作吏者。然而，商困猶未紓也。當限價時，貨爲人所搶購，其所損失不小，聞已由商會請市府補償，以卹商艱矣。米商曾領得布數萬匹，謂將易米，布已付而米未來，聞已由限價所售之米抵充，不復再有新米來矣。如此優待商人，可謂無微不至。

十一月十二日

浙人林尚賢，南高同學，自畢業後三十年，未聞信訊。前在沙龍，遇王楚英，言體專同事林君，常詢我踪迹，知即尚賢也。兼國防醫學院國文，因屬震兒探之，果然。林亦甚喜，會當約期晤之也。

十一月三十日

近從暨大借得《周易・程傳》，乃黎刻《古迭叢書》本，字體明潔，極可受翫。細讀一過，純從義理立說，頗多精湛之論，然亦不無附會牽強處。前人評者，有謂其宜別作一書，不必依附《周易》，此說甚是。凡以義理說《易》者，皆同此失，不但明道爲然也。程氏不信漢人卦變、升降等說，廓除一清，然每卦皆從卦位生義，斥斥不已，時有可笑者，亦未免有所滯著也。余嘗注《易》，專明古代社會情形，故取程說處不多。程氏僅爲經作傳，而彖、象、文言、序卦則散見各卦中。餘數翼無注。相傳呂祖謙雜採程、張、楊、尹諸家說以補之，今觀所翦截，多不當，前人謂出假託，良然。

十二月一日

近來局勢未見好轉，保定軍隊又撤至北平，而遷都之謠，甚囂塵上，竟至有勞當局一再糾駁。美方上下皆表示暫不援華之意，杜魯門尤消極。蔣后親乘飛機，遠越重洋，作最後之呼籲，情詞可謂急迫之至，而美方態度頗爲消沈，並無熱烈歡迎之表示，大有窮鄰向富翁借貸，受其冷眼之景況。

連日校中景況亦不佳，學生繳錢者仍屬寥寥，時局如此，大家皆觀望，何必輕擲鉅款？蓋亦難怪。當此無聊之際，只有讀書消遣。看《宋史》，元人南犯，臨安不守，二王從海上逃廣，其困苦萬狀，終以不支，令人感憤。又看《明史》，清人入關，三王相繼滅絕，鄭成功尚能支撐海上，凡數十年。台灣一島，關係興亡，撫今思古，為之爽然。

近數日，天空有彗星，首尾熀熀，每晨四時現於南方，初肉眼可見，後去漸遠，光乃漸淡。報謂，此星在宣統末曾現一次，距今四十餘年又來。憶余幼時曾見彗星極巨，每晚見於西方，凡十數日乃沒。當時報謂，即哈雷彗星，未知即此次所見者否？但天文家謂，哈雷彗星凡八十餘年來一次，今計其時尚未足，當非是也。

十二月八日

連日大局似較穩定，富商巨室紛作南圖，羣將屯貨脫手，因此，物價日降，而購者並不踴躍，凡此世態，殊非佳事。報載，運河兩岸，流人接踵，未知親友中誰逃誰留。北瞻故里，中情惶急。此次巨變，若焚林決隄，火水所被，無堅不摧。吾家顛沛之餘，息影海上，倘再流離，實無此力。震能隨校遷台，念能隨行遷廣，殊為幸事，雖暫有遠別之苦，亦所不計矣。

讀《晉史》，見五胡之擾，中原鼎沸。又讀《明史》，流寇塞途，思古人之往事，切今日之殷憂。又讀《五代史》，石敬瑭輩乞憐異族，流毒數百年而未已，爲之掩卷嘆恨。

十二月二十日

宿、蚌間戰事漸向南移，孫科組閣，似不踴躍。國事如此，人心惶惑。

中正校董又派李某來長校，不日即到。殘局尾聲，尚相與爭坐位，可嘆可閔。

十二月二十一日

前數日氣候頗暖，大有春意，俗稱十月小陽春，信然。昨今兩日，陰雨連綿，遂復轉冷。

報謂平、津均降小雪，而美之紐約，雪深兩尺，爲美國有史以來之第二次大雪。天道如此，難怪人世之炎涼矣！楊妃遠飛重瀛，乞憐異國，受人冷落，何以爲情。而宿、蚌之間終未打通，杜、黃會師，已成泡影，劉峙所部，退駐滁州，隔江京華，未免震動。平、津戰訊亦無進展，傅介子坐困重圍，即歸晉亦不可得。而豹子頭素以勇悍見稱，與毛之見解有緩急之異，亦不甚合。如得舊都，林勢必張，毛將失其崇高之地位。轉首南瞻，則孫君阿斗，方且拉攏組閣，大政方針，眞令人莫測其高深也。

余平日喜讀《周易》，並非以之卜筮吉凶，不過從此中略可闚見上世人事之變遷而已，其中頗有足供今日之對照者。「密雲不雨，自我西郊。」凡兩見此日當時事實。故易家以之載入卦詞，說者以爲是時局將變之徵，是非今日之象邪？惟歷來雖有變革，皆屬政局彼此之爭，社會組織、社會經濟完全照舊。則爭者自爭，而一般之老百姓仍可置身世外。今則不然矣，一勝一敗之間，所改不僅玉步，而家族與生活皆迥然不同，必須具有因應變化之能力、學識，方可苟安於一時。否則，必有被沙汰之危險。自審思想並不落後，存心極其平等，而一向所做之事，全無絲毫惡迹，當可爲世所共諒。數十年來，孜孜於教育，未嘗敢佚居享受，此後亦不過操勞力作，以自生活，撫教兒女冀其成立。本無世俗驕奢享福之心，又有何苦之足言？特恐倥偬戎馬，玉石不分，囊乏存金，盎無儲粒，飢凍之虞，所不能免，奈何奈何！是以各事無心，終朝忽忽，身雖上課，不過敷衍而已。中正學生亦復如是，每班之中，人數寥寥，促坐耳語，全不聽講。政府如彼，學校如此，不亡何待！

十二月二十四日　陰雨不已，氣候轉涼。

孫閣名單已發表，宣稱「勘亂所以爲和平」。又聞有某強國，將約同英、美、法等出面調和。一時和平空氣大濃，動盪之人心略略安靖，物價因而上漲。昨日擠者人數逾十萬，擾攘之間，死傷數十人，可謂慘極。

十二月二十九日　兩週來，陰雨，令人悶損。

連日和戰消息均甚岑寂，此山雨欲來風滿樓時景況，思之令人憂疑。報傳，某國三師在東北保僑，與別一國在滬保僑之舉正相對。

《說文》新附有「颭」字，風吹浪動也。从風，占聲，隻冉切。大徐云，未詳。鈕氏《新附考》亦云未詳所本。按：此蓋即顛播之「顛」字，義爲動盪不定，亦或以「傎」、「蹎」等字爲之，世間動盪不定之尤者，當推風波，故後人更造「颭」字以爲專用之字。《玉篇》不收，《唐韻》始載之。《韓詩》「夜風亦何喧，松檜屢磨颭。」，《柳詩》「驚風亂颭芙蓉水」，是唐以後始通用。說者或引劉歆《遂初賦》「猋風育其飄忽兮，迴颭颭之泠泠。」，證漢時已有此字。但《劉賦》始見《古文苑》，未必足信，此字當以見於《搜神記》者爲最早。《記言》「李進勍被溺，得風颭數竿竹至，因獲濟。」，是此字當爲魏晉時所造。《後漢書・馬援傳》「仰視飛鳶，跕跕墮水中。」，字作「跕」，从足，不从風。且吾家蔚宗是劉宋時人，不能證後漢即有此字也。說者因其从占，聲齒，音與「顚」之舌音不同，未能會通，不知後世「齒」音，古多讀「舌」。如「點」亦从「占」聲，而讀「端母」可知。「颭」本可讀「點」音，今「顚播」仍爲通語。更有「蜻蜓點水」之諺，正與《柳詩》、《馬傳》義合。則《颭》即顚播、顚動之「顚」，古祇借「顚」爲之。徐、鈕皆云未詳，可謂失考矣！

十二月三十一日　陰雨多日，已逾兩週，猶無晴象，令人悶鬱不已。

國防醫學院將遷台，尚未有確期，今下午，震返，謂不出十日即可首途。自勝利來滬，與震同在一地，每週即返如是兩年，頗慰老懷。今又將遠離，聞之，中懷不懌。

本日已爲除夕矣，回憶此一年中，家國雙方，曾無嘉事，生活壓迫，日甚一日，秋冬以來，紅霧塞空，尤覺氣不得舒。舊業方面，更無進步，僅從曁大借得《周易陳傳》，細讀一過，取其合意者，錄入舊稿中。又隨意翻檢《說文詁林》，持較舊稿《文字略》，增沾材料不少。惟此兩事，私心自憙。

須公信謂：錢穆所撰《先秦諸子繫年》曾引拙著《呂覽補注》（滋按：全稱爲《呂氏春秋補注》，曾刊於南京國學圖書館館刊。復於一九九零年在台以《蕭硯齋叢書》第二輯重刊。）論關尹語，稱其說至當。錢氏篤學之士，承其獎贊，愧荷愧荷。此書出版多年，以價貴未得寓目，後當覓之。

民國三十八年（一九四九）一月元旦

連陰已久，是日不雨，下午放晴，西風獵獵，吹面如刺。

蔣氏宣言願和，然成功之望甚小，因其所開條件凡五，中有兩條，謂須保存國軍及憲法，共黨決不能承認也。

物價波動極烈，米曾逾七百圓，頃小迴至六百餘，他物稱是，薪水人員何以過活！郵費平信增至五角，親友應酬函件，亦將寫不起矣。

下午檢對《說文》，心緒茫然。抗戰以來，每逢元旦，輒賦小詩，以誌興象。近兩年多不如意事，興趣銳減，遂爾閣筆，然亦衰老才退之徵也。

一月十二日　連日晴冷。

物價飛漲，較前數日高出四、五倍，米每石乙千四百圓，餘物稱是，金每兩官價九千元，黑市乙萬三、四千。大概較諸限價時期已高出六、七百倍，眞駭人也，升斗小民何以爲活！

和談雖有端倪，卻少途徑。請四國出任調停之說，已不復諱，特恐某國尚不輕允耳。共方迄無正式答復，蓋已視國府爲無物，不屑與之作折衝矣。或又傳華中鄂、湘，華南粵、桂皆將有獨立傾向，分頭與共方接洽，組織聯合政府於北平，以孤蔣勢。蔣將以台灣爲中樞，東南沿海爲屏蔽，組小朝廷。四分五裂，民將奈何！

物貴錢少，囊中漸罄，一室嗷嗷，何以卒歲？到滬三年，當以此次爲最窘。瞻顧前途，無來蘇之望，憂心忡忡也。

須公來信，雨渟移家滬上，以滬較京自爲平靖。而滬上富翁則又羨台、港，紛紛作南遷之計。茫茫神州，何處安樂邪！

滋兒從誰某處借得百二十回本《水滸傳》，久聞知此書，以價貴未及閱。今觀《胡適序》，知此本託名郭刊，實則楊定見所改訂。楊有一序，稱楚州鳳里人，楚州是淮安，而鳳里即今板閘也。前七十回與世行金批本略同，無盧之噩夢，後益以受招安及平遼、平田虎、王慶、方臘，及平臘時百八人死傷向盡，餘二十餘人受官，而被童、高等奸人所忌害，先後畢命，而以徽宗夢遊梁山泊爲結。其中各人所受之官：宋江爲楚州安撫使，被鴆死，即葬楚州南門外數里之蓼兒窪。而吳用、花榮等自縊墓上。改訂此書者爲楚州人，而宋江又死葬楚州，何其與楚州有緣也。淮人與說部有關係，《西遊記》、《水滸傳》皆經淮人手删訂。又有彈詞《再生緣》，亦係淮人邱心如女士所撰，邱本爲淮上著姓。心如女士事蹟不詳，序謂「家貧，姑老，作此娛親。」，事或然也。

校中放假，寓中無事。繙《說文詁林》，點定舊稿，隨時發現新義不少，自愧向日讀書粗疏，亦感覺書須累讀，固不可以輕率一過，謂可盡其義藴也。戰亂頻繁，士不悅學，文字無靈，久同芻狗。而余乃究心許書，欲上窮倉沮，安得不爲後生之所竊笑哉！

一月二十六日　晴。多日氣候轉和。

大局仍極混沌，絀者乞憐，事事退讓，優者氣盛，置不作答。

滬上自衛班在校訓練，四日而去，桌椅爲所焚燬作薪者數十具。旋有國防部人員眷屬千四百餘人遷入，箱籠囊橐，充斥廊宇，門禁森嚴，若不可犯。出入非佩校徽不可，殊感不便。國防一變而爲校防，猶能像煞有介事也。

一月二十九日　陰曆元旦。

早食湯團，以應年景。同人結隊拜年，擾攘不已。歸寓翻閱舊稿，並將日記中詩，錄登別册。去年，僅得數首，心緒之惡，可以想見。

二月二日　陰雨，沈悶之至。

震從校回，謂將於後日首途。作客海濱，二年又半，猶幸家人兒女聚居一處，今天公並此亦靳之，老運之蹇，於此可知。

二月五日　晴，有風，頗冷。

震校將於七日登輪，聞之不懌。

連日以來，阮囊如洗，每晨購菜亦無資。兒輩謂，尙有牛肉罐頭在牀下，開之佐餐，勉支兩日，眞可笑也。

二月十四日　晴，頗冷。

震來一信，謂早間上船，直至四時方開船。震之南去，遷延多日，至此方成行，不免悵悵也。

二月十七日　連日雖晴而北風甚厲。

看《詁林》。增訂舊稿，進行頗速，已逾半部。

校中已開課，而爭長問題，仍無眉目。同人共管經濟，購買米油日用品，儲蓄應變，較諸有長時代轉爲安定。此夷狄之有君，不如諸夏之無之明證也。

四皓飛平，主賓酬酢，然其結果如何，則尙未有所聞。想全國上下，莫不渴望和平，則諸公樽俎之間，必有以慰民望。且山西不倒翁，忘其衰老，南飛京滬，興致不淺，傳聞尚將飛粵。而某公子亦僕僕台、廣，聞必非漫然，國事當有重大變化云。

二月十九日

震離滬赴台已四日，頃接其來信，知海行安隱，抵達基隆，旋即赴台北。聞之，甚慰老懷。

三月一日

連日抄《莊稿》已將畢，了一心事。

三月六日　**天氣轉晴和**

報載立院彈劾孫科，諷其辭職，兩派裂痕愈著。顏駿人等由北平來京已數日，和局未有顯著進步。如杭亘洋，暗礁甚多。奈何奈何！

三月十六日　**連日陰雨，殊少興致**。

震連來數信，謂校中尚未上課。台地風習，頗與內地異。

四月一日

兩周以來，悠忽未命筆，今回憶之，亦少可記者。國共雙方，備戰言和，大局前途，殊少清明之望。今晨，使者六人，乘機飛平。以西俗言，爲愚人節，可恣造謊言以欺騙人，然則，六人者，毋亦愚人之巨子邪？

四月十四日 **晴**。

連日和談，頗有進展，不知是眞是假。凡屬小民，只望不戰，豈暇論及主義哉！

四月二十一日 **連日晴暖**。

數月來，和談洋洋盈耳，全國小民盼望極殷切，以爲雙方當局既以人民爲借口，自當俯鑒民隱，罷戰息爭，休養生息，稍培元氣，異日史家將如何致其崇敬，眞堯舜所不及矣。乃勝者索價高，敗者猶不甘束手，直至昨日終至決裂。南謂逼人太勝，不堪接受。朔亦讓無可讓，下令進攻，長江天塹，烽火益熾。李、何已取道滬上，徑赴廣州，和平之望不復更在人間，轉徙死亡之苦，又落中炎黃之胄之首矣。哀哉哀哉！

連日物價跳動更烈，米每石二百餘萬，大頭每枚五十餘萬，金每兩逾三千萬矣。經濟崩潰，蓋在旦夕，吾儕小民，其何以堪。

硯齋日記　明夷集

淮陰隨白子

三十八年四月二十四日　晴。

連日消息紛錯，京、鎮、蘇、崑均於昨日相繼易手，進軍之速，殆可空前。滬上居民，倉皇無以應付，轉復鎮靜，安然俟其但化而已。寓在虹口，爲滬地之東北隅，已鄰郊區，宵小出沒，在所難免。當嬗蛻之際最可焦慮，校中員生公組一防護隊，共謀安全。用意至善，惟恐道旁築舍，各顧其私，臨時畏縮渙散，依然不足以策安全，則又奈何？吾少讀書，即喜南華，忘己任物，是其宗旨。今身當巨變，竟不能寧靜以應之，平時研究之功安在？是當泰然以處之，何必斤斤計較於利害取舍之間哉！思之啞然自笑，此時心境轉歸恬澹矣！

上午與兒女收拾雜物，免致凌亂，下午又將存米搬放橱中。遂到慕寓，未晤，慕旋來小談，亦無善策，只好安坐以待其來。

發震一信，恐一旦改步，郵政即將不通，未免令人焦慮，屬其安心學好。人漸遲暮，諄諄之念，不覺日增，亦自笑也。

四月二十八日　晴。

心緒惡劣，無可爲計。鄰里中稍有辦法者皆作遷地計，惟吾無法，獨坐愁嘆。到校，收到震一信，知其在台極平安，心稍慰。

四月三十日　陰。

消息不佳，蘇州軍退至崑山，去滬益近。滬周築長栅，號稱木城，將用以自固。祜居徐家匯，幸圍在栅內，勢頗孤危。黃苑莊在滬東北隅，虹口境，歷屆日寇用兵之地，此次不知能幸免否？

五月二日　晴。

早偕祥赴暨大，又領得薪二百餘萬，合銀幣五角耳。

五月六日　晴。

數日來，局勢依然渾沌，惟杭州易手，外圍日益迫狹。滬上一隅，似甕中鼈，將有負隅或譁劫之虞。十餘年來，歷遭離亂，一身之外，已少長物，倘再疏失，則資生無具，其將索我於溝壑邪！思之不寒而慄。

下午，祥同趙媽整理雜物，藏箱於櫥，藏米於櫃，避人耳目，未必眞能安隱，姑自慰耳。如是局格，不生不死，未審何時方能急轉直下，令人悶悶。聞南京、無錫等處均已遭轟炸，我已不能保有其物，即從而破壞之，意謂不使敵人得用之也。然而，百姓何辜，遭此荼毒？倘援太王去邠之義，誠無說以自解矣！

五月十二日　陰雨，連日晴暖，蠅蚊肆虐，今轉陰稍涼。

高三已畢業，餘課無幾，每日恆多暇晷，自應整理舊業，無如心緒煩亂，無一刻寧，負此大好光陰。奈何奈何！昨日，勉取舊稿，抄寫數頁，仍復擲筆。可嘆可嘆！近日時聞炮聲隆隆，然閱報，南北近郊均有敵踪，烽烟日逼，未知何適！同仁有抄得預言詩者，託名黃柏禪師，每逢戰亂，輒有此類妖言。

五月十四日

戰氛日益逼近，炮聲日夜不止，向晨稍稀，人心大爲震動。上課無心，同人運物他往甚忙，余本無可寄託，擬不搬遷，任其自然。鑒於鄰居之事，擾我心曲，遂亦收拾衣物及米囊，得九件，寄數曾寓，聊以自慰。然寓中尙有書籍，盈箱累櫝，無法發放。昔日購時，惟希其多，今遭戰亂，方省其累。先祖父在日，每戒愚兄弟輩，勿得買書，徒勞無益。當時心不謂然，今乃知老成之有深見也。吾家自稺露喜購書以來，日積月累，凡得四千餘部，今揚寓所存，十失其九，僅餘二笥，震往攜來，現滬所有，即是此物。家中老屋，五十餘箱，無人照料，鼠竊狗偷，在在堪虞。

三年來無音訊，又經大亂，存亡已不可知。惜哉惜哉！今滬上所存，箋箋之數，又將化爲烟塵，顧視庋閣，即將不爲我有，思之能不惋悵哉！此皆緣世亂，受此荼毒，何日太平，歸老鄉園邪？思之心痗。

無聊之際，仍勉抄舊稿數頁。

五月十六日

昨夜炮聲略少，早聞南翔撤退，浦東亦吃緊，惟吳淞大捷，退路未絕。但恐不足以挽頽勢，無魯陽之戈，奈夕陽何？局勢如此，尚欲拚孤注，可謂倒行逆施。所以戰略者安在邪？同人多往旅店，余家乏資，只好靜守而已。

五月十七日

昨夜半夢回，聽炮聲甚響，連續不斷，心緒煩悶，不復入寐。絕早即起，窗外人聲漸喧，叫賣食物及報紙者，一如平日，彼輩豈不知炮火之逼人？然生活所迫，不能不冒險經營，人生擾擾，應作如是觀。而小生幼童，仍負笈來校，向學之心，固屬可嘉，而辛苦勤劬，亦可憫矣。人生如是，宜乎我佛之力求解脫也。伊古哲人求知立說，皆所以解決此問題，論者謂，佛陀之說最爲圓融，然亦不過就精神方面示人以極樂世界耳。而器世界之痛苦，仍無法解決，轉不若近世唯物家之切於事情矣。世上有達人邪？吾當就而問之。

五月十八日　晴。

昨晚心緒不寧，與兒女輩悶坐寓齋，百無聊賴，而炮聲震耳欲聾，同里鄰人紛紛覓車，提挈而行，詢其所往，囁嚅不言，似有大難之將臨者。訪親厚諸人，皆已不見其踪影，令人猜疑莫定。方擬夕食，陳世鼎夫婦叩門而來，謂校方頃已宣布，今晚師生決離校，形勢頗爲緊張。陳得此息，即往其姊家暫避，知吾寡交遊，必不知此訊，因特來告。世亂乃知人心，重謝之。即收拾餘物得一車，運往慕處，余與祥、胤赴斆曾寓，迪與趙嫗仍留守。因書籍甚多，無法別寄，餘米未盡，失之可惜，不能不留人守之。黃苑莊中亦未全去，猶有少數留者，以局勢揆之，似不至有何意外。既達斆寓，一夕未能入睡，昧爽即醒，洗盥返寓，依然如昨，夜間炸彈不絕，向晨遂稀。是日氣候頗暖，下午洗澡，滋、迪亦洗澡。四野無炮聲，惟機群飛翔如織，譬之於奕，中腹已失，僅固一角，似乎不足以挽頹局，即令吾家西屏下子，恐亦無奈何矣，乃猶盤據枯枰，留連不舍，何哉？

五月二十日　雨止，陰雲未散。

是日，勉抄《文字略》數頁。

五月二十五日　晴。

昨夜宿斆寓，炮聲不絕，窗外奔車如雷之震。早歸黃苑莊，則校中駐軍已乘夜撤走，遺棄什物滿地，傳聞蘇州已易幟，惟未能證實耳。

看《三國演義》，劉備襲取益州，劉璋不支，擬以城降，臣下謂：「軍資充裕，當可以抗。」璋謂：「父子居蜀二十餘年，曾無恩德於民，何忍驅民赴戰邪？」靄然仁者之言，可與大王毗美矣。而後世史家，乃謂其疲苶無能，盛稱張巡守睢陽之功。不知睢陽數百萬生靈，更從何處索命耶？史識如此，不亦傎哉！

是日，散軍盈涂，向人索便衣，幸尚不暴橫。偶有一、二炮聲，不知發自何方，向夕稍密。

下午，抄稿。

五月二十六日　曇。

昨夜，寓中未設帳，飛蚊肆虐，終夜不寐，聽四野鎗炮聲斷續，不知發之何方。晨興窺窗，散兵滿涂，而對方尚無人至，虹口一帶成眞空矣，不可不慎也。回憶民國十三年，奉直戰後，孫傳芳派鄭俊彥奪馬玉仁位，兩軍易防時，浦地成眞空，馬兵拖男攜女，奔迸四散，偶遇強梁，即屏息路隅，作乞哀可憐之色，平時兇橫之氣燄，不知歸何處去矣。十六年，黨軍北上，孫軍數十萬人撤退過浦，匆匆無留趾，幸未搶掠，去後四、五日，黨軍方至。當時又成眞空。聲威所懾，宵小匿迹，居民雖甚驚恐，而未遭殃禍，亦云幸矣。其後二十八年，清江淪陷，人去鬼來，勢尤危急。三十四年，勝利之際，余僑寄安宜，僞軍盤踞，城堙被圍五、六日，鎗炮炸彈，聲如沸羹，進退之頃，惶懼不寧。余平生數十年中，累遭喪亂，不意垂老，息影滬濱，又經此變，目覩雙方傷亡之重，人民破家喪生，流離滿道，而當局鉅公，以支持殘局自任，亦若眞可恃者，一旦駕機飛去，棄百萬之衆若敝屣，潰兵遺械，全不收拾，則彼士兵出死力以作戰者，果何爲哉？因知亡國之君，敗軍之將，實屬無恥之尤，可憐而可恨也。是日，虹口一帶，時聞鎗聲，且有機關鎗，震耳欲聾，未知何事，或謂，餘敵未盡去，勝軍遇，即掃射之也。路上行人甚稀，入晚，竟無人矣。

五月二十七日　陰，時有小雨。

兩次欲赴墓處，皆以雨止。學生頗多往迎新軍者，人各有臂章、胸花，紅色鮮明，燿人眼目。同人前避往市區漸有返者。是日，鎗聲漸稀，偶有一、二，皆在遠處，僻隅或遭劫奪，行人亦有爲流彈所中者，幸皆不多。

余居寓抄《文字略》逾十頁，近年以來，無此勤者。

五月三十日　陰雨。

校中尙未接到官中通知，仍照常上課，學生來者不多，心緒不寧，敷衍而已。

連日抄《文字略》稿，卷一已將完，如更有暇，不難抄全，正恐多事間斷之耳。

六月一日　端午。

昨日忘包角黍，無以應節令。

暨南通知，本日復課。

抄《文字略》，已得一卷，以後仍當勤勉勿懈抄成全稿，庶了一心願也。

六月四日　久陰，今晴。

上海解放後，各事漸有秩序，政治、經濟各機構多已接收。而文教尚未有眉目，先使公立各校報告登記，私校毫無分曉，此校命運未審如何。南京者既自散去，杭州者近亦被解散，則此間之前途亦可推知，現惟有靜候其生滅耳。而自謂前進之諸公，已嶄然露其頭角，除舊布新，亦何其太早計也。

抄舊稿。

六月十日　晴。

連日抄舊稿甚勤，又得數十張矣。

六月三十日

多日未記，追憶如下：一、暨大已由軍管會接管。二、暨大發救濟金二千，又六月份薪二萬，不無小補。三、劉某誑去定金已由劉老追還半數。四、中正仍無眉目，新舊兩派相持不下，各顯神通，誠恐兩敗，未免遺憾耳。五，連日蔣方飛機來滬轟炸，死傷已逾千人，皆平民無辜，似此瘋狂，何益國事，只有益趨敗亡。謠傳甚多，皆不足信。

七月一日

爲共黨建黨紀念日，迄今已二十八年矣。最初建黨凡五、六人，毛澤東、李大釗、陳獨秀、周佛海等。李死、陳變、周叛，惟毛獨存，得成大功。

附錄

（一）戰前所作詩

感時　民國十六年七月十九日

最堪痛處是山東，虎去狼來禍未終。千萬生民憔悴甚，朝朝暮暮恨無窮。
中華立國五千載，漢祖唐宗亦壯哉。一姓興亡無足數，見陵外族實堪哀。
此生自惜未逢時，外侮頻仍添恨思。東海潮來腥氣滿，河山大好孰扶持。
嗟吾聖城淪夷虜，血肉橫飛太不情。會有英雄能按作，墳留倭子結新盟。

烽火

烽火連年僅鬩墻，倭奴乘間轉張皇。蕭蕭戰馬滿城廓，累累哀鴻徧大荒。
親善一言惟蜜口，報仇九世付剛腸。男兒慷慨身許國，泰岱黃河誓不忘。

放翁來談，而夜漏已深，留之不得，悵然不怡。因依山谷留王郎詩

韻，賦成一首柬之　七月二十三

聽君一夕語，浩渺無涯津。足音到空谷，所恨來不頻。我媿南樓客，蝸室盤一身。性本難通俗，落落誰與親。未能除結習，讀書慕古人。賃得夏畦硯，勞勞嗟臼晨。贈璦君宿諾，久望儗書紳。馬工笑枚速，悠悠秋復春。春已三月暮，郊遊乘光新。及時且尋樂，何爲太辛勤。學術幾劫灰，古今非一秦。涪翁有佳句，持向君前陳。郢人懷妙質，聊欲運吾斤。身後留明月，他年見父風。十年前已事，同在綠楊城。揮麈三更晚，遊踪一櫂輕。相期渺雲漢，世變亂楸枰。往事隨流水，重來念九京。遺室如懸磬，求田無立錐。琴書空在案，繐帳已當楣。五里悲黃鵠，千秋恨豆萁。平生慷慨處，畢竟是書癡。

烏龍潭口占　七月三十一日

當日漁洋嘗作歌，烏龍潭上名士多。我來寂寞空荒草，惟見斜陽對逝波。

太平門外看桃花

今年閏月春正長，渡江爲看京華芳。聞說湖邊桃正放，十里八里如錦張。
季子典書盈山麓，宋元珍祕恣披讀。亦能高興同看花，對此陽春忍幽獨。
驅車出門東復東，須臾身在桃花中。桃花灼灼徧山谷，彩霞映海紅無窮。
暖風習習入衣袂，自有微馨勝蘭桂。世人漫說桃不香，桃雖無言自芳麗。
循徑不覺入山深，絳雪紅雲到遠岑。武陵洞口知何在，漫勞漁父去追尋。
日方卓午光烜烜，乘興而遊興盡返。歸途爲作明年約，今歲相看猶恨晚。

讀史口占　八月三日

吾家兄弟多，無人學伏波。且乘款段馬，不作五溪歌。世亂憐人困，家貧樂道和。共甘藜藿味，薏苡那須馱。

弔李更生　八月四日

當年賢哲厄龍蛇，此日魚文是一家。柳下高風容盜跖，象庳頑傲嫉重華。

青蓮有後誇明月，宿草方新驚塞笳。我亦匡山憶舊隱，退之哀淚對烟霞。

校南農家記事　改生徒作

校南有荒地，棄置何足論。貧人耕無土，操耒來叩門。爲問學校師，師言事實繁。若汝能墾之，祝汝稼穡蕃。貧者歡得土，結茅爲孤邨。一日復一日，操作忘晨昏。墾拓十數畝，垂穎如雲屯。幽寂殊城市，高低分田園。周植桑與痲，兼飼雞與豚。田中樹五穀，穀熟爲子婚。新婚告仳離，無以對椿萱。老嫗繼以喪，父子心煩冤。辛苦付流水，春忙室無人。世事多反覆，人情失眞淳。口腹不得飽，奚暇辨彜倫。只此孤邨內，盛衰如轉輪。

柬友遊平山

鶯聲未老囀晴空，雁影將沈乘曉風。芳草碧如茵布地，野花黃似桂攢叢。陽春烟景易過去，白雲蒼狗更難窮。問君若有登臨興，共上平山弔醉翁。

喜聞國軍已克徐州改生徒作　八月十五日星期一

傳來捷電起歡聲，國軍昨克銅山城。戰士沙場奮鐵血，萬民家室判枯榮。
憶昔旌麾到齊魯，殘敵爭爲城下盟。倏忽赤燄來蠻荊，拍揮若定失楸枰。
坐令胡騎滿江左。沙蟲猿鶴傷犧牲。可憐揚楚數百里，推移甄脫若爲情。
江頭八月潮漲落，又見白日昏復清。解我倒懸逐我賊，壺漿簞食笑相迎。
嗟爾逆賊莫驕盈，義師指日清舊京。

無題

普法爭雄世相敵，法人累敗歌聲寂。歌聲寂寞人意灰，那堪五月吹羌笛。
將軍建纛軍氣揚，荷戈踴躍轉槍孃。操槍伐鼓鼓不起，人心既去劍無鋩。

重遊平山堂 九月七日

秋高日麗草平蕪，北郭青溪艇似凫。往蹟已隨流水盡，江南尙見遠山無。
自笑鹿蕉重入夢，卻因雁稻怕銜蘆。爲憶南皮思舊侶，天涯存歿一長吁。

某生作聽風琴有感詩一首，為點定之

微風一曲出琹台，入耳清新意轉衰。客裏夢回鄉思遠，中天明月正徘徊。

重到徐園　九月十九日

一曲清溪繞短垣，將軍當日好林園。三年遊迹嘗經過，一夢滄桑怕細論。
堅石向爲今日友，翠蒼竹是去時孫。回首舊人感存沒，更何心緒引醪樽。

寂寞

揚州自古說繁華，寂寞生涯我獨嗟。亦有彥髦來促膝，非無長者爲停車。
浩浩此心覊雁稻，茫茫人事散蟲沙。欲遣閒愁誰與訴，蒼涼獨立對秋霞。

孟冬聞雷作　九月二十三日

辭家來揚州，忽忽過一月。旅愁隨秋深，暑氣猶不歇。晴久思雲霓，雲起如墨潑。疎林掩小樓，雨細聲清越。雷霆忽走車，排雲肆迅發。威勢若相撼，簷瓦欲迸裂。我時臨樓窗，拋書坐兀兀。念此陰陽功，何爲弄奇譎。孟冬萬物藏，乃欲奮斧鉞。昔人歌板蕩，今時悲虺虺。天意震疲癃，或將威貪悖。故作赫然怒，豈是大鵬突。四時行有常，人智何能察。聞雷持以敬，妄測徒不達。夜深雨未住，心境翻空闊。直至雨住時，窗間映清樾。

軍帥誓師於本校廣場，觀之感賦 九月二十七日

軍笳聲互動，戰馬起長嘶。開門樓上望，日色亂旌旗。士卒紛如蟻，將軍來何遲。誓詞多慷慨，勇進毋畏疑。大義在天地，逆賊亡無時。誓畢人盡去，秋原草離離。觀之增感嘆，盛衰如置棋。悠悠十六年，滿目盡創痍。不聞麟鳳遊，但見虎與貔。虎貔結成群，食人甘如飴。南中有豪俊，所向皆離披。深沈有籌策，從容見指麾。滾滾長江水，不復盤蛟螭。朔虜漸寧燮，肘腋患潛滋。肝膽判秦越，功成不可期。過河雖有願，浮海竟成悲。壯謀今再舉，內力豈云疲。當知豪傑士，豈必待周姬。乘此強弩勢，魯縞不堪支。作詩壯行色，戰士盡雄姿。

來揚半月，頗聞北道荆棘，慨然有作 十月一日

引領每北顧，我家淮水陰。漢代能作賦，史籍垂盛名。長笛登高樓，懷鄉寓留音。我才同樗櫟，神往媿古人。況無十萬貫，枉作揚州行。神智困逆旅，不如返里門。依依骨肉意，亹亹書味深。側聞道路上，時有苻萑驚。帆檣盡匿迹，欲歸道無因。雖非千金子，肯擲鴻毛輕。世亂人盡苦，去住不諧心。作歌寄深慨，始計未能精。乃有鄰與里，對我羨且歆。故鄉淪盜賊，遠遊是所欣。吾言惔不可，旅思愁人心。秋林紛葉落，本根無乃親。願得賢使君，灌莽一麾清。無論行與住，一一無嗟聲。

口占　十月二十一日

孤踪向南發，踽踽感別離。況聞北訊惡，中心滋不怡。託意新儔侶，舊事那可說。秋日雖皎潔，草木漸凋脫。撫此增嘆嘘，胡爲困涂泥。故園豈湫隘，歸去切莫疑。

陳冠同喪偶，久未娶，今晚忽來，結婚報告，且屬人爲之證婚。余簽

名其紙，題詩其後　十七年九月七日

聞君今日重儀鳳，笑我無端證盟鷗。奇士多情千日醉（妻死已千五百日），醒來明月正中秋（結婚在舊歷中秋前一日）。

挽萬三先生　十八年五月十七日

教人兼濟世，一生行道，更椿年如啖蔗，繼起善箕裘，扶杖含飴登大耋。

寒舍與德門，累代有聯，況樗質竟依蓮，傾頽悲泰岱，素帷絳旐切哀思。

代溫七挽萬三先生

先生亦儒亦醫，閭里推爲三老，晚景正優遊。福蔭孔長，更茁蘭牙彌厥月。

小子且感且慚，杖履追隨卅載，前程負期望。壽宴待祝，痛聞楡影迫崦山。

代程三先生挽萬三先生

戚誼交情數十年，過從親密，每當風晨月夕，促膝作深談，乃偶染微痾，遽然怛化，日後東來誰是主。哲嗣文孫二三子，盡屬璠璵，應知堂構興裘，寬懷有負託，惟彌留華簀，不無遺憾，天涯西望未歸人。

十九年五月廿九日

有自稱全國步行團者，道出淮揚，張甚。因嘆世人好奇而多術也

爲問吳兒底事忙，自言結客少年場。昔聞求法乘三願，今見沽名志四方。

初中卒業學生請免試升入高中，語絕無理，校長已應之，更索卷帖以為譣。學風之囂，一至於此。始疑必不見許，而殊不然，可慨也

髦士群居欲放顚，悠悠已達小成年。忽聞牛驥甘同皁，頓令師儒困注銓。出位已知非悅學，戀芻何以制中權。即從老子論方術，也應無爲任變遷。

挽夏屋渠先生　二十年一月

豁賦以鉅萬計，志紓積困，遺澤正綿長，哲嗣爲裘稱國手。受教在廿年前，媿負相期，刊書更銘感，先人志稿賴公讐。

兵問　改高生安忠作　十月

兵且來、吾問汝，汝家在何處？是否東北松花江畔駐？勿矜內戰多勇氣，殺戮同胞本兒戲。現今日軍突來前，退避三舍不與計。吾將問汝前勇氣，現今消失於何地？不抵抗、求無事，欲求無事事反多，貪敲逼迫何處避？吾不責汝無事時，不知責任之高低。國家爲汝費軍餉、人民爲汝完錢糧、父母爲汝寢不安、妻子思汝欲斷腸。汝當殺敵以報國！報國兼報汝爺娘。何故日軍一到時，束手待斃神頹唐？汝或可苟安，不知後悔難。老者悲汝性、壯者恨汝奸、幼者唾汝面、偷生亦強顏。汝或猶有心，枕戈以待變。汝之功與罪，惟有決一戰。既可救國難，勇名令人羨。日軍雖兇猛，彼此同爲人。汝苟能振作，冤憤定可申。睡獅一旦啓，痛忽怒。瞋吼聲震空，應能驚東鄰。

同事鎮江韓君聞痌，年少有志，將於暑後東渡日本求學。臨別索贈，率賦二絕報之　六月十七日

破碎河山新結盟，流亡誰念此民生。棲棲正覺多歧路，試向扶桑問耦耕。

憂國蛾眉賦遠遊，壯懷別緒兩悠悠。還期東笠他年遇，君早乘風地一周。

淮屬五縣開運動會，以歌詞相委。詞曰

西望馬陵、東達大海，長淮古道頻遷改。韓矦大勇、枚生文采，先民矩矱今猶在。捷足騰驤、精進勿懈，萬千觀衆歡聲待。強身禦侮、責在吾儕，他年雪恥同歌凱。

舊日生徒孔君，爲其父壽詩，勉應之　十一月二十三日星期四

射策成前夢，傳經老俊才。斯人在鄉里，舉世盡氛埃。無意承褒譽，齊眉羨耆鮐。更看洙泗澤，丹桂五枝開。

樹兄持示其放大照像，因屬題詞，率賦一絕

萍蹤一再寄淮南，落落秋心欲訴難。幸接蓮溪消鄙悋，光風霽月此中看。

爲黃應韶作詩一首壽曹翁 十二月一日星期五

蒼松在高巖，鬱鬱成佳林。姜堰八十翁，須眉人所欽。注選本家學，罷食垂良箴。矯俗崇儉約，周飢揮篋金。德高壽長至，益算來仙禽。況復四葉齊，福善知天心。濁世見人瑞，稱觴喧盍簪。俚詞媿吉甫，聊以送德音。

爲勤老題其鄉人吳翁採菊小影 二十三年一月三日

吾鄉趙翁性違俗，萬事無營偏耆菊。長向籬間餐落英，龐眉皓髮顏如渥。一編說菊號卮言，載筆把鋤常鹿鹿。我來揚州逢鮑叔，告我異地有同躅。吳家小閣臨江干，主人大雅愛花竺。卅年琴鶴早歸來，晚節高寒自相勗。詩新墨妙同一工，北海泉明見雙卓。高懷坐嘯避時艱，傲骨驚心對沈陸。一幀澹影鏡中看，歲歲秋風催老宿。吾謂鮑叔莫咨嗟，有花且飲杯中醁。應知耆花道不孤，至今兩地秋容足。

賣餅兒和文潛韻　一月二十九日星期一

文潛原作《北鄰賣餅兒》，每五鼓未旦，繞街呼賣，大寒烈風不廢，而時略不稍差。因為作詩，且有所警示秬秸。曰

城頭月落霜如雪，樓頭五更聲欲絕。捧盤出戶歌一聲，市樓東西人未行。
北風吹衣射我餅，不憂衣單憂餅冷。業無高卑志當堅，男兒有求安得閒。

稼軒先生嘗以是詩訓示溫叟，溫叟就和其韻。曰

袁浦城頭看積雪，城下飢人噤欲絕。城中萬戶無人聲，衝寒征客歌行行。
鄰兒生計在賣餅，出手寧愁雙手冷。苦心要如金石堅，莫隨世人爭忙閒。

今冬假歸，飛雪載途，河水流澌，匆匆又將南行。感於文潛、溫叟之作，聊復依韻和之。特兒女童騃，不足示警，姑以自攄心臆云爾

身無複襦足踏雪，五更賣餅情淒絕。欲訴飢寒久失聲，敢怯衝風不早行。
回首朱門呼市餅，何物金錢分暖冷。歲暮買舟愁冰堅，我亦勞人安得閒。

星北將東渡觀學，同人公餞於校園 二月十七日

群公作會幸追陪，寅月春回共舉杯。新聚從教攄積悃，老饕又得恣雄恢。放歌一曲參軍俊，贈別千秋屬國哀。劫後重看清淺水，可憐有客問蓬萊。

去年四十，曾攝一像，補題一詩 七月八日

銷得人間萬斛愁，卌年流水任浮鷗。此生端合蟫魚老，一雁橫空去自悠。

祭楊君文 代作

嗚呼！仲璵！美質多才，。長老轉驚，朋輩交推。幼學穎出，進境宏開。志在建設，攷工阜財。吾徒何幸，鼓篋同來。依依一載，情親不猜。他山攻錯，潛承化裁。如何奄忽，遂德不回。聞君有父，和墨述哀。江南遊屐，水涘山隈。孤舟載病，魂斷心摧。我欲卒讀，涕淚滿腮。嗚呼！仲璵！竟捲黃埃！國失工師，家失彩萊。況我同舍，誼切岑苔。追悼佳土，悲心徘徊。

鄭達哉五十述懷詩寄示，依韻和之　二十四年一月八日

世相紛綸孰是非，避囂靜掩鄭公扉。當時豪氣今能憶，此日高歌願豈違。
慷慨幾番聞說劍，馳驅萬里看征衣。百年事業今方半，漫說蹉跎感逝暉。
何時稱壽引杯長，淮上從遊事未忘。天道盈虛能退省，世途斟酌見行藏。
飛來珠玉推懷抱，託在枌榆是故鄉。自笑一氈長守拙，新詩和就媿佳章。

繙《左通補釋》，見其附錄，集聯兩付　四月二十五日

民生在勤，勤則不匱。慮者以動，動惟厥時。
行道有福，能勤有繼。居安思危，在約思純。

韓翁象贊　十月十五日

烟波浩渺兮山盤陀，應有幽人兮棲巖阿，收宗立祠兮化鄉里，天錫遐壽兮子姓多，歲非龍蛇兮何見厄，貞松百尺兮凋霜柯，千古逸民兮照青簡，念茲遺範兮發長歌。

淮安丁子久，以其祖耕讀艸堂圖屬題。先是先祖父丹林公曾為題五古一首，命余以篆書寫之。忽忽十餘年矣，思之泫然，奉題長句

折柬徵詩託遠郵，名園淮上有貽謀。亂離直欲焚餘卷，嘯傲猶堪守故邱。負郭依依垂密柳，當門瀲瀲是清流。何時執手歌先句，願抱殘叢老隴頭。

（二）鐘鼎文扇面　耕研公於民國三十四年（1945）為居乃正先生所書。

釋文：

『有法非 一相根 非一切 行唯內 證離言 是色根 竟界一 事有多 法相非 一切行 唯由簡 別餘表 定能隨 逐如是 能相者 亦有衆 多法唯 不越所 相能表 示非餘』（未句讀）

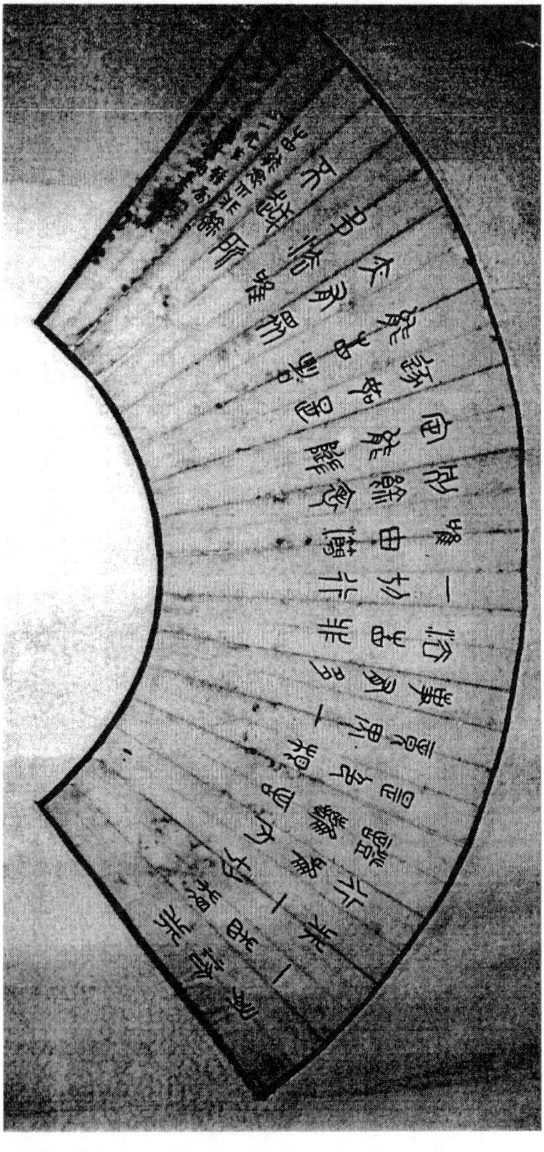

(三) 張白翎先生題聯

剛性猶存高士貴

剛侯先生祖援將軍年兄之中表也家學淵源

顯親盡孝聯以美之得毋笑我班門弄斧耶

侯門不入布衣尊

甲申元旦桐城白鶴張鶴是年八十八

藟硯齋主人惠存

藟草回春尊國老

硯池點墨入揚花

甲申元旦後學桐城張鶴於鯤島

後記

此輯於十年前即已由二弟滋草成，拖延太久，今暫寓美，始重策畫。二弟不但節錄全部讀書箚記，予以句讀，尚多方搜集資料詳予注釋。經研誦，似有主客易位之嫌，頗覺不安。且其中每有待商榷者，現因二弟心臟缺氧臥床多時，思路已受影響，未能溝通，不得已，逕行決定將《韓非子》訓詁部分，擬另成一輯待刊。

此中詩詞已載本叢書之五《薔硯齋詩文殘稿》，因當年急於刊印，倉促付梓，甚多譌誤，久有重刊之議。今經校勘訂正，且加錄原件注語，將更有助瞭解先父心情。但原無誤之部分，即未再刊。

昔時爲文均無標點，幸二弟於大陸解放後，經先父隨時指點，耳濡目染，大有進步，已能讀先秦古文。經其句讀後，遂未遇太大困難。惜其時亦與震同犯急欲剞劂出書之大錯，趕在兩岸開放後，於震返鄉探親前，倉促完成，致時見筆誤，雖與原稿詳校改正，但有多處明注「此處有疑，再查」，或「未明其義，應有典」等，無能決定，頗爲猶疑。有賴現居北京髫齡同窗張鐸兄，其對古文及詩詞等涉及頗廣，經其指點而獲解決。又遇電腦未收、一般字典亦無之字，由大學同窗張鍵官兄，於其數十年前從家鄉隨攜來台之康熙字典中，尋得同義字以代。佛經部分，則更費力，曾煩請潘海濤、程凱二位居士及淨耀法師校訂焉。

先父精研小學，時見與文字有關之論，述及部首或金文及篆字等，而不能由電腦鍵入。巧於美國俄亥俄州得遇書家韓樹人先生，請其手寫描摹其形以應。

家庭瑣事，擇要輯載，並未全錄。惟因日寇鐵蹄踐踏，被迫避難之倉促搬遷情況，則儘量錄鍵，以爲歷史見證。凡僅有書名而未見評論，如有爲兒女講解而讀、有因「家居無俚，聊以破悶」而閱、更有與友朋共同欣賞一掃而過者，原已列於附錄，繼而考慮只有書或文之名，實無太大意義，終以剔除。又，戰後生活不定，其日常瑣事每多删略，尤以大陸解放前爲甚，惟可能誤留糟糠，而遺漏精華。然限於能力徒呼負負焉！

日前又有奇遇，緣居乃正先生聞於其表妹芮芃女士，知有前輯《范耕研手蹟拾遺》之印，遠從成都寄來一扇面，乃先父於民國三十四年（一九四五）避居寶應時爲其所書者。距今六十年矣，乃正先生自寶至滬而定居於蓉，隨同搬遷，不時把翫，珍藏至今。竟慨然割愛惠賜，震固辭不獲，唯有愧領。先父曾爲親朋書篆甚夥，已全燬於戰火，又逢文化大革命，誰敢留此「四舊」之物？想係此扇面較易收藏，始幸免於紅衛兵之浩劫，遂成碩果僅存之寶。並經乃正先生西南財經大學之摯友高級語文講師尹顯華先生加工裱褙，煥然一新。對吾范家言，能不寶之愛之珍之藏之！特亦列入附錄，以補未輯於《手蹟拾遺》之憾。

戰前亦曾有日記，係購自坊間之袖珍本。惟並未按日記載，且似爲備忘一類，又時有空白。其間錄有詩、聯，雖非先父有意留存待刊之作，以其乃先人遺墨，亦彙而列於附錄。

其載於此輯者，每有獨到新義，惜隱晦多年，無緣發表。此數十年間，或另由學者已有類似發明。震孤陋，未悉其間演進詳情，然必有時人所尚無雷同見解之處，以供悅學之人瀏覽，應有其價值。

前後十二年間，經常避難，每次異地而居時，當然無暇讀書。只要稍稍安頓，先父即有心得等載於日記。據震之記憶，所居多甚侷促，而日記竟更有部份爲謄清本，詩詞亦有錄於別册者，想見用功之勤及堅毅之精神。返觀自己，其時正處於少年不知愁滋味之際，終日嬉戲，竟不復回憶先父究於何時讀書？何時記述？思之汗顏！

為整理先父日記，花費之時間及精力，均超出以往各輯，較為進入情況。因之更瞭解先父之學養及思想，毫不迂腐迷信，亦非父權至上者，能隨時代並進，用功至勤，鑽研學問，努力不懈。於抗戰期間，雖顛沛流離，生活不定，亦能隨時閱覽為文吟哦不輟。而戰後先母及二姊之逝，打擊至深，父兼母職，加以生活日艱，捉襟見肘，每有斷炊之虞。繼則大陸易幟，並曾失業，日記遂輟。後於中風期間，竟又自嘲以「蹩翁日記」續載讀書隨筆。初尚多所評點，繼而自嘆已成廢人，終則文不成句，字不成形。故略而未錄。若無戰爭，則必多所創作，其所錄於別册及已完稿之《文字略》等，定能逐一問世，將不致如此由震之不學，不知如何取舍而瑕瑜不分下，免強付梓也。

此輯之成，二弟滋出力最多。三弟迪亦曾參與，初以忙於山東林業研究所著述，於退休後體力漸衰，無以為繼。然每能代勞，以補震居美期間查閱資料困難之不足，節省不少時間。有關編排及輯印等繁瑣事宜，幸有文史哲出版社彭社長正雄兄一再指導，始能成書。當然，前所提及之同窗好友張鐸及張鍵官二兄，鼎力賜助。暨潘海濤、程凱二位居士及淨耀法師等句讀佛經。又蒙芮芃女士之介，使其表兄居乃正先生割愛慨贈扇面及近日巧遇書家韓樹人先生描摹電腦未收之字。震等兄弟皆從內心感激，謹於此深致謝意。其中篆字及部首雖請韓樹人先生先期描繪，惜未能如願處理，而係由冠玫公司手摹，有失樹人先生製作之雅意矣。又前輯漏刊之聯，今補載於附錄（三），爲此，特向韓樹人及張白翎二位先生致歉。

二零零五年秋淮陰范震記於美俄亥俄州芸女寓

國家圖書館出版品預行編目資料

蘦硯齋日記 /范耕研著. -- 初版. -- 臺北市：文史哲,民 94
面： 公分.--（蘦硯齋叢書；15）
ISBN 957-549-644-2 (精裝) ISBN 957-549-645-0 (平裝)

1. 日記

855

蘦硯齋叢書 15

蘦硯齋日記

著　者：范　耕　研
出版者：文　史　哲　出　版　社
http://www.lapen.com.tw
登記證字號：行政院新聞局版臺業字五三三七號
發行人：彭　正　雄
發行所：文　史　哲　出　版　社
印刷者：文　史　哲　出　版　社
臺北市羅斯福路一段七十二巷四號
郵政劃撥帳號：一六一八〇一七五
電話886-2-23511028・傳真886-2-23965656

400

中華民國九十四年(2005)十二月初版

ISBN 957-549-644-2（精裝）
ISBN 957-549-645-0（平裝）